KB075341

어쩌다
외교관

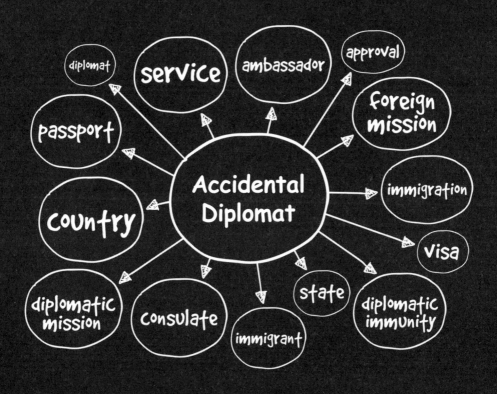

어쩌다 외교관

신봉길 지음

렛츠북

좀 이른 감이 있지만 나는 소위 자전적 회고록 같은 것을 미리 써 버리기로 했다. 기억이 희미해지고 모든 것이 평범해지기 전에 내 인생의 가장 중요한 단락을 일단 정리하고 싶었다. 내가 40여 년이나 부대끼며 경험했던 외교와 외교관의 세계에 대한 기록이다. 그렇지만 이 책은 우리 외교사나 남북한 관계의 중요한 고비에 직접 참여한 사람이 역사의 기록으로 남기는 그런 종류의 회고록은 아니다. 주니어 사무관으로 시작해서 대사의 자리까지 오른 한 직업외교관이 경험한 외교관이란 직업의 속살, 겉으로 잘 드러나지 않는 내적 모습에 대한 이야기다. 그리고 외교관료로서의 개인적 고투(Struggle)의 기록이기도 하다. 외교에세이에 가까운 자전적 회고록이라고 할 수 있다.

나는 외무고시를 거쳐 40여 년이라는 긴 시간을 외교 일선에서 보낸 전형적인 직업외교관이다. 한국이 개발도상국이었던 1970년대 말에 시작해서 G20 국가로 변모한 최근까지 외교관 생활을 한 참으로 드문 케이스다. 한국 외교의 모든 변화 과정을 직접 겪었다. 또 남성 일색이던 외교부가 반 이상이 여성으로 바뀐 젠더상의 변화 그리고 MZ 세대의 본격적 등장으로 인한 조직문화상의 엄청난 변화도 지켜보았다.

지역적으로는 아시아권(중국, 일본, 인도, 미얀마)에서 오랜 시간을 보냈지만 미국, 중동 등지에서도 일했다. 주중국공사, 주요르단왕국대사를 거쳐 14억 인구의 인도에서 특명전권대사로 일하는 행운도 누렸다. 거기다가 노신영 외무장관(후에 총리)의 수행비서를 시작으로 특이하고 다양한 경험을 많이 했다. 2002년에는 북한을 여섯 차례나 방문했고, 평양의 능라도 경기장에서 '아리랑 축전'이라는 극단적 전체주의 공연도 관람했다. 또 2004년 이라크 김선일 씨 참수 사건 시에는 공보관(대변인)으로서 TV 카메라의 집중 조명을 받았다. 그리고 2011년에는 미니 국제기구 한중일협력사무국(TCS) 창설 작업을 맡아 초대 사무총장으로 일하기도 했다. 그리고 외교부를 퇴임한 후에는 전, 현직 외교관 2천여 명이 회원인 한국외교협회 회장으로 선출되어 일하고 있다. 참으로 예외적인 커리어라고 할 수 있다. 나를 가까이서 오랫동안 지켜본 선배 대사분은 '매우 비정통적(Unorthodox)인 커리어를 살아온 사람'으로 평하기도 했을 정도로 인사이더와 아웃사이더를 넘나든 남다른 커리어였다.

누군가는 외교관을 '본부에선 출세 경쟁에 바쁜 샐러리맨이고 재외공관에 나가면 특권 계층'이라고 규정했고 또 어떤 이는 '은퇴 시 수북이 쌓인 명함과 사진, 가방뿐인 직업'이라고도 말했다. 나의 경우도 일생을 인사(人事)의 굴레 속에서 서울과 해외를 바쁘게 떠돌아다닌 삶이었다. 화려함과 쓸쓸함이 교차하는 생활이었다. 그렇지만 외교관이란 직업은 인간이 고안한 최고의 직업이었다. 지루할 시간이 없는 삶이었다.

나는 이 책이 외교관을 직업으로 꿈꾸고 있는 젊은이들이나 이미 외교가에 몸담은 후배들에게 나름의 인스프레이션을 줄 수 있었으면 한다. 또 일반 사람들에게도 '외교관이란 직업이 이런 것이구나, 또 외교관은 이런 일을 하고 있구나, 그리고 직업의 세계에서 이렇게 살아갈 수도 있구나, 이런 삶도 있구나' 하는 차원의 재미있고 흥미로운 읽을거리가 되었으면 한다.

이 책을 쓰는 데는 아내 미숙의 도움이 매우 컸다. 내가 초고를 쓰면 아내가 코멘트를 하고 이를 반영해 원고를 손질하는 식이다. 특히 아내는 대학 3학년 재학 중에 나와 결혼한 이래 40여 년 외교관 생활의 파트너였고 동업자였기 때문에 외교관이란 직업의 이모저모에 대한 통찰력이 있었다. 원고 내용 중 균형 감각이 떨어지거나 과도한 표현 등을 지적해 준 것도 아내의 역할이었다. 그럼에도 불구하고 내가 미처 생각지 못한 여러 편견과 오류가 있을 수 있다. 물론 그것은 전적으로 나의 책임이다.

이 책 초안에 대해 여러 사람이 조언을 해줬다. 특히 오랜 외교관 생활 동안 동료이자 후배로서 조언과 조력을 아끼지 않았던 곽성규 대사가 원고 전반에 대해 깊이 있는 조언을 해주었고 또 인도 뉴델리에서 함께 일했던 본부의 이세진 과장과 백민지 서기관도 젠더와 MZ 세대 내용을 포함해 많은 부분에서 조언을 해주었다. 이 자리를 빌려 특별히 감사드린다. 그리고 책의 편집과 출판에 전문적 도움을 준 렛츠북의 류태연 대표에게도 감사드린다.

이 책을 일생을 고향 땅을 지키다 이제는 이 세상에 계시지 않은 아버님(신달섭)과 어머님(조차녀)에게 드린다. 외교관으로 해외를 떠돌면서 제대로 한번 편하게 모시지도 못한 게 늘 죄스러움으로 남는다. 또 처가 어른들(황병태, 김문화)께도 감사드린다. 늘 우리에겐 인스프레이션의 대상이었다. 그리고 세 아들 양호, 정호, 주호, 며느리 지영, 원경 그리고 손주 제인, 제익, 제이에게도 고마움을 전한다. 나의 삶의 가장 큰 보람이고 즐거움이다.

2024년 11월 서울에서

신봉길

3장 ○ 특이한 경력과 특별한 경험

○ 1장

외교관이 되기까지 。

"자네도 됐다면서?"

○ 어떻게 외교관이 되었느냐고 누가 물으면 금방 대답이 떠오르지 않는다. 어쩌다 그렇게 되었다고 말하곤 했다. '어쩌다 외교관(Accidental Diplomat)'이라는 카테고리다. 외교관이라는 직업을 가지게 되는 건 사람마다 조금씩 사연이 다르겠지만 많은 경우 어릴 때나 중고등학교 때쯤 어떤 계기로 외교관의 꿈을 꾸는 것이다. 요컨대 외교관이라는 직업은 좀 특수해서 누구나 쉽게 생각하는 직업은 아닌 것 같고 뭔가 특별한 계기가 있었을 것이라는 말이다.

반기문 전 유엔사무총장이 외교관이 되겠다는 꿈을 가지게 된 것도 특별한 계기가 있었다고 회고했다. 그는 충주고 3학년 때인 1962년, 미국 적십자사가 주최한 국제학생초청(VISTA) 프로그램으로 미국을 방문했고, 초청 학생들과 함께 백악관을 방문해 케네디 대통령과 대화를 나누고 사진을 찍었다. 그때 그는 외교관이 되겠다는 꿈을 키웠다고 한다.

어쩌다 외교관

그런데 내가 외교부에 입부 할 때만 해도 그렇지 않은 경우가 더 많았다. 뭐 외교관이라는 직업이 많이 알려지지 않았고 대부분 사람이 자기와 별 상관없는 직업쯤으로 생각하던 때였으니까. 나같이 1970년대 시골 출신으로 큰 도회에 나와 공부를 한 젊은이들이 가졌던 전형적인 꿈은 성공하여 '금의환향'하는 것이었다. 출세에 대한 꿈이다. 그런데 그런 세속적인 기대와 희망의 공간은 어디까지나 국내적인 것이었다. 그러니, 당시 나 또한 한국이라는 울타리를 넘어서는 것은 상상도 하지 못했다.

여기서 내가 군이 '어쩌다 외교관'이라고 주장하는 것은 외교관이 된 후 오랫동안 가졌던 까닭 모를 불편함과 미안함과도 관련된다. 그런 불편한 마음을 이야기하는 것은 나의 자라온 배경과 관련이 있다. 나는 경상북도 의성군 금성면의 면 소재지 탑리(塔里)라는 곳에서 태어나서 어린 시절을 보냈다. 통일 신라 때 세워진 국보 77호의 멋진 탑이 있어서 탑리로 불리는 곳이다. 마을 뒤편으로 금성산(해발 531미터, 한반도 최초의 화산)이 병풍처럼 펼쳐져 있는 참으로 아름답고 평화로운 곳이었다. 금성초등학교에 다녔는데 책상 걸상도 없어 마룻바닥에 엎드려 공부해야 했다. 겨울에는 마룻바닥에서 바람이 올라와 너무나 추웠다. 물론 전깃불도 없었다. 지금에 와서의 이야기지만 그동안 나를 지탱해 온 가치관, 인생관의 9할은 내가 어린 시절을 보낸 고향 마을에서 형성된 것이다. 고향에 대한 자부심, 그리움이 나의 삶의 동력이었다. 크면서 초등학교 친구들은 뿔뿔이 흩어졌지만 지금도 가끔 고향에서 다시 만난다. 늘 그리운 이름들이다.

자녀들에 대한 교육열이 대단히 강했던 아버지는 형들과 마찬가지로 초등학교 5학년 때 나를 대구로 유학(대구초등학교)시켰다. 시골집을 지키며 집안 뒷바라지를 도맡아 해야 했던 어머니를 대신해 할머니가 대구의 전세방에서 우리 형제들을 챙겼다. 이웃 청송군에서 어린 시절을 보낸 어머니(조차녀)는 1920년대 당시 경상도 농촌의 많은 딸이 그랬듯이 초등학교 문앞에도 가보지 못했던 분이었다. 자식들에게 두루마리 같은 종이에 구불구불하게 언문(한글)으로 편지를 써서 보내주셨는데 형제들은 어머니가 쓴 편지를 함께 해독하며 읽던 생각이 난다. 그럼에도 불구하고 어머니는 매우 영민하신 분이었다. 일찍이 홀로된 할머니(박해룡)는 대단한 여장부였다. 집안의 남자 어른들이 할머니에게는 꼼짝을 못했다. 매일 밤 옛날 이야기를 조르는 손자에게 할머니는 임진왜란, 대동아전쟁, 한국동란 때의 인민군과의 무용담 등을 들려주곤 했다.

어린 시절부터 나는 늘 고향의 부모님과 친구, 친지들을 생각했다. 성공하여 그들의 성원에 보답해야 했다. 그 당시 성공의 척도는 판사, 검사 또는 시골 군수, 국회의원 같은 것이었다. 지금 생각해 보면 대책 없는 선민의식이었다는 생각도 든다. 그런데 집안의 기대와는 전혀 다른 외교관이라는 직업의 길에 들어서게 되었으니…. 그래서 내가 처음부터 뭐 이런 일견 화려해 보이는 직업, 고향을 떠나 해외를 떠돌아다니며 간혹 명절에나 얼굴을 내미는 직업을 추구했던 것은 아니라고 애써 주장하고 싶은 것이다.

서울 유학

그러면 '떠도는 삶'(작가 이문열이 어딘가에서 쓴 표현으로 기억하는데 외교관 생활의 외양을 잘 나타내는 말 같다)으로의 입문 경위를 구체적으로 이야기해 보자. 어떻게 해서 내가 대학 시절 외무고시라는 것을 생각하게 됐고 정말 운 좋게도 졸업하던 해에 시험에 합격하여 외교관의 길로 들어서 게 되었는지를. 비록 나 개인에 국한되는 지극히 사적인 경험이지만 외교관을 꿈꾸는 젊은이들에게는 참고가 될 수도 있을 것이다.

1970년 정초 열다섯의 나는 아버지와 함께 서울로 올라왔다. 고교입시를 위해서였다. 대구중학교에서의 성적은 톱 수준이었지만 (나는 당시 1차인 경북중에 떨어져 2차인 대구중에 진학했다) 학교에서는 최고의 명문이었던 경기고 진학 가능성을 반반 정도로 보았다. 경북의 명문이었던 경북고의 경우 99% 안전하다고 했지만 나는 경기고를 고집했다. 더 넓고 새로운 세상인 서울에 꼭 가고 싶었다. 이미 대구는 너무 좁게 느껴졌다. 《합격생》이라는 고교 입학 수험잡지 표지에 나온 경기고 교정 사진을 책상머리 위에 붙여놓고 매일 쳐다보았다. 경북고보다 훨씬 근사해보였다. 거기 가면 경복궁이라는 데도 구경할 수 있다. 상상 속 서울의 모습이 늘 눈에 어른거렸다.

서울에 갈 수 있는 길은 고등학교를 서울로 진학하는 수밖에 없었다. 아버지와 함께 고향역(의성군 탑리)에서 밤늦게 중앙선 열차를 타고 새벽에 청량리역에 내렸던 기억이 새롭다. 서울의 광화문에 있던 고교입시학원에 등록해서 한 달쯤 다녔다. 학원 원장이 주선한 외대 근처 이문동 하숙집에서 광화문까지 버스로 다녔다. 그때는 왜 그렇게 추웠는지 오른쪽 새끼손가락 하나가 동상에 걸려 엄청 고생을 했다. 지금 생각해 보면 상당한 모험이었지만 운 좋게도 나는 경기고에 합격했다. 시골

초등학교를 거쳐 대구중을 졸업한 소년에게는 큰 성취였다. 당시 경기 고등학교에는 재계 인사의 자녀들을 포함 유복한 가정출신들이 많았다. 시골에서 올라온 촌놈에게는 완전히 새로운 세계였다. 지금은 정독도서 관이 들어선 화동언덕, 내 일생의 친구들을 여기서 사귀었다.

3년간의 고교 시절 동안 삼청동에 있던 아버지 지인의 집, 수유리 맏형님 댁 등을 전전했다. 경기고는 수재들이 모인 곳이어서인지 반에 서 10~15등 정도를 했는데 그것도 무척 힘들었다. 대학입시 첫해에 서 울대 상대 경영학과에 지원했으나 떨어졌다. 2차 대학을 포기하고 재수 를 했다. 효자동의 외삼촌 댁에서 생활하면서 인사동에 있던 정일학원 을 다녔다. 다시 학원비를 포함해 생활비를 받아 써야 하니 시골의 부 모님께 말할 수 없이 죄송했다. 부모님도 마음이 아팠겠지만 한 번도 자식을 나무라지 않았다. 다만 묵묵히 어려움을 버티며 감내하는 것이 나의 몫이었다. 다행히 다음 해에 서울대 사회계열에 입학했다.

합격했으니 하는 말이지만 재수라는 것을 거치면서 나는 조금 더 강해졌다고 생각한다. 거꾸러지지만 않으면 시련은 항상 도움이 된다 는 것을 이때 느꼈다. 1974년 그해 서울대는 계열별 모집이라는 새로운 제도를 도입했다. 성격이 비슷한 여러 학과를 하나의 계열로 묶어 입학 생을 뽑고 일정한 기간이 지난 뒤 적성에 맞게 학과를 선택하도록 한 것이다. 사회계열에는 법대(법학과, 행정학과)와 상대(경영학과, 경제학과) 그리 고 문리대 계열의 정치학과, 외교학과 그리고 심리학과, 지리학과 등이 속해있었다.

당시 대학은 지금과는 달리 자유와 정의 그리고 낭만, 뭔가 순수함을 찾는 그런 분위기가 있었다. 공부와 시험에 얽매어 있던 고교 생활의 속박에서 벗어나 대학생이 되었으니 자유와 낭만을 즐겨야 할 때였다. "노나 공부하나 마찬가지다! 놀아라! 놀아라! 놀아라!" 대학에 진학한 뒤 고교 선배들이 가르쳐준 노래다. 나도 그런 분위기 속에 있었다. 그러던 참에 마침 학교신문에 난 수습기자 채용 공고를 보고 응시했다가 덜컥 합격이 됐다. 대학에서 발행되는 신문을 흔히 학보라고 하는데 당시 서울대의 '대학신문(大學新聞)'은 다른 대학의 '학보'들과는 신문의 품격이나 발행 부수 등에서 비교 불가할 정도로 권위 있는 '신문'이었다. 시중의 일간신문에 비견할 정도였다. 학생기자들에게는 매달 크지 않은 액수였지만 월급도 나왔다. 시간상 따로 아르바이트를 하기 어려운 것에 대한 대가였다. 나의 대학 생활은 입학 후 첫 2년을 온전히 보낸 '대학신문'에서의 생활을 빼놓고 이야기할 수 없다. 후에 외무고시를 거쳐 외교관이 되어 40여 년의 시간을 보내면서도 한 번도 이때를 잊어본 적이 없다. 그만큼 내 인생에 엄청난 영향을 준 경험이었다. 그래서 좀 지루하더라도 이때의 일을 기록하고 싶다.

관악 캠퍼스, 대학신문 학생편집장

당시는 박정희 유신체제(1972년에 선포됐다)에 항거하는 대학가의 조직적인 저항 움직임이 나타나고 있던 때였다. 내가 입학했던 그해 4월에 소위 민청학련 사건이 터졌다. 서울대 문리대에 재학 중이던 이철, 유인태 등(후에 모두 정치인이 되었다)은 군사법정에서 사형선고까지 받았다. 당시 대학신문사는 동숭동 의과대학 캠퍼스 내 오래된 2층 건물 안에 있었다. 조선 정조의 부친인 사도세자의 사당 함춘원(含春苑)이 있던 곳이라고 했다. 나는 교양과정부가 있던 노원구 공릉동 캠퍼스에서 수업을 듣고 저녁에 동숭동으로 오곤 했다. 학생기자들은 일이 끝나면 신문사에서 걸어 나와 동숭동 문리대 앞 '학림다방'에서 커피를 마시며 시국 이야기를 했다. 뭔가 심상치 않고 긴장된 사회 분위기였다.

이듬해인 1975년 봄 서울대는 관악산 자락 자하골 일대에 거대하게 조성된 새 캠퍼스로 이전했다. 대학신문도 그곳 중앙도서관의 7층의 한 모퉁이로 이전했다. "누가 길을 묻거든, 조국의 장래를 묻거든 저기 저기 눈 들어 관악의 푸른 하늘을 보게 하라!" 대학신문은 캠퍼스 이전의 벅찬 감격을 이렇게 표현했다. 관악 캠퍼스의 첫 세대가 된 나는 2학년이 되어 뜻밖에도 학생편집장으로 임명되었다. 스무 살 생일도 되기 전이었다. 편집장을 하던 문리대 3학년 정세용 선배(후에 한겨레신문 정치부장, 내일신문 주필)가 불과 한 달여 만에 자의 반 타의 반으로 물러난 것이다. 그리고 내가 졸지에 그 자리를 물려받았다. 2학년생이 편집장이 된 것은 매우 이례적인 일이었다. 대학신문 주간이었던 정치학과의 김영국 교수(후에 부총장)가 나를 지명한 것으로 알고 있다. 아마도 학생기자 중 내가 비교적 온건한 성향이고 문제를 일으키지 않을 것이라 생각했는지 모른다.

대학신문에 오래 몸담았던 선배는 미국의 명문대에서도 학보의 편집장을 한다는 것은 대단히 영예스러운 일이라고 말했다. 미국의 프랭클린 루스벨트 대통령(FDR)도 하버드대학의 학보인 '하버드 크림슨'지의 학생편집장을 지냈다고 한다. 학생편집장 경력은 미국에 유학을 가는 데도 도움이 될 것이라고 했다.

정보기관 호출과 퇴학 위협

하여튼 나는 큰 자부심을 느끼며 선후배 기자들의 도움을 받아가며 열심히 했다. 신문은 일주일에 한 번씩 나왔는데 한 번에 2만 부씩 찍었다. 지금과 달리 인터넷이 없던 시절이다. 학생들은 학교신문을 통해 각종 학사 관련 소식과 정보를 얻고 학내동향을 파악했다. '대학신문'은 '고대신문', '연세춘추' 등과 함께 대학언론을 대표했고 학생들에게 인기도 있었다. 문예지 역할도 해서 대학신문을 통해 등단한 예비문인도 많았다. 나중에 학생기자로도 일한 허영섭 군(후에 경향신문 논설위원)이 쓴 시 〈그대들은 누구요? 이 정원에〉와 필자의 이름은 잊어버렸지만 〈여자여! 나의 여자여!〉라는 제목의 에세이 등 유신치하의 암울한 학내 분위기와 저항정신을 반영한 작품들이 실렸던 것을 기억한다. 문제는 당시가 박정희 대통령의 소위 유신독재 시대(1972~1979)의 초엽이었다는 점이다. 유신에 반대하는 학생데모들이 연일 대학가를 휩쓸었고, 그 속에서 대학언론도 어려움이 컸다. 학생데모를 크게 보도했다는 이유로 이미 인쇄된 신문 전량이 폐기되기도 했다. 학생기자들은 기본적으로 반골기질이 있었고 시대 상황에 비판적이었다. 그 속에서 학생편집장이었던 나는 중심을 잘 잡아나가야 했다.

그럼에도 대학신문은 이런저런 일로 자주 문제가 발생했다. 그 때문에 편집장이었던 나는 중앙정보부(중정)에 호출되어 엄중한 경고를 받기도 했다. 박정희 시대의 중앙정보부는 무서운 권력기관이었다. 당시 중정 본부는 지금의 퇴계로 뒤편 남산 중턱에 있었고, 나는 그 앞에 있던 세종호텔 커피숍으로 불려 나갔다. 서울대를 담당하고 있던 중정 간부가 건장한 중정 요원 서너 명을 데리고 나타났던 생각이 난다. 뭔가 기를 죽이고 위세를 보이려고 했던 것 같다. 그들에게는 이제 갓 스물이 된 앳된 홍안의 젊은이가 편집장이라니 오히려 놀랐을 것이다. 내가 중정에 불려갔다는 소리를 듣고 대학신문사에서는 상당히 긴장했던 것 같다. 당시 신문사 주간이던 이홍구 교수(후에 주미대사, 국무총리, 나의 일생의 멘토였다)가 밤늦게까지 내가 돌아오기를 기다린 것이 기억난다.

나중에 들으니 중정 측에서는 대학신문의 여러 파행과 관련한 책임을 물어 학생편집장을 퇴학시켜야 한다는 이야기를 했다고 한다. 나를 가끔 찾아와서 "봉길이 형!" 하면서 살갑게 굴던 고교 1년 후배 박원순(후에 서울시장)이 소리 없이 사라져버린 것도 이때의 일이다. 나중에 알게 되었지만 박원순은 그때 학생데모에 관련되어 구속되었다가 학교에서 제적되었다. 내가 기억하는 당시 박원순은 과격한 스타일의 학생은 아니었다. 의식 있는 젊은이였다고 하는 게 옳을 것이다.

당시 나에게는 대학신문 생활이 모든 것이었다. 뭔가 주변의 학생들과는 다른 일을 하고 있다는 큰 자부심을 느끼며 시간이 가고 있었다. 동료 기자들과 저녁 늦게까지 신문사에서 지내다 하숙집으로 돌아가는 날이 많았다. 한동안은 학교 앞 봉천동에 친구 서원석 군(흥국공업 회장)이 지은 집에서 함께 지내기도 했다. 그때 학생기자들은 당대의 비판적인 지식인들이 쓴 책들을 옆구리에 끼고 다녔다. 리영희의《전환시대의 논리》,《8억인과의 대화》, 송건호의《민족지성의 탐구》, 황석영의 소설《객지》, 김수영 시인의 산문집《시여 침을 뱉어라》등이 생각난다.

학교신문에는 반골들이 많았다. 나는 문리대 화학과 3학년이었던 이석태 형과 특별히 친하게 지냈다. 석태 형은 어느 날 돌연 학교를 그만두더니 다시 대입 시험에 응시하여 인문계열 신입생으로 입학하였다. 문학에 관심이 있어 나에게 소설 습작을 보여준 일도 있었는데 결국은 그 길도 포기하고 법학과로 전과하더니 사법고시에 합격했다. 그리고 인권 변호사가 되었는데 나중에 헌법재판소 재판관까지 됐다. 학생기자들은 매주 금요일 저녁 정동의 경향신문사에서 신문 조판 작업을 끝내고 근처 한식당에서 회식을 하며 불고기를 실컷 먹었다. 석태 형은 편집장인 나에게 경제적으로 어려운 사람들이 너무나 많은데 별로 한 일도 없이 불고기를 먹는 것이 부담스럽다고 말했다. 그리곤 아르바이트를 간다는 핑계를 대고 조용히 빠지던 것이 생각난다.

학교신문을 하면서 교수들과도 가까이 지냈다. 국문학과의 김윤식 교수(1936~2018)는 연구실을 찾아가면 서가에서 한 권씩의 책을 꺼내어 읽어보게 하였다. 처음 받았던 책이 최인훈의 소설《광장》이었다. 그리고《한국근대문예비평사연구》,《임화연구》등이 있었다. 나에게 소설과 문학평론 읽기의 즐거움을 가르쳐준 분이다. 김 교수님을 마지막으로 뵌 것은 2015년 11월 장충동 한국현대문학관에서 개최된 김윤식 저서 특별전 '읽다, 그리고 쓰다'에서였다. 그분의 저서 2백여 권이 전시되었는데 아마 한국 역사상 가장 많은 저술을 남긴 분이 아닌가 싶다. 이때의 독서와 분단 현실 인식 등이 이후의 나의 의식에 큰 영향을 끼쳤다. 또 논리적 글쓰기를 배운 것도 이때였다. 다만 많은 대학신문 동료들과 달리 문학적 감성이 있는 글을 잘 쓰지 못하는 것이 늘 아쉬웠다. 나는 글 잘 쓰는 동료들을 부러워했다.

고향, 뿌리 그리고 아버지

특별히 기억나는 에피소드가 있다. 편집장으로 재직 중이던 2학년 때다. 어느 날 지도교수였던 여정동 교수(작고)로부터 전화가 왔다. 대학 본부의 지시가 있어 가정방문을 하고 부친을 만나고 싶다는 것이었다. 초등학생도 아닌데 난데없이 웬 가정방문이지 싶었지만 어쨌든 시골에 계신 아버지에게 연락을 했다. 여기서 잠깐 나의 아버지(신달섭, 1922~2008)에 대해 이야기하고 싶다. 내가 대학생이 되어 고시 준비를 하게 된 것은 아버지의 영향이 컸다. 아버지는 일제치하 경북 의성의 가난한 농촌에서 태어나 경제적 어려움으로 초등학교밖에 마치지 못한 분이었다. 그곳에선 희망이 없다고 생각한 부친은 열일곱에 가출해서 친구가 있던 만주땅(지금의 중국 동북 3성)으로 갔다. 지금 생각해 보면 더 넓은 세상을 늘 동경한 나의 DNA는 아버지로부터 물려받은 것 같다. 부친은 만주에서 맨손으로 시작해서 20대에 이미 큰 재산을 모았다. 심양(당시에는 봉천, 奉天)에서 자동차 운전을 배워 운전기사로 시작했다는데 나중에는 흑룡강성 학강(鶴崗)이라는 곳으로 옮겨 협영양행이라는 회사까지 세웠다. 자동차 정비공장 두 곳을 크게 운영하며 부품을 수입하고 팔았는데 20대 초의 젊은이가 성취한 것으로는 놀라운 일이었다. 나는 어릴 때 부친으로부터 만주 시절 이야기를 많이 들었다. 만주의 삶을에는 추위와 '땟놈'(만주에 살던 중국 사람들을 낮잡아 이르던 말)들 이야기….

그랬던 부친은 20대 중반 고향을 다니러 왔다가 갑자기 일본이 패망하고 남북이 분단되면서 만주땅에서 이룬 모든 재산을 잃었다. 그때 부친은 많이 울었다고 한다. 아버지는 늘 사업체를 두고 온 학강을 그리워하셨는데 아버지의 호(號)가 북애(北涯, 북쪽의 해안 절벽의 의미)인 것도 두고 온 만주땅에 대한 그리움을 나타낸 것으로 알고 있다. 한중수교후인 1995년, 나의 북경 근무 기간에 한번 학강으로 모시고 가려 했으나 결국 가지 못했다. 흑룡강성 목단강(牧丹江)시를 거쳐 가야 하는 긴 여정으로 당시만 해도 너무 복잡하고 힘들었기 때문이었는데, 늘 안타까움으로 남아있다.

고국에 돌아온 부친은 한동안 실의에 빠졌지만 고향에서 정미소(정부미 도정공장)를 세우면서 다시 재기했다. 그 후 정미소는 우리 집의 생활 기반이 되었다. 부친은 이어 30대에 최연소로 경북도의회 의원으로 당선된 후 연달아 재선되었는데 정말 대단한 역량을 가진 분이었다. 아버지의 영향이었는지 나는 어릴 적 정치인이 되고 싶다는 생각을 한 적이 있었다. 정치인이 멋있어 보였다. 대구에서 중학교를 다닐 때 대선 유세가 방천 같은 곳에서 열리면 김영삼 등 야당 정치인들의 유세를 들으러 가곤 했다. 그런데 소장 정치인으로 누구보다 활발하게 활동했던 부친은 1960년 4.19가 일어나면서 다시 한번 크게 좌절했다. 새로 만들어진 정치정화법에 의해 7년 동안 정치를 못 하도록 법적으로 묶였기 때문이다. 20대에 만주에서 이룩한 재산을 모두 잃은 데 이어 30대에 겪은 두 번째의 큰 좌절이었다.

정치의 꿈을 접은 부친은 그 후 지방을 위해 많은 일을 하셨다. 시골 면 소재지에 전기, 전화를 끌어온 일, 농경지 정리사업, 여자고등학교 설립, 소실된 지방문화재(의성 '문소루') 중건 사업 등… 그리고 자신의 배우지 못한 한을 4남 1녀의 자식들의 교육을 위해 바치셨다. 아들 넷을 모두 서울대에 보냈고 딸은 이화여대에 진학시켰다. 경상도의 조그마한 면 소재지에서 5남매를 모두 서울대와 이화여대에 보냈다는 것은 지금 생각해도 놀라운 일이다. 부친은 자손들이 번성해서 큰 일가를 이루기를 바랐다. 술을 드시면 자주 "나를 시작으로 큰 산맥을 이루라"고 말하곤 하셨다. 한갓 지방 유지에 지나지 않은 분이셨지만 마음속에 큰 꿈과 기대를 가진 분이었다.

부친은 유교적 가치관이 강하신 분이었는데 자식들에게 예의, 범절을 늘 강조했다. 그분은 후에 의성 향교의 제일 어른인 전교(典校)가 되어 서울 성균관에서 열리는 공자에 대한 제사 의례에 의성을 대표해서 참석했다. 평생 고향을 지켰지만 지방의 경계를 훨씬 넘길 만한 도량과 역량을 가진 분이었다. 박정희 대통령의 유신 시절에는 통일주체국민회의 대의원으로 선출되기도 했다. 이승만 대통령과 박정희 대통령을 대단히 존경했다. 1970년대 초 경기고 입시를 위해 서울에 올라왔을 때 나를 데리고 처음 간 곳이 동작동의 이승만 대통령 묘소와 수유리의 신익희 선생 묘소였다. 그리고 박정희 대통령이 서거한 후에도 물론 그곳을 찾으셨다.

　다시 가정방문 이야기로 돌아간다. 아버지는 여정동 교수를 시골집까지 오시게 하는 것은 너무 불편을 끼쳐드리는 것이니 자신이 대구에 나가서 만나겠다고 했다. 두 분은 대구 중앙로 근처의 어느 요리집에서 만났다. 교수님은 대학본부에서는 신 군을 문제학생으로 보고 있다고 했다. 그렇지만 외교학과에서 보면 영향력이 있는 학생이라고 말했다고 한다. 대학본부에서 문제학생 명단을 만들었는데 가정방문을 해서 형편이 어려우면 장학금을 주어 회유하고, 도저히 가망이 없으면 학교에서 내보내라는 지시가 내려왔다는 것이었다. 그 말을 들은 아버지는 "서울대에 진학한 아들 넷이 모두 너무 얌전해서 불만이었는데 뜻밖에도 막내가 문제학생이라니 오히려 기분이 좋습니다"라고 했던 모양이다. "그런 일이라면 걱정하지 마시고 나하고 술이나 합시다"라고 하고는 아버지와 지도교수는 밤새 술을 마시고 헤어졌다고 한다. 사실 나는 과격 성향의 학생도 아니었고 정권에 대항해 나서는 투사도 아니었다. 어쨌든 그 일은 그렇게 무사히 넘어갔다.

서울대 '아크로폴리스 광장' 이름 짓기
　대학신문에서 일하면서 예기치 않게 대학도서관 앞 광장을 '아크로폴리스 광장'이라는 이름을 붙여놓고 나온 게 기억에 남는다. 그 내력은 이렇다. 내가 2학년이 된 1975년 봄 서울대의 종합캠퍼스 사업이 첫 결실을 이루어 관악산에 조성된 새로운 캠퍼스로 가게 됐다는 것은 앞에서 이야기했다. 그동안 동숭동, 종암동, 공릉동 등 이곳저곳에 흩어져

있던 국립 서울대학교의 각 단과대학들이 과거 관악골프장이었던 곳에
조성된 새 캠퍼스로 옮겨왔다. 유신치하에서 학생데모가 이곳저곳에
서 빈발하니 데모 진압에 편리하게 캠퍼스를 관악산 골짜기 한곳으로
몰아넣었다는 이야기가 나오기도 했다. 새 캠퍼스의 대학본부와 그 뒤
편의 중앙도서관 사이에는 언덕처럼 비스듬히 올라간 꽤 넓은 공간이
있었다. 학생들은 자주 그곳에 모여 시국이나 학내 문제를 가지고 토
론도 하고 데모도 했다. 나는 아테네 시민들이 모여 집회를 하고 토론
도 하던 직접 민주정치의 장소를 생각했다. 그래서 나는 그곳을 빗대어
'관악의 아크로폴리스'라는 제목의 가십성 기사를 썼다. 1면을 편집하
던 선배 기자(김주남: 후에 국제신문 편집국장)가 그동안 내가 쓴 기사 중 제일
잘 쓴 기사라며 칭찬했다. 그다음 주 신문에 그곳의 사진을 게재하면서
'아크로폴리스 광장'이라고 이름 지어 한 번 더 내보냈다.

나중에 내가 외교관이 된 뒤 그리스 수도 아테네를 직접 방문해 보
니 직접 민주정치의 장소는 아크로폴리스 언덕이 아니라 바로 아래 '아
고라'라는 시장터였다. 어쨌든 한동안 이 광장을 잊어버리고 지내다가
나중에 그곳이 '아크로폴리스'로 고유명사화된 것을 보고 무척 놀랐다.
1980년 '서울의 봄' 당시에는 1만여 명이 넘는 학생들이 '아크로폴리스
광장'에 모였다고 일간 신문들이 보도하고 있었다. 그 후 나는 어느 일
간지에 이러한 작명을 문화 사대주의로 비판하는 논쟁이 실린 것도 보
았다. 시인이자 서울대 교수였던 아무개 교수는 "민족을 선도하는 서울
대에마저 민족의 주체성이 있는가?"고 묻고 "서울대생 스스로 집회하고
토론하는 광장을 한국의 문화나 역사와 무관하게 '아크로폴리스'로 부

르는 것은 문화 사대주의"라고 비판하고 있었다.

외교학과, '야망과 낭만'

이제부터는 외무고시를 준비하게 된 이야기를 해야겠다. 학생편집장 생활을 해나가면서도 나는 냉정한 현실을 항상 생각했다. 2학년 여름이 되자 전공학과를 선택해야 했다. 말이 선택이지 그동안 받은 학점에 따라 인기학과 순위로 배치되는 것이나 마찬가지였다. 계열별 모집의 원래 의미는 학생들이 몇 학기 수업을 들어본 후 자기 적성에 맞는 학과를 선택하는 것이었는데 실상은 달랐다. 사회계열로 입학한 학생들은 법대나 상대 또는 정치학과, 외교학과, 사회학과, 심리학과, 지리학과, 인류학과 등으로 진학할 수 있었는데 학점이 좋은 학생들은 법대로 거의 몰렸다. 나는 성적이 좋지 않았다. 물론 학교신문을 하다 보니 공부에 소홀한 면도 있었지만 그보다는 근거 없이 방심했던 것 같다. 다른 학생들은 대학입시 때와 마찬가지로 악착같이 했다. 나는 2학년 1학기에 뒤늦게 위기감을 느껴 평점을 어느 정도 끌어올렸지만, 전체 평균 학점이 좋지 않아 학과 선택에서 코너에 몰리게 됐다. 예상 커트라인은 역시 법대가 제일 높았고 상대와 정치학과, 외교학과는 그다음 순서로 예측됐고 나머지 학과들은 낮았다.

고백건대 내가 성적이 좋았으면 법대를 택했을 것이다. 그리고 그 당시의 전반적 분위기와 같이 사법고시 준비를 했을 것이다. 그것이 고향의 부모님과 친구, 친지들의 기대에 부응하는 가장 마땅한 길이었다. 법대 진학 문제와 관련해서는 집안의 스토리도 있다. 나에게는 서울법대에 진학한 맏형님이 계셨는데 당연히 집안의 큰 기대주였다. 경북중, 고와 서울법대를 졸업한 수재였는데 사법고시만은 마음대로 되지 않았다. 운이 닿지 않았다고 하는 게 옳을 것인 게, 당시는 지금과 달리 20~30명 정도만 뽑을 때였다. 형님은 졸업 후 2년쯤 되었을 때 사시공부를 그만두고 당시 한창 인기 있던 종합상사에 취직했다. 나중에는 이 그룹(코오롱그룹)의 계열 기업 두 곳에서 최고경영자까지 지내고 은퇴했지만, 아버지나 고향 친지들의 아쉬움을 해소하지는 못했다. 둘째 형과 셋째 형은 각각 서울미대와 농대에 진학했기에 아버지는 넷째인 나에게 고시의 기대를 마지막으로 가지고 있었다. 생각이 깊으신 분이라 직접 부담을 주지는 않았지만, 은연중에 나는 그것을 많이 느꼈다.

한번은 아버지가 우리에게 이렇게 말했다. "너희들을 잘 키워 농촌에서 4남 1녀를 서울대와 이화여대에 보냈지만 하나 아쉬운 게 있다. 대학까지는 모두 잘 갔는데 끝마무리를 기대만큼 못 해준다." 그리고 나중에는 조금 더 직접적으로 나에게 이렇게 말했다. "고시에 합격한 뒤 그만두어도 좋으니 한번 합격했다는 것을 보여다오." 아버지는 내가 어느 경제부처 장관 댁으로부터 입주 가정교사 제의를 받았을 때도 반대했다. "돈이 문제라면 내가 어떻게라도 만들어 보내주겠다. 그보다는 공부(고시 준비)를 해라." 아버지는 인근 지역에서 간혹 사법고시나 행정고시 합격 소식이 전해지자 내심 부러움과 아쉬움이 있었던 게 틀림없었다. 아버지를 마음속 깊이 존경하고 있던 나로서는 그 간절한 소망을 들어드리고 싶었다.

이런 상황에서 학과 진학을 결정해야 했다. 앞서 이야기했지만 법대는 학점 성적이 좋지 못해 진학이 애초 불가능했다. 평점 3.0을 가까스로 넘긴 성적으로는 다음 결정 선상에 있던 경영학과와 정치학과 그리고 외교학과 진학도 불투명했다. 학과 결정에 앞서 각 학과를 대표한 교수들이 강당에 나와 학과를 소개했는데 외교학과에서는 노재봉 교수(나중에 대통령 비서실장, 국무총리)가 나왔다. 마흔이 갓 되셨을 땐데 그때나 지금이나 훤칠하고 귀족적인 용모에 권위 의식이 강하던 분이다. "야망이나 낭만이 있는 사람은 외교학과에 지원하라"고 힘주어 말하던 기억이 난다. '야망'과 '낭만'을 이야기할 때 독특했던 발음까지 기억이 나는데 낭만은 모르겠으나 야망은 외교학과의 이미지와 왠지 안 맞게 느껴졌다. 당시만 해도 나에게 외교학과는 패기보다는 나긋나긋하고 귀족적인 이미지로 느껴졌다.

고민 끝에 나는 1지망 외교학, 2지망 경영학과, 3지망 정치학과에 지원했다. 1지망을 외교학과로 한 것은 막연하나마 해외생활, 외교관이란 직업에 대한 동경이 있었기 때문이었던 것 같다. 어느 날엔가 잠에서 깨어났는데 갑자기 머릿속에 김포공항(당시 국제공항)을 통해 해외로 나가는 나의 모습이 멋있게 떠올랐던 기억이 있다. 아마도 마음속에 잠재되어 있던 새로운 세계, 더 넓은 세계에 대한 동경이 그렇게 나타났는지 모르겠다. 외교학과는 국제정치가 전공이어서 공부도 재미있을 것 같았다. 취업에서도 정치학과보다는 불리하지 않을 것으로 보였다. 경영학과는 그저 평범한 셀러리맨으로 인생이 자리매김할 것 같은 걱정이 있었다. 정치학과는 공부는 재미있을 것 같았지만 잘못하면 데

모하다 퇴학당하지 않을까 하는 막연한 두려움이 생겨 망설여졌다. 또한 번 운이 작용했고 1지망이었던 외교학과에 합격했다. 과 합격 순위는 거의 꼴찌에 가까웠던 것 같다. 이때의 학과 선택으로 외무고시와 외교관이라는 직업과 연관되기 시작했다고 할 수 있다. 이것도 운명이고 이렇게 인생의 또 다른 우여곡절이 시작됐다.

외무고시 준비, 혼자 하는 고독한 싸움

아버지는 마지막 기대를 걸었던 막내가 법대 진학이 아닌 외교학과라는 낯선 과에 진학하자 내심 실망했을 것이다. 그럼에도 사법고시나 아니면 행정고시를 해서 아버지를 기쁘게 해주기를 기대하는 것 같았다. 하지만 그건 무리였다. 고시를 하려면 외무고시를 하는 수밖에 없었다. 나는 그때까지도 학보사 편집장을 하고 있었고 동시에 고시공부를 하는 것은 여러모로 어려웠다. 시간도 없었다. 아버지는 아들이 대학 입학 후 학교신문의 편집장이 된 것이 대견스럽긴 했지만, 한편으로는 뭔가 불안하게 느끼는 것 같았다. 아버지가 바란 건 학생편집장이 아니라 고시 합격이었다. 편집장을 한다고 시간을 뺏겨 아버지의 꿈을 실현해 주지 못할까 내심 걱정이었을 것이다.

유신체제에 대한 운동권 분위기가 휩싸고 있던 당시, 대학신문 동료들도 고시 같은 것에 매우 냉소적이었다. 고시는 입신양명 출세를 위한 길, 저속한 출세주의를 지향하는 것이었다. 유신독재하에서 민주화를 위해 누구보다도 치열한 삶을 살아야 할 학생기자나 편집장이 추구할 길은 아니었다. 지금 생각하면 잘 이해가 되지 않을 수도 있지만

40여 년 전에는 그런 분위기가 엄연히 존재했다. 그 안에 나 또한 일종의 순수 콤플렉스 같은 것을 가지고 있었다.

그렇지만 자기 갈 길을 냉정히 찾아가야 했다. 타임지나 뉴스위크지 같은 것을 사서 들고 다니면서 틈틈이 영어 공부를 했다. 그렇게 2학년 1년을 보내고 그해 말 편집장 자리에서 물러났다. 편집장은 3학년이나 4학년 중에 임명되는 것이 보통이었는데 나는 2학년 말에 이미 편집장을 마치고 물러난 것이다. 3학년 이후에도 학교신문에 매달렸으면 아마도 외무고시를 할 기회를 잡지 못했을 것이다.

하여튼 대학 생활 첫 2년간 나의 모든 것이었던 학교신문 활동을 그만두게 되자 나는 갑자기 갈 길을 잃은 사람같이 되었다. 매일 출근하다시피 하던 신문사, 그리고 그곳에서 어울리던 학생기자들과 갑자기 단절되면서 나는 크게 당황했다. 갈 곳도 없고 어울릴 친구도 없었다. 주위를 보니 외교학과의 다른 친구들은 진작부터 외시공부를 하거나 유학준비를 하고 있었다. 나만 외톨이였다. 유학을 가기에는 학점이 너무 낮았고 또 돈도 없었다. 외무고시에 도전해 보기로 했다. 다른 친구들은 진작부터 준비하고 있었는데 나만 이방인으로 남아있을 수 없었다.

그때부터 본격적인 외시공부를 시작했다. 신림동 사거리 근처에 있던 요즘의 원룸 같은 곳을 빌려 지냈다. 그때는 신림동 고시촌 같은 게 제대로 형성되어 있지 않았다. 각자 알아서 하숙방, 학교 도서관, 절간 같은 장소를 찾아 공부했다. 수업을 다녀오는 것 이외에는 여기서 먹고 자고···. 시험공부를 어떻게 했는지는 여기서 자세히 쓸 생각이 없다. 다만 정말 고독한 여정이었다는 것만은 이야기하고 싶다. 집에서는 내가 고시공부를 하는 것은 알고 있었지만 그 이상 특별한 관심을 보이진 않았다. 부담을 주지 않을까 생각했을 것이다. 그리고 집에서 도와줄 수 있는 뾰족한 방법도 없었다. 그야말로 나 혼자만의 고투였다. 그때 써놓은 일기장 낙서들을 보면 내가 정신적으로 굉장히 고독하고 외로웠다는 것을 알 수 있다. 누구도 대신해 줄 수 없는 자기와의 싸움이었다.

나는 시험공부를 최대한 현명하고 효율적으로 하려고 했다. 일단 합격이 목적이지 나중에 뭔가 근사한 이야기를 만드는 것은 목적이 아니었기 때문이다. 나는 절에 들어가서 공부하거나 하루에 몇 시간 못 자면서까지 공부하지는 않았다. '3시간 자도 죽지 않는다. 죽을 각오로 공부하라!' 나는 그랬다는 사람들의 말을 믿지 않는다. 하루 몇 시간씩만 자면 사람이 오래 버틸 수 없다는 것은 너무나 분명하기 때문이다. 열심히 할 때가 하루 평균 7~8시간 정도씩 책상 앞에 앉아있었던 것 같다. 나머지 시간은 잠을 자고 식사도 하고 쉬기도 했다. 자신을 학대하면 안 된다. 컨디션 유지가 제일 중요하다. 내가 하고 싶은 말이다.

모든 면에서 아주 냉정하게 준비를 했다. 응시 과목도 학교 수업 과목을 중심으로 선택했다. 2차 시험에는 어학을 세 가지나 선택했는데 어학 시험이 논문 시험보다 리스크가 적고 비교적 점수 따기가 좋다고 들었기 때문이다. 영어 이외에 불어, 스페인어를 택했는데 불어는 고등학교 때부터 제2외국어로 해오던 것이었다. 스페인어는 종로2가에 있던 학원에 몇 달 다닌 뒤에 거의 독학을 했다. 다행히 불어와 비슷한 면이 있어 배우기가 쉬웠다. 외국어를 한 1~2년만 공부해 과락을 면하고 합격했다는 것은 당시 고시 제도가 허술했다는 느낌으로 남아있다. 특히 스페인어는 외대 스페인어과 교수가 출제위원이었는데 스페인어 보급을 위해 점수를 잘 준다는 이야기도 있었다.

고시 합격, "자네도 됐다면서?"

나는 고시 합격에 대한 간절한 열망이 있었다. 일단 이 인생의 관문을 통과하면 그다음은 뭔가 잘할 자신이 있었다. 성공할 자신, 아… 여기만 통과하면… 3학년 때 1차 시험에 합격했고 이은 2차 시험은 포기했다가(분위기를 알기 위해 시험장에는 가보았다) 4학년 때 2차 시험을 보았는데 역시 내공이 부족했다. 발표날, 같이 시험을 쳤던 외교학과 동기생(정진민)과 덕수궁 안을 돌아다녔던 기억이 있다. 그 친구는 눈에 띄게 초조해 했고 나는 합격할지도 모른다는 별 근거 없는 자신감을 가졌다. 결과는 그 친구는 그해 수석으로 합격했고, 나는 떨어졌다. 그런데 수석 합격한 그 친구는 해외 근무까지 다녀와서는 적성이 안 맞았는지 외교부를 도중에 그만두고 미국 유학 후 교수가 되었다.

법대에 다니면서 나에게 외교사 강의 노트를 빌려 갔던 고교 1년 후배인 박진(후에 국회의원, 외교장관)도 그해 합격했다. 박진은 아중동국에서 잠시 일했는데 군대에 가면서 사표를 냈다. 그리고 군복무 후에는 하버드대학 케네디 스쿨로 유학을 갔다. 대학 시절부터 그룹사운드 활동 등 못 하는 게 없던 그는 외교부란 관료 세계가 좁게 느껴졌던 모양이다. 그러곤 40년 뒤 장관이 되어 외교부로 복귀했다.

나는 일단 군대를 연기하기 위해 외교학과 대학원에 진학했다. 막다른 골목으로 몰리는 기분이었다. 1차 시험을 다시 쳐야 했고 또 가을에 있을 2차 시험까지 대비해야 했다. 신림동 원룸에서 계속 버텼다. 시골에서 학비와 생활비를 받아 써야 하는 것도 큰 부담이었다. 결과적으로 그해 1년 동안에 대학원 진학 시험 그리고 고시 1, 2차 시험에 모두 합격했다. 참 운이 좋았던 것 같다. 나보다 더 오랜 세월 열심히 한 사람들도 안 되기도 하니…. 물론 운만으로 될 수 있는 것은 아니다. 열심히 한 사람 중에 운 좋은 사람들이 0점 몇의 차이로 합격하는 것이다. 만약 이때 시험에 떨어졌으면 인생이 또 어떤 굴곡진 길로 들어섰을지 모른다. 계속 수험 준비를 할 수 있었을지, 포기하고 어딘가 취직하고 다른 길로 갔을지….

1978년 가을, 외교부에 입부했다. 고시 합격 후 합격한 동료들과 함께 학교에 찾아갔다. 그해는 처음으로 48명이나 뽑았는데 그래서인지 외교학과 출신들이 5~6명이나 되었다. 원래보다 많은 인원이 합격했던 것 같다. 박봉식 교수(나중에 서울대 총장) 연구실을 찾아갔던 기억이 남아있는데 박 교수는 한 명, 한 명과 악수를 하면서 밝은 표정으로 축하한다는 말을 했다. 그런데 마지막으로 나를 보더니 "자네도 됐다면서?" 하더니 혼잣말로 "하기야 요즈음 고시 뭐 별거 아니지만…"라고 하는 것이었다. 나는 약간 당황했지만 기분 나쁘게만 들리지는 않았다. 학교신문 편집장 한다면서 수업에도 잘 빠지던 학생이 고시에 합격했다니 그것참 용하다는 느낌으로 이야기한 것 같았다. 사회생활을 하면서도 박봉식 교수와는 오래 연락하며 지냈다. 학생활동 한다면서 왔다 갔다 하던 학생이 관료가 되어 그럭저럭 잘 버티는 것을 보고 기특하게 생각하는 것 같았다.

여기까지가 내가 소위 '떠돌아다니는 삶'에 입문하게 되기까지의 이야기다. 앞에서도 이야기했지만 어디까지나 나의 지극히 사적인 경험이다. 그래서 외교관이 되기를 희망하는 사람들에게 도움이 될지는 모르겠다. 다만 세월이 지나고 돌이켜보니 내가 외교관의 길로 들어선 것이 단순한 우연만은 아니었다는 생각이 든다. 나름 그 길로 들어서게 된 나를 이끈 큰 나침반, 바깥에는 잘 드러나지 않았던 내면적인 동력이 있었던 것 같다. 그것은 새로운 세계에 대한 호기심, 그리고 동경이었다. 나는 늘 더 넓은 세계로 나가고 싶었다.

외무고시 제도 최선인가?

나는 외무고시에 합격, 그야말로 '요람에서 무덤까지' 혜택을 누린 사람이지만 지금의 제도가 최선이라고 생각하지는 않는다. 한국에서 외교관이 되는 방법은 기본적으로 5급 공채(외교관후보자선발시험)와 7급 공채(외무영사직, 외교정보기술직)의 두 가지 경로가 있다. 물론 이외에도 간혹 경력직 특채를 하는 경우도 있었다. 과거 통상교섭본부가 외교부산하에 있을 때 조직을 늘리면서 석사나 박사학위 소지자, 변호사 자격 보유자 등을 대상으로 특채를 한 경우 같은 것이다.

우리의 외교관 선발은 필기시험에 거의 의존한다. 한국과 같이 투명성을 최우선으로 하는 나라에서는 가장 공정한 방법이다. 조선 광해군 시대에 출제된 과거시험 제목 중에는 '섣달 그믐밤이 되면 쓸쓸해지는 이유에 대해 논하시오' 같은 것이 있었다는데 내가 응시했을 당시 외무고시도 '국제법상의 집단적 자위권에 대해 논하시오' 같은 것이었다. 필기시험을 잘 보는 기술은 타고난 유전자(암기력 등)에다 사회·경제적 배경 같은 요소가 개입되는 것인데 그 기술이 외교관의 실제 업무역량과 무슨 관계가 있느냐고 의문을 제기할 수도 있다.

이명박 정부(2008~2013) 초기에 외무고시 제도를 근본적으로 바꾸려던 시도가 있었다. 이명박 대통령은 기업인 시절 중동 건설현장을 다니는 동안 우리 외교관들에 대한 부정적 생각이 있었던 것 같다. 기업인은 땀 흘리며 현장을 뛰어다니는데 대사들은 에어컨 튼 집무실에서 맥주나 마시며 서울 동향에만 신경을 쓰고 있더라는 말을 했다.

그는 외교관 선발 방법을 근본적으로 바꾸어야 한다고 생각했다. 특히 사실상 필기시험만으로 외교관을 선발하는 고시 제도 자체에 대해 비판적이었다고 한다. 이 과정에서 나온 것이 외교아카데미를 설립하는 방안이었다. 외교관을 전문적으로 양성할 대학원 과정을 만들어 학생들(정원 100명)을 뽑고 2년간 훈련을 거친 뒤 그중 일부(30~50명)를 최종 선발하는 방안이었다. 외교관으로 최종 선발되지 못하더라도 석사학위는 받을 수 있어서 탈락자에 대한 보상은 되었다. 이 안은 결국 채택되지 못했는데 외교부를 포함 고시 제도의 주무부서인 행정안전부

등이 모두 반대했다. 국제대학원을 신설한 많은 대학들도 반대했는데 외교아카데미로 우수학생들이 몰려 국제대학원이 이류가 되지 않을까 우려했다고 한다. 고시 제도의 근간을 흔드는 파격적인 아이디어였는데 결국 빛을 보지 못했다.

외교아카데미가 설립되었으면 외국에서 학부 과정을 거친 젊은이들도 외교관이 될 수 있는 기회의 창이 크게 열렸을 것이다. 홍정욱 당시 의원(하버드대학 졸업, 《7막 7장 그리고 그후》의 저자)은 외교아카데미 설립을 지지했는데 이 안이 무산되자 크게 아쉬워했다는 이야기가 있다.

미국, 일본, 중국의 외교관 선발 방법

외교관을 선발하는 방법은 나라마다 많이 다르다. 미국은 필기시험을 거치지만 응시자의 이력사항 그리고 면접을 중요시한다. 선발은 총 세 단계를 거치는데 역량평가시험(FSOT, Foreign Service Officer Test)을 우선 치른다. 외교 업무 적성테스트 같은 것이다. 여기서 전체 응시자 중 40% 정도를 선발한다. 다음 단계는 개인의 이력 심사다. 심사위원회가 구성되어 역량평가시험 통과자 중 다시 20%를 선발한다. 마지막 단계는 구두 면접이다. 심사위원들이 응시자 한 사람 한 사람과 대화를 나누면서 개인의 역량과 자질을 테스트한다. 이런 과정을 거쳐 최초 응시자(매년 1만 5천 명에서 2만 명 수준)의 2% 정도가 최종 합격한다. 매우 복잡한 과정이다. 바이든 정부의 초대 중앙정보국(CIA) 국장인 윌리엄 번스 전 국무부 부장관은 1982년 자신이 미 국무성에 들어갔을 때 평화봉사단원, 록 뮤지션, 가톨릭 사제, 군 장교 등 다양한 출신 배경을 가진 사람들이 있었다고 회고록에서 말했다. 이는 미국의 외교관 선발이 필기 시험보다 그간의 이력 그리고 장시간의 면접을 통한 개인 평가를 중요 시한다는 것을 말해준다.

영국의 경우도 1차에서는 필기시험을 치르나 2, 3차에서는 거의 인터뷰를 통해 외교관 후보자를 압축한다. 나라에 따라서는 심리학자 들이 평가위원으로 참가하기도 한다. 외교관 적성 평가모델(커뮤니케이션, 공감 능력, 팀워크, 정서지능, 스트레스 감당 능력, 다른 문화에 대한 적응 능력 등)에 따라 심층 인터뷰를 진행한다.

일본의 경우는 우리의 5급 공채(고시 제도), 7급 공채와 비슷한 시험 제도를 운용한다. 다만 고시의 경우 연 20명 정도만 선발하고 나머지는 대부분 7급 공채로 충당한다는 점에서 약간의 차이가 있다. 20명으로 뽑히면 특별한 문제가 없는 한 외무성의 최고 엘리트로 계속 키워나간 다. 우리보다 엘리트주의적 성향이 더 강한 셈이다.

과거 사회주의 국가들의 경우는 당의 추천이 중요했다. 중국의 경 우 1980년대까지는 북경대, 청화대, 북경외국어대, 외교학원 등 명문대 학 공산당위원회의 추천을 받아 외교부의 면접이 진행되고 선발되었다 고 한다. 외교부장으로 이름을 날리다 정치국원까지 승진한 왕이가 이 런 경로를 통해 외교관 생활을 시작한 사람이다. 그러나 이제는 중국도 오픈된 경쟁 시스템으로 바뀌어 필기시험이 중요해졌다.

북한의 경우는 아예 외교관 양성 대학이 따로 있다. 평양국제관계 대학이 그곳인데 한국에 망명한 태영호 의원이 쓴 책,《3층 서기실의 암호》에 따르면 이곳 출신들을 외교관으로 뽑는다. 이곳에서는 국제법, 국제관계사, 대외활동 방법, 대외문건 작성법, 김일성 및 김정일의 대외 활동과 혁명역사 등을 가르친다고 한다. 북한 외무성 직원이 해외에 파견될 때는 친가, 외가가 모두 핵심 계층에 속해야 하며, 일가친척 수십 명이 모두 사상적으로 흠결이 없어야 한다.

중요한 자질은 지적 호기심과 공감 능력(Empathy)

앞서 이야기했지만 나는 외무고시를 통해 한번 외교관이 된 후 그 배에 올라타서 일생 혜택을 누린 사람이다. 그렇지만 내가 그 당시 시험에 응시한 2천 5백여 명의 사람 중에 2천 4백 50여 명을 밀어낼 정도로 자격 있는 사람이었느냐에 대해서는 항상 회의적이다. 틀림없이 나보다 훨씬 나은 자질을 갖춘 사람들이 많았을 것이다. 내가 외교부에 입부한 1978년을 전후한 몇 차례의 외무고시 수석합격자들이 이런저런 이유로 외교부를 떠난 것을 보며 더욱 그런 생각이 든다.

해롤드 니콜슨(Harold Nicolson, 1886~1968)이라는 사람이 있다.《외교론(Diplomacy)》(1939년 초판 간행)이라는 책으로 유명한 전직 외교관인데 그는 이상적인 외교관의 자질로 '정직함, 정확함, 침착함, 원만한 성격, 인내심, 겸손함 그리고 충성심' 등을 들었다. 그의 저서에는 좀 더 재미있는 이야기들도 나오는데 그중 하나가 16세기 이래 유럽 왕실외교에서 거론된 바람직한 대사(Ambassador)의 모습이다. 대사는 수학, 건축, 음악,

종교, 군사 문제 등 다방면에서 전문가여야 했다. 라틴어를 포함 여러 언어에 능통할 뿐만 아니라 시를 음미할 수도 있어야 하고 무엇보다 훌륭한 가문에서 태어나 부유해야 하며 멋진 풍모를 타고났어야 했다. 좀 더 특수한 자질이 요구된 경우도 있었다. 러시아의 캐서린 황후(Empress Catherine, 1684~1727)는 훌륭한 외모를 가진 잘생긴 청년을 대사로 선발하여 파견해 줄 것을 이웃 국가인 프로이센에 요청하기도 했다. 그런가 하면 네덜란드와 독일에 파견되는 대사는 많은 양의 독한 술을 마시고도 취하지 않는 주량을 가져야 한다고 썼다.

외교관에게 필요한 자질에 대한 외국의 연구 조사도 있다. 가장 기억에 남는 것은 미국 하버드대의 심리학자인 데이비드 맥크레란(David McClleland) 교수가 미 국무성의 의뢰를 받아 연구한 결과다. 1990년대 이야기로 좀 오래된 것이긴 하나 당시 생존하고 있던 가장 성공한 미국 외교관 30여 명을 직접 인터뷰해서 조사한 것이다. 이 연구에 의하면 외교관에게 가장 필요한 자질은 문화와 관련한 역량, 즉 '문화적 감성(Cultural Sensitivity)'이었다.

나는 막연하지만 한때 한국의 외교관들이 최고의 엘리트 집단이어야 한다는 생각을 한 적이 있다. 내용(Substance)과 스타일(Style)을 함께 갖춘 아주 특별한 집단, 상품으로 말하면 국제적으로 통하는 명품 말이다. 명품은 재료나 디자인 등에서 일반 상품이 감히 넘볼 수 없는 지위를 확보한 것이다. 외교관은 기본자질, 언어능력, 판단력, 열정, 세련미, 외모 등 모든 역량에서 다른 인력으로 대체할 수 없는 위치를 확보해야 한다. 나는 이러한 엘리트 집단의 자질을 5P(Passion, Pride, Positive, Professional, Patience)로 정리해 한동안 직장 생활의 지침으로 삼기도 했다.

외교부에 첫발을 내디딘 이후 40여 년의 세월이 흘렀다. 당연한 일이지만 그동안 나의 외교부, 외교관에 대한 인식도 많은 변화를 겪었다. 최고 엘리트 집단이어야 한다, 명품이어야 한다는 생각도 물론 바뀌었다. 지금 생각해 보니 약간의 착각과 허영이 있었다고 할까? 그리고 실제와도 달랐다.

'외교관을 꿈꾸는 젊은이들에게'

주중공사로 북경에서 근무할 때다. 한창 싸이월드가 우리 SNS 공간을 차지하고 있었다. 2007년 3월 나는 싸이월드에 '외교관을 꿈꾸는 젊은이들에게'라는 글을 올린 적이 있었는데 하루 동안 5~6천 명이 조회한 것을 보고 소스라치게 놀랐다. 거기다 1백여 명은 내 글을 퍼가기까지 했다. 나는 유명 블로거도 아니었고 평소 자주 글을 올린 것도 아니었다. 그때 내가 쓴 글을 그대로 옮겨본다. 외교관에게 필요한 자질에 대한 나의 생각을 쓴 것이었다.

> "외교관은 다른 어떤 직업보다도 개방적 태도(Open mind), 다른 사람을 이해하고 포용할 수 있는 능력, 따뜻한 심성이 요구되는 직업입니다. 또 지적 호기심, 다른 나라, 다른 문화에 대한 깊은 관심 이런 것도 꼭 필요한 자질이지요. 외교관에게 왜 특별히 이러한 자질이 필요한가 하는 것을 지금 말씀드리겠습니다. 어떻게 생각하실지 모르시겠지

만 외교관이란 직업은 정말 고독한 직업입니다. 사실 우리 외교관의 상당 부분은 한국인이라고는 거의 없는 낯선 땅에서 직원 3~4명 정도의 작은 공관에서 일하고 있습니다. 같은 공관의 직원 몇 명과 가족이 몇 년씩 낯선 땅에서 서로 부대끼며 살아야 합니다. 공관장과 직원, 또 직원 상호 간에 갈등이 생길 여지가 많습니다. 이러한 마찰을 슬기롭게 해결해나가지 못하면 본인이나 가족이 겪는 심적 고통은 이루 말할 수가 없습니다. 더구나 대화나 고민을 나눌 수 있는 부모, 형제, 친구가 주변에 있는 것도 아닙니다. 어떻게 생각하면 몇 년을 고통스럽게 감옥에서 보내는 것이나 마찬가지입니다. 나는 우리 선배 중에서 공관장 또는 직원들과의 갈등으로 말할 수 없이 마음고생을 하다가 귀국한 이야기를 심심찮게 들었습니다. 그러므로 남을 이해하고 포용할 수 있는 능력, 심성이 절대적으로 중요합니다.

또 하나 공관 일 외에 그 나라의 역사나 문화 등에 대한 관심 등 지적 호기심도 외교관이 되려는 사람에게는 매우 필요한 자질입니다. 본인은 그런 사치스러운 일에는 도대체 관심이 없다는 사람이라면 다른 직업을 찾아보는 게 낫다고 생각합니다. 소위 미국·중국·일본·러시아 등 4강 국가 공관에 근무하는 경우에는 일도 많고 손님도 많고 바쁘게 지내야 하는 게 보통입니다. 그러나 아프리카, 중남미, 중동 등 일부 지역에 나가서 일하게 되면 꼭 그런 것만은 아닙니다. 저는 1990년대 초에 미얀마라는 나라에서 근무한 적이 있었습니다. 우리 중소기업자들이 간혹 드나들었습니다만 제가 그곳에 있는 2년여 동안 한국의 공직자로서는 외교부의 서남아시아 과장이 다녀간 것이 유일한 최고위

공직자의 방문이었습니다. 지금은 달라졌겠지요. 하여튼 때로는 대한민국 국기를 꽂아놓고 그냥 버티고 있는 자체가 가장 큰일이 될 수도 있습니다. 이러한 일, 즉 한나라를 대표하여 존재감(Presence)을 보이는 것도 물론 중요한 외교 업무입니다. 돈을 벌지 못하면 있을 필요가 없이 바로 폐쇄되는 기업 사무실과는 그런 점에서 차이가 있지요.

그러므로 공관의 일 여하를 떠나 또 어떠한 오지나 소외된 곳에 부임하더라도 적응할 수 있는 능력이 중요합니다. 지적 호기심이 강하고 문화적 소양이 있는 사람들은 어떤 곳에 부임해도 생활의 활력을 유지하며 현지 국민들과도 적극적으로 잘 어울립니다. 그렇지 못한 사람들은 무료함과 소외감 속에서 외국 생활 자체가 고통이 될 수도 있습니다. 그런 것들이 무슨 대단한 능력이나 소양이냐고 반문할지 모릅니다. 그러나 그런 게 그렇게 간단한 게 아닙니다. 이기적이고 남을 이해하지 못하며 포용력이 없고 자기만 출세하면 된다는 사고를 가진 분은 외교관으로서는 가장 부적격자입니다. 일찍이 다른 길을 가시는 게 낫습니다. 외무고시나 다른 경로를 통해 외교관이 되었다 하더라도 그 이후의 생활은 본인 스스로에게도 고통의 연속이 될 것입니다. 또 다른 사람에게도 많은 고통을 주게 됩니다. 그 사람이 대사나 총영사와 같은 공관장이 되고 다른 높은 지위에 오르게 되었다 하더라도 동료와 조직에 사실은 많은 해악을 끼치게 될 것입니다.

저도 외무고시 공부를 시작할 때는 일단 합격되어 외무공무원이 되기만 하면 모든 게 해결될 것 같았습니다. 그러나 일단 외교관이라는 직업을 가지는 데 성공한 뒤에 기다리고 있는 고독과 번민에 대해서는 미처 생각지 못했습니다. 본인이 전혀 원하지 않는 낯선 어떤 나라에 강제이주해서 살아야 할지도 모릅니다. 거의 2~3년마다 서울과 외국을 오가는 인사발령에 신경을 써야 합니다. 다른 사람은 잘되고 저렇게 날리고 있는데 나는 이 오지에서 무엇하나, 생각하며 때론 한없는 자괴감과 소외감으로 번민의 밤을 지새울 수도 있습니다. 물론 다른 직업도 그런 측면이 없는 것은 아닙니다만 외교관이란 직업이 특별히 그렇다는 것입니다. 저의 외무고시 선배 몇 기는 수석 합격자들이 모두 중도에 외교부를 그만두었습니다. 아마도 외교관이란 직업이 요구하는 이러한 특별한 성격과 본인의 개성이 맞지 않았을지도 모릅니다. 처음부터 다른 길을 갔으면 훨씬 성공하였을 분들입니다. 그래서 저는 굳이 외교관으로서 필요한 자질로 개방적 태도, 남을 이해하고 포용할 수 있는 성격, 다른 세계와 문화에 대한 지적 호기심, 적응력 등을 이야기한 것입니다."

이 글에서 나는 외교관은 다른 어떤 직업보다도 개방적 태도, 다른 사람을 이해하고 포용할 수 있는 능력, 따뜻한 심성이 필요하다고 말했다. 이러한 자질, 캐릭터를 한마디로 표현할 수 있는 어휘가 없을까? 공감(Empathy)능력이라는 어휘가 가장 어울리는 말 같다. 이 말은 타인의 관점과 경험, 감정을 공유할 수 있는 능력을 의미한다. 심리학에서 발전되어온 이론이기도 하다.

그러므로 외교관은 고도의 전문성에 추가해 공감 능력을 가져야 한다. 샤프한 마인드(Sharp Mind)와 넓은 가슴(A Large Heart)을 합친 것이다. 닫힌 마음이 아닌, 열린 마음을 가진 전문가를 말한다. 최근에 내가 비슷한 개념으로 발견한 것은 사회연결망 이론의 권위자인 김용학 전 연세대 총장이 소개한 개념이다. 그는 심성이 따뜻하고 네트워킹을 잘하는 '익스텔리전스(Extelligence)형' 인재라는 개념을 소개했다. 나는 외교관이야말로 바로 이러한 익스텔리전스형 인재여야 한다고 생각한다.

○ 2장

떠도는 삶 。

'떠도는 삶'의 시작

○ 외무고시를 통해 외무사무관이 된 나는 1978년 가을 뭔가 특별한 자부심을 느끼면서 공직 생활을 시작했다. 당시 외무부는 광화문 문루 뒤편 중앙청(옛 조선총독부 건물) 안에 있었다. 중앙청은 경복궁 복원 사업으로 1995년 철거되어 없어졌지만 화강암과 대리석으로 만들어진 대단히 위엄 있는 건물이었다. '중앙청'에서 일한다는 것은 최고의 엘리트 관료라는 것을 의미했다. 첫 출근 날, 그곳으로 들어가면서 대단한 자부심을 느꼈다. 아! 내가 드디어 엘리트 외교 관료가 되었구나. 당시 공무원 세계에서도 외무부는 나름의 특별한 집단이라는 비밀스러운 자부심이 있었다. 외무부 직원은 한여름 무더위에도 양복을 입고 있었고 모두 넥타이를 단정히 매고 있었다. 주한 외교사절들을 수시로 만나야 하기 때문이라고 했다.

외무사무관으로 중앙청 첫 출근

수습사무관으로 첫 발령을 받은 곳이 아중동국(아프리카와 중동지역 담당) 남부아프리카과라는 곳이었다. 당시 나는 외무부에 아는 사람이 하나도 없었고 부서별 업무에 대한 정보도 거의 백지에 가까웠다. 아중동국장은 한눈에 봐도 훤칠하고 멋있는 신사였다. 나중에 캐나다대사와 초대 중국대사를 지낸 노재원 국장이었는데 초년 외교관들에게 용모에 대한 이야기를 자주 했다. 머리에는 기름을 바르고 구두는 꼭 깨끗이 닦아 반들반들하게 해야 하며 양말은 검정이나 청색의 보수적 색깔로 신어야 한다고 강조했다. 그분이 새내기 외교관들에게 가르쳐주려 한 것은 외교관은 우선 용모부터 신사여야 한다는 것이었다. 외양부터 다른 사람들로부터 호감을 받을 수 있는 매력을 갖추어야 한다는 말이었다. 그때를 돌이켜보면 한국은 그야말로 개발도상국에 지나지 않았는데도 그 당시 우리 선배 외교관들은 다 멋이 있어 보였다.

나는 남부아프리카과에서 일한 지 얼마 안 되었을 때 방위병 소집 영장을 받았다. 총무처 인사팀에 신고하러 갔다가 담당 직원으로부터 몇 달 뒤면 수습 기간이 끝나니 정식 발령을 받은 뒤 입소하라는 권유를 받았다. 그때 나는 정식 발령을 받는다는 것이 어떤 의미인지도 몰랐는데 상황을 파악한 뒤 병무청에 찾아가 사정을 했다. 다행히 병무청에서 소집을 몇 달 늦추어 주어 정식 사무관으로 발령을 받은 후 훈련에 입소했다. 이 고마운 총무처 직원의 도움이 없었으면 나는 외시는 12기에 합격했지만 13기나 14기생으로 공직 생활을 시작할 뻔했다. 공직 생활에서 우연히 만난 은인 중 첫 번째 은인이었다. 인생에는 때론 이런 행운이 필요하다.

노신영 외무장관의 수행비서로

방위병 소집훈련 첫날 시범케이스로 걸렸다. 훈련조교에게 반항적 태도를 보였던 것이 원인이었다. 연병장 앞으로 끌려나가 조교들에 둘러싸여 집단구타를 당했던 기억이 난다. 어쨌든 서울 시내 예비군 관리 부대에서 14개월간의 복무 후 1980년 초 외교부에 복귀했다. 남구주과 (남유럽과)에 배치되었는데 이탈리아, 스페인, 그리스, 터키 등을 담당하는 지역과였다. 그렇게 1년쯤을 보내던 중 뜻밖에 장관 수행비서로 뽑혔다. 박정희 대통령이 서거하고 1981년 전두환 정부가 들어선 직후였다. 제네바의 노신영 대사가 외무부장관으로(나중에 국정원장, 총리역임) 발탁되었는데 관례에 따라 미혼의 주니어 사무관 몇 명을 인사팀에서 추천했던 모양이다. 그중 장관이 나를 선택했다고 한다. 비서관에는 문동석 당시 유엔과장(후에 주호주대사)이 발탁됐는데 아주 노련한 분이었다.

장관실로 떠날 때 과장이 하던 말이 생각이 난다. "신 사무관의 장점은 책임감이 강하다는 것이고 단점이라면 루스(Loose, 느슨하다)하다는 것이다. 장관실에 가면 빠릿빠릿해야 한다." 어떻게 생각될지 모르지만 나는 공무원 생활을 하면서 너무 민첩한 느낌을 주지 않으려 했다. 상사가 찾으면 일부러 늦게 가기도 했다. 몸이 가벼우면 안 된다. 어릴 적 시골의 유교적 가르침 같은 게 머릿속에 배어있었다. 또 기존의 외교부 특유의 공직문화(예를 들어 사무관을 직함으로 부르지 않고 '미스터 신'과 같이 부르는 것)에도 상당한 거부감을 가지고 있었다. 이런 게 공직 생활 내내 계속되었던 것 같은데 공직자로서 바람직한 스타일은 아니었을 것이다. 출세에도 도움이 되지 않았을 것 같다.

장관실에서 일하는 것은 주니어 사무관에게는 큰 행운이었다. 나의 외교부 생활의 한 변곡점이 된 시간이었다. 당시 외교부장관실은 중앙청 3층에 있었는데 장관 집무실과 별도의 접견실 그리고 회의실, 비서실 등 4개의 방으로 이루어져 있었다. 외빈 접견 때문인지 인테리어도 화려하고 근사했다. 갑자기 붉은 카펫이 깔린 화려한 장관실에서 근무하게 되니 붕 뜬 기분이었다. 아래층인 2층은 국무총리실(남덕우 총리)이 위치하고 있었다.

어떻게 보면 외교부 권력의 핵심 부서에서 일하게 된 것이다. 외교부가 전체적으로 돌아가는 것을 볼 기회였다. 장관실을 드나드는 많은 부내 간부들을 알게 되는 행운도 가졌다. 또 장관이 다니는 곳, 특히 10.26 사건 후 당시 권력자들이 비밀스럽게 사용하던 '안가(안전가옥)' 같은 곳을 가보는 특별함이 있었다.

노 장관은 승용차를 타고 가는 동안 앞좌석에 탄 나에게 살아온 이야기를 해줄 때가 많았다. 남북분단 후 북한에 김일성 정권이 수립되자 서울로 가서 공부를 계속하라는 부모의 권유에 따라 동생과 함께 남으로 내려왔다가 이북의 부모님들과 영원히 헤어지게 됐다는 이야기도 이때 들었다. 명절 때는 이북의 가족이 그리워서 장충단공원에서 동생과 함께 많이 울었다고 했다. 경제적으로 너무 어려워서 대학 시절 장충동 골목길에서 고구마장수를 하던 애환도 이야기했고 그곳을 함께 찾아가 보기도 했다. 당시 내가 느낀 노 장관의 이미지는 초인(超人, 독일 철학자 니체가 말한 개념)의 이미지였다. 대단한 카리스마를 가진 분이었다. 서울법대 동기였던 사모님도 마찬가지였다.

반기문 과장과의 인연
그분은 종종 인상에 남는 부하 직원들에 대해 이야기를 했다. 그중 반기문 서기관(후에 외무장관과 유엔사무총장) 이야기를 가장 많이 했다. 반

서기관은 노신영 장관이 인도대사 시절 초임 외교관으로 부임해서 공관 총무 업무를 했다. "키가 크고 마른 친구가 왔는데… 우리나라에 '반'이라는 성이 있는지도 그때 처음 알았다. 그런데 그렇게 성실하고 일을 잘할 수가 없었다." 이후 노 대사가 외무장관이 되었을 때 장관실로 인사를 온 반 과장을 보고 '아! 저분이 노 장관께서 그렇게 칭찬하던 반기문인가?' 하고 생각했던 기억이 있다. 그 후 노신영 장관은 안전기획부장(현 국정원장), 총리 등으로 출세를 거듭하면서 반기문 서기관을 계속 이끌어줬다. 총리가 되었을 때는 의전 비서관으로 데려갔다. 외교부 시절 반기문은 누구나 인정하는 노신영맨이었다. 그 후 반기문 서기관은 외교부장관을 거쳐 유엔사무총장이 됨으로써 노 총리의 명성을 넘어섰지만 노 총리를 일생 멘토로서 모셨다.

노신영 장관은 또 제네바 주재 대사 시절 서기관으로 있었던 이병기 서기관(후에 주일대사, 대통령 비서실장, 국정원장)에 대해서도 인상적으로 이야기했다. "아주 침착하고 다부진 친구였다. 야단을 쳐도 눈 하나 깜짝하지 않고…" 후에 노신영 장관은 이병기 씨를 노태우 정무장관(후에 대통령)에게 비서관으로 추천했다. 정무장관실이 외무장관실 바로 옆에 있었는데 이때부터 나는 이병기 비서관을 자주 볼 기회가 있었다. 노신영이라는 거물이 인정한 사람들이었다.

노 장관은 좋아하는 사람은 아주 좋아했지만 싫어하는 경우는 아주 싫어했다. 사람에 대한 호불호가 심한 편이었다. 1985년 제40차 유엔총회에서 당시 국무총리였던 노신영 총리가 한국인으로서는 첫 총회

연설을 했다. 노 총리는 뉴욕 출장을 앞두고 비서관을 시켜 유엔대표부에 비공식적으로 연락하게 했다. 그리고 평소 자기가 못마땅해 하던 공관 차석대사를 뉴욕 체재 중 근처에 얼씬도 못 하게 했다. 무서운 분이었다.

당시 장관실에는 외무부 출입기자들도 드나들었다. 노 장관이 특별히 인정하던 기자들이 있었는데 동아일보의 이낙연 기자(후에 총리, 여당 대표)와 조선일보의 강천석 기자(편집국장, 주필)가 특히 기억에 남는다. 이낙연 기자는 늘 싱글싱글 웃음 띤 얼굴이었고 유머 감각이 있었다. 그 반면 강천석 기자는 약간 반골형의 심각한 스타일이었다.

수행비서로 일할 당시 나는 외교관으로서는 정말 초짜였다. 노 장관은 1981년 가을 유엔 총회 참석차 뉴욕 출장을 가면서 나를 데리고 갔다. 이시영 국제기구국장(후에 주 유엔대사), 반기문 유엔과장도 장관을 수행했다. 나는 그때가 첫 해외여행이었다. 국제선 비행기도 처음 탔다. 맨해튼 중심의 최고급 호텔 중 하나였던 햄즐리 팰리스호텔(Hemsley Palace, 지금의 롯데뉴욕팰리스호텔)이 숙소였는데 호텔 생활 자체가 익숙지 않은 데다 음식(양식)도 맞지 않고 시차도 적응하지 못해 설레며 따라온 출장을 엄청 후회했던 기억이 있다. 세탁물을 맡기는 과정에서 실수를 해서 반기문 과장과 함께 노 장관으로부터 야단을 맞기도 했다. 반 과장은 사실 나의 실수로 야단을 맞은 것이었다. 그때부터 내가 본 반기문은 인내의 화신이었다. 일을 빈틈없이 잘하고 성실하기도 했지만 끝없는 인내의 힘을 가진 분이었다. 그것이 그분을 유엔사무총장까지 끌

어울렸다고 생각한다.

워싱턴에 갔을 때는 장관이 나를 마운트 버넌(Mount Vernon, 초대 대통령 조지 워싱턴의 저택) 등 워싱턴 주변의 명소들을 구경시켜주라고 대사관에 지시했다. 수행비서로서 서울서 너무 고생을 시켜서 좀 쉬게 해주고 싶다고 했다. 대사관으로서는 장관 모시기도 바쁜데 새끼 비서까지 챙겨야 하니 내심 불만이었을 것이다. 이유야 어쨌든 마침 워싱턴에 동기생인 김숙 서기관(후에 주유엔대사)이 부임해있어서 그의 차를 타고 마운트 버넌 등을 신나게 구경했다.

노 장관이 독서의 중요성을 나에게 특별히 강조하던 기억도 난다. "당장은 차이가 나지 않고 별로 눈에 띄지도 않겠지만, 세월이 지나면 차이가 크게 날 걸세…." 그 말씀이 큰 울림이 되어 나는 일생에 책을 가까이하고 있다.

돌이켜보면 나는 유능한 비서는 아니었다. 하숙을 하던 나는 출근 때 늦어 허둥지둥 사무실에 나타날 때도 있었다. 더러는 실수를 할 때도 있었다. 이러다가 쫓겨나는 것 아니냐는 걱정도 했다. 그러나 노 장관은 나의 미숙한 점에도 불구하고 아들처럼 대해 주었다. 당시 모 경제부처의 장관(정치인 출신)은 수행비서가 마음에 들지 않아 1년에 여섯 번이나 바꾸었다는 이야기도 들었다. 후에 후임자가 나에게 수행비서에게 가장 중요한 자질을 물었을 때 정직과 침착성을 이야기해 준 기억이 있다. 지금 와서 생각해 보니 겸손함이 추가되어야 할 것이다. 비서는 절대 겸손해야 한다.

1년 반 정도의 장관실 근무 뒤 노 장관은 나를 유엔대표부 근무로 발령을 내주었다. 장관 비서는 워싱턴으로 가는 경우가 많았지만 나름대로 생각이 있어 나를 유엔으로 보낸다고 했다. 그 이후로 워싱턴과의 인연은 없어졌지만 하여튼 외교부 입부 시 아는 사람 하나 없던 내가 유엔대표부라는 인기 포스트로 가게 된 것은 순전히 노신영 장관의 비서를 한 행운 때문이었다.

노 장관이 외무부를 떠난 뒤에도 여러 기회에 뵐 기회가 있었다. 마지막으로 뵌 것은 내가 인도대사로 발령이 난 후인 2017년 말 인사차 동부이촌동의 정우아파트로 찾아갔을 때다. 80대 후반의 노 장관의 기품 있는 풍채는 그대로였다. 다만 가벼운 뇌졸중의 영향인지 말이며 걸음걸이며 모든 게 느렸다. 사모님을 사별하고 혼자 계시는 외로움도 묻어났다. 인도에 대한 특별한 감정이 있으신지(초대 인도대사를 했다) "신 대사가 거기 있을 때 인도는 꼭 다시 한번 갈 거야"라는 말을 했다. 내가 떠날 때 아파트 문을 열어놓고 엘리베이터에 타는 나를 물끄러미 끝까지 쳐다보았다. 그것이 마지막이었다. 인도 근무 중 별세(89세)했다는 뉴스를 접했다.

대학 3학년생 아내와의 결혼
앞에서 장관 수행비서를 하다가 유엔대표부로 발령이 난 이야기를 했다. 여기서 아내와 만나 결혼한 이야기를 해야겠다. 나는 장관실에 근무할 당시인 1982년 초 보스턴 유학 중 겨울 방학을 맞아 서울 집에 와있던 아내를 만났다. 지인의 소개를 통해서다. 아내는 고위 경제 관료(경제기획원 차관보)를 지내고 하버드대에 유학한 아버지를 따라 중학교 2학년 때부터 미국에서 정착해 공부 중이었다. 아내의 부친(황병태: 후에 한국외대 총장, 국회의원, 주중국대사 역임)은 박사학위를 딴 후 귀국해서 정부 연구기관(KDI)에 있었는데 오랜 미국 생활을 한 딸이 외국 사람과 만나 결혼을 할까 걱정이 되어 한국 젊은이와의 만남을 적극 주선했다고 한다.

아내는 나에게 또래의 서울 여성들과는 다른 뭔가 특이하고 신선한 느낌을 주었다. 어쨌든 만난 지 한 달여 만에 약혼을 했다. 아내가 방학이 끝나 보스턴으로 돌아가야 했기 때문에 서두른 셈이다. 나는 아내가 떠난 직후인 3월에 뉴욕의 유엔대표부로 부임했다. 주말에 뉴욕과 보스턴을 오가며 데이트를 했다. 아내는 당시 보스턴 근교의 웰즐리 칼리지(Wellesley College)라는 곳을 다녔다. 미국 동부의 '세븐 시스터즈(Seven Sisters)'라는 일곱 개의 명문 여자 대학 중 하나였다. 아내는 현대 중국의 풍운아 장개석(장제스) 총통의 부인 송미령(쑹메이링, 1897-2003) 여사가 그 학교를 다녔다고 말했다. 지금은 힐러리 클린턴(전 미국무장관, 대통령 후보) 등 미국 내 저명 여류인사를 많이 배출한 학교로 한국에도 꽤 알려졌지만, 솔직히 당시 나는 그 학교 이름도 들은 적이 없었다. 아내는 고교 과정으로 콩코드 아카데미(Concord Academy)라는 보스턴 근교의 사립고교를 졸업했는데 나에게는 도대체 이런 학교들이 전혀 감이 오지 않았다.

아내가 여름방학을 맞았을 때 우리는 함께 귀국해 결혼을 했다. 약혼한 지 6개월쯤 지났을 때였다. 그때 아내는 대학 3학년 2학기 과정을 갓 마친 때였다. 스물두 살이었고 나보다 다섯 살 아래였다. 지금 생각해 보면 어떻게 그렇게 어린 나이에 결혼을 했느냐고(특히 아내 쪽) 말할 수도 있지만 어쨌든 그렇게 되었다.

아내는 결혼 후에도 학교를 다녀야 했는데 내가 주말이면 아내의 대학 기숙사로 가거나 아내가 나의 생활공간인 뉴저지주 포트리(Fort Lee)의 원베드룸 아파트로 와서 함께 지냈다. 보통은 내가 금요일 퇴근 후 차를 몰고 보스턴 쪽으로 올라갔는데 95번 하이웨이를 타면 5시간 정도 걸렸다. 밤 12시 가까이 되어 기숙사에 도착하면 아내는 기숙사 입구 홀에서 피아노를 치며 기다리고 있었다. 웰즐리 칼리지는 캠퍼스가 너무나 아름다운 대학이었다. 고풍스러운 기숙사도 정말 아름다웠는데 뜻밖에 매우 개방적이었다. 자유의사로 동반하는 것이 확인되면 언제든지 남학생들도 기숙사에서 함께 지낼 수 있었다.

1년 뒤 아내의 졸업식에 참석할 때는 큰애가 막 태어난 뒤였다. 2주쯤 된 아기를 바구니에 넣어 내 차에 태워 졸업식장에 갔다. 아내는 완전히 회복되지도 않은 상태에서 졸업 가운을 입고 단상의 연단에 올라가 졸업장을 받았다. 아내는 그 후 전업주부로서 아들 셋의 교육에 전념했고 내가 미얀마와 중국 북경 근무 시에는 그곳 아메리칸스쿨에서 파트타임으로 영어 선생을 하기도 했다. 아내는 나의 평생 가장 가까운 외교 파트너였다.

유엔대표부 근무 그리고 뉴욕

나는 해외 외교관 생활의 첫 스타트를 뉴욕의 유엔대표부 2등 서기관으로 시작했지만 보통 공관 초임자가 하는 총무 업무를 하지 않아도 됐다. 마침 나보다 서열이 아래인 행정직 직원이 있었기 때문이다. 해외공관에서 총무(공관 회계, 행정, 관저 업무 등, 보통 초임 2~3등 서기관이 맡는다)를 하며 공관장 부부와의 갈등으로 너무 힘들었다는 이야기를 주니어 시절 숱하게 들었는데, 나는 다행히 초년 시절에는 그런 경험이 없다.

당시 한국은 유엔 정식 회원국이 아닌 옵서버 국가였기 때문에 본회의장 중앙에 자리가 없었고 구석진 곳에 별도로 옵서버석이 있었다. 회의 참석과 발언권 행사에도 제약이 있었다. 우리 대표부 사무실은 유엔본부 바로 옆의 한 고층 빌딩 내에 있었다. 나에게도 별도 방이 배정되었는데 작은 책상 하나가 겨우 들어갈 정도의 작은 공간이었지만 단독으로 방을 쓸 수 있었다. 나중에 알게 됐지만 외교관들은 해외 근무 시 서울 본부에서와 달리 대부분 각자 독립된 방을 쓴다. 해외 근무가 주는 특권이다.

뉴욕 생활을 시작했던 1982년 봄, 우리 외교관에게 처음으로 정부가 주택수당을 별도로 지급해 주었다. 그전까지는 자기가 받은 월급에서 주택을 임차해야 했다. 그래서 서기관급의 주니어 외교관들은 뉴욕에서도 플러싱, 퀸즈 등 당시 서민층 사람들이 살던 아파트에 사는 경우가 많았다. 한국 외교관이 너무 초라한 곳에서 살아 창피하다며 뉴욕 교민이 청와대에 투서를 한 일도 있었다. 주택수당이 나오자 나는 맨해튼에서 조지 워싱턴 브리지를 넘으면 바로 나오는 뉴저지 포트리에서 원베드룸 아파트를 임차할 수 있었다. 깨끗한 주택가에 집을 구할 수 있었던 것만도 큰 다행이었다. 맨해튼에서는 스튜디오도 구할 수 없었다. 당시 한국은 아직 개발도상국이었고 해외 근무라는 특권에도 불구 생활 자체가 너무 열악했다.

내가 유엔대표부 근무 시 주도적으로 공헌한 것은 본부로부터 다음 해 한국의 유엔 분담금(국가별로 유엔에 내는 세금 같은 것) 비율을 줄이라는 지시를 받았을 때였다. 별로 일이 없어 가장 주니어였던 나에게 할당됐던 5위원회 소관 업무였다. 2등 서기관이던 내가 유엔사무국 담당자(과장급)와 어렵게 약속을 만들어 찾아갔다. 라오스가 국적인 중년 여성이었는데 뜻밖에도 분담금이 어떻게 산정되며 어떻게 하면 비율을 낮출 수 있는지 친절하게 설명해 주었다. 나는 내심 우리가 유엔에 오히려 기여를 확대해야 한다고 생각했지만, 우선 이 담당관이 가르쳐준 대로 자료들을 제출해서 분담금 비율을 낮추는 데 성공했다. 초짜 외교관이 유엔본부를 몇 차례 접촉하여 한국이 낼 세금(분담금)을 꽤 많이 줄인 것이다. 스스로 생각해도 신기한 일이었다. 그때와 비교해 40년이 지난 2022년 한국이 내는 분담금은 전 세계 190여 개 국가 중 9번째로 높다. 서방 선진 7개국(미, 일, 영, 불, 독일, 캐나다, 호주)과 중국 다음이다. 한국 경제가 그만큼 발전했다는 방증이다. 정말 놀라운 변화다.

유엔 회의장에서 가끔 북한외교관들과 조우할 기회가 있었는데 만나서는 안 될 사람을 만난 듯 서로 서먹서먹해 하던 기억이 있다. 특히 기억나는 것은 1983년 전두환 대통령의 미얀마(당시는 버마) 방문 중 일어난 북한의 테러 사건(이범석 외무장관 등 고위 수행원 16명이 순직)과 관련된 것이다. 유엔 안전보장이사회에서 남북한 대표단 간에 가시 돋친 설전이 있었다. 우리 대표단의 박수길 공사(후에 주유엔대사)가 북한의 김일성 주석을 직접 언급하며 직설적으로 비난하자 한시해 북한대사가 얼굴이 순식간에 붉어지며 눈이 확 뒤집히던 모습이 생각난다. 그는 버마 아웅산 테러 사건이 남한 정부가 조작한 사건이라고 격렬하게 반대 토론을 했다. 나는 한 사람의 얼굴이 그렇게 고통스럽게 분노로 순식간에 변하는 것을 처음 보았다. 자신들이 거의 신과 같이 추앙하는 최고 존엄을 감히 건드렸으니… 그 후 나는 한 대사가 진심으로 저러는 것인지 대사관의 감시 요원들을 고려해서 쇼를 하는 것인지 궁금했다.

또 하나 초짜 외교관이었던 나에게 특별히 기억 나는 일은 당시로서는 극히 예외적으로 사회주의권이었던 루마니아라는 나라를 경험한 일이었다. 1984년으로 생각되는데 루마니아 수도 부쿠레슈티에서 개최된 유엔식량농업기구(FAO) 관련 회의에 로마 주재 우리 대사관에 근무하던 농무관과 함께 출장 간 것이다. 당시에는 아직도 서방권과 동구권 간의 냉전이 첨예했던 상황으로서 한국인이 동구권을 방문한다는 것은 상상이 가지 않던 때이다. 어쨌든 이때 나는 짧은 시간이나마 처음으로 사회주의라는 체제의 생경한 분위기와 모습을 직접 경험할 수 있었다. 특히 부쿠레슈티 호텔 숙소에서 TV를 통해 나오던 루마니아의 지도자 차우셰스쿠를 찬양하는 아나운서의 목소리와 억양이 아직도 뚜렷이 기억이 난다. 북한 방송의 선전에 나오는 그것과 너무나 흡사했다. 나중에 알게 됐지만 차우셰스쿠는 북한을 여러 차례 방문했고, 김일성의 주체 사상에도 크게 경도되어 있었다. 아나운서의 목소리와 억양도 북한의 것을 배운 게 틀림이 없었다. 그 후 5년 뒤인 1989년 차우셰스쿠 독재가 붕괴되고 부부가 처참하게 살해되었을 때 김일성 주석이 받았을 쇼크를 이때의 경험으로 충분히 짐작해 볼 수 있었다. 결과적으로 차우셰스쿠의 비극적 종말은 북한을 더욱 움츠리게 했고 핵개발에 매달리게 했다고 생각한다.

나는 뉴욕 생활을 충분히 즐기지 못했는데, 첫째는 경제적 여유가 없었고 둘째는 내가 충분히 세련되지 못했기 때문이었다. 아내가 아니었으면 돈 아끼느라 어디 다니지도 못하고 꽁생원같이 살았을 것 같다. 뉴욕에서 피자를 처음 보았는데 처음에는 코를 풀어놓은 것 같아서 먹을 엄두가 나지 않았다. 그리고 샐러드를 보고는 토끼들이 먹는 풀 같은 것을 날로 먹는 것이 잘 이해가 되지 않았다. 나의 수준이 그 정도였다. 그럼에도 불구하고 뉴욕에서의 3년은 나를 많이 바꾸어놓았다.

그중 하나는 미술품 특히 그림 보는 것을 좋아하게 된 것이다. 퇴근 후 크리스티 경매장에 초대권도 없이 들어가 뒷자리에 가만히 앉아 옥션 진행을 구경했던 생각이 난다. 그동안 나에게 미술품을 보는 나름의 안목이 생겼다면 그것은 뉴욕 근무를 시작으로 세계의 유명한 미술관이나 갤러리에서 많은 작품을 직접 보았기 때문이다.

또 미국 근무 중 역사 유적지 방문을 즐기게 됐다. 링컨 대통령의 게티스버그 연설로 유명한 펜실베이니아의 게티스버그 전장(1863년 7월 남군과 북군 사이에 치열한 전투가 있었다)을 찾았을 때는 너무 흥분한 나머지 입구에서 실수로 차를 역주행해 들어가다가 고속도로 순찰 경찰에게 잡혀 훈계를 들은 일도 있었다. 그리고 보스턴의 케네디대통령기념관 등 대통령기념관(Presidential Library)들도 열심히 찾아다녔다. 워싱턴의 알링턴 국립묘지도 몇 차례 찾아갔다. 역사에 이름을 남긴 혁명가, 예술인, 저명인사들의 기념관이나 유택(묘지) 방문은 그 후 나의 하나의 취미(?)가 되었다.

명문 대학의 캠퍼스를 찾아다니는 것도 당시 나의 큰 즐거움 중의 하나였다. 이름만 듣고 사진으로만 보던 그 유명한 대학들… 하버드, 예일, 프린스턴 등등… 가슴이 뛰고 엔도르핀이 돌았다. 1981년 첫 해외 출장으로 뉴욕을 방문했을 때도 처음 찾아간 곳이 컬럼비아대학과 줄리아드음악학교였다.

외교관의 특권과 면제

여기서 잠깐 외교관에게 부여되는 특권과 면제에 대해 이야기한다. 많은 나라가 자국 외교관들이 주재국에서 품위를 유지하며 활동할 수 있도록 특별한 대우를 해준다. 보수나 주택임차, 자녀 교육 등에서 혜택을 준다. 글래머러스한 외교관의 세계에서 너무 초라하게 보여서는 안 된다는 의미도 있다. 사실 외교관의 품위는 국력에 의해 뒷받침되는 것이다. 한국이 개발도상국이었을 때 우리 외교관들은 그 수준만큼의 대우를 받았다. 극소수의 사람들에게만 여권이 발급되던 시절, 해외에 나가는 것 자체가 특권으로 생각되었음에도 불구하고 생활 자체는 너무 힘들었다. 처음 외교부에 입부했을 때 선배들이 하던 말이 생각난다. 외교관은 본가나 처가가 경제적으로 여유가 있으면 할 만한 직업이라던···. 지금의 한국 외교관은 G20 국가로서의 종합 국력만큼 대우를 받는다. 내가 외교관 생활을 시작했을 때인 1980년대와 지금의 한국외교관이 정부에서 받는 대우는 하늘과 땅 차이다.

1961년 오스트리아 빈에서 채택된 '외교관계에 관한 비엔나협약'은 외교관이 누리는 '특권과 면제(Privilege and Exemption)'에 대해서 규정하고 있다. 사실 이건 정말 대단한 이야기다. 한 직업에 대해서 국제조약이 규정하고 특권을 부여해서 보호한다는 것. 아마도 세상의 유일한 직업일 것이다. 이 협약의 서문은 외교관이란 신분의 특별함은 이미 고대로부터 인정된 것이라고까지 쓰고 있다. 오래전부터 인정되어온 국제관습법이라는 이야기다.

각국이 조약을 체결해 외교관을 특별히 보호하고 대우해 주는 이유가 있다. 가장 크게는 나라마다 법질서가 다르고 정치, 치안상황이 다른 점과 관련된다. 어떠한 상황에도 외교사절이 위협을 느끼지 않고 일을 할 수 있도록 신변을 보장해 주는 것이다. 특권 중 가장 두드러지는 것이 불체포특권이다.

'사절은 죽이지 않는다(Don't shoot the messenger)'라는 사절에 대한 특별한 보호는 전쟁이 빈번하던 그리스 고대 도시국가에서 나왔다는 이야기가 있다. 기원전 그리스 아테네와 스파르타 간의 30년 패권 전쟁을 기록한 역사가 투키디데스(B.C. 460~B.C. 400)의 《펠레폰네소스 전쟁사》를 보면 두 진영 간에 수시로 사절들이 오간 이야기가 나온다. 사절들은 상대방을 설득하거나 때론 협박하기도 했지만 이들의 특별한 역할을 감안해 서로의 신변 안전을 보장해 주었다. 국제정치학에서 자주 인용되는 유명한 말, '강자는 자신들의 의사를 강제할 권리가 있고 약자는 이를 받아들여야 할 의무가 있다(The strong do what they have power to do and the weak accept what they have to accept)'는 말도 아테네 원정군 사절들이 인근 밀로스 섬의 대표들에게 한 협박성 발언이다.

외교관 본인이나 그 배우자가 큰 교통사고 같은 것을 내고도 불체포특권에 따라 체포되지 않고 자국으로 출국하는 경우도 발생한다. 상식으로 생각하면 이해되지 않는 일이라고 할 수 있는데도 각국이 이를 인정하는 것은 이러한 제도를 유지하는 것이 필요하다고 생각하기 때문이다. 국가별로 서로 다른 사법 제도에 대한 불신이다. 또한 외교관 제도가 시작되었을 당시부터 외교관들은 국가 간의 관계에 있어 인질이 될 가능성이 많았다. 그 타깃은 약소국보다 미국 등 강대국이 될 가능성이 더 크다. 1979년 11월 발생한 주이란 미국 대사관 인질 사건이 한 예다. 당시 미국인 52명이 444일 동안 억류되었다. 그래서 외교관이 문제가 있을 경우 추방을 한다. 그것이 최대의 처벌이다.

물론 치안상황이 좋지 않은 곳이나 자국과 비우호적인 국가에서 일할 때 뭔가 국제법에 의해 보호받고 있다는 생각이 들면 훨씬 안전함을 느끼는 것은 사실이다. 내가 1982년 초임 외교관으로 뉴욕에 부임할 때는 스스로가 치외법권적인 존재인 것 같은 착각 속에서 약간 우쭐하기도 했다. 그러나 그 이상의 큰 의미는 없다. 오히려 부담이 될 수도 있다. 예를 들어 기업 주재원이 음주운전 등 문제를 일으켰을 때는 현지에서 적절한 처벌을 받고 넘어갈 수도 있겠지만, 외교관은 오히려 크게 문제가 된다. 언론에 크게 보도되고 국내로 소환될 수도 있다. 한국같이 엄한 나라에서는 특권이라기보다는 짐이다.

2021년 4월 서울에서 일어난 주한 벨기에대사 부인 케이스가 한 예다. 중국계인 대사 부인은 한남동의 한 옷 가게에서 점원과 시비가 붙어 뺨을 때린 일로 한국언론에 크게 보도됐다. 다시 7월에도 동네 공원에서 환경미화원과 유사한 일이 발생했다. 한국 내 언론에 다시 보도되고 여론이 좋지 않자 결국 벨기에 정부는 7월에 대사부부를 소환 귀국시킨 뒤 경질했다.

귀국과 워커홀릭 과장들 밑에서

다시 원래의 이야기로 돌아간다. 뉴욕 근무를 마치고 귀국했을 때 수중에는 돈이 한 푼도 없었다. 당시만 해도 외교관 보수가 얼마 되지 않아 생활이 빠듯하고 저축은 생각도 못 할 때다. 귀국 후 시골 부친이 전셋돈을 마련해 주어 동부이촌동에 아파트를 전세 내어 살았다. 그때나 지금이나 결혼한 자녀에게 신혼 전셋집을 마련해 준다는 것이 쉬운 일이 아니다. 부모님께는 죄송했지만 어쩔 수 없었다. 서울 생활은 경제적으로 매우 힘들었다. 뉴욕서 쓰다가 가지고 온 중고 골프채를 팔고

(당시는 골프채를 사치품으로 여겨 수입되지 않고 있었다) 또 중고 오디오세트를 충무로 수입 오디오 가게에 팔았다. 상점에서 선뜻 사주자 눈물이 나도록 고맙던 생각도 난다.

본부에서는 구주국 서구과로 발령을 받았다. 서구과장이던 백낙환 과장(주베트남대사 역임)은 결재 보고를 하러 가면 고치기로 유명했다. 아직 컴퓨터를 통한 기안과 결재가 이루어지지 않던 때다. 전문(Telegram)은 고치면 타이피스트가 전문용지에 새로 쳐야 했다. 과장은 직원들을 가르쳐야 한다는 생각에 야단도 많이 쳤다. 직원들이 그에게 마왕이란 별명을 붙이기도 했지만, 내면으론 정이 많고 일을 정말 열심히 하는 분이었다. 천영우 서기관(후에 주영대사, 외교안보수석), 최석영 사무관(후에 주제네바대사), 장호진 사무관(후에 주러시아대사, 국가안보실장) 등이 같은 과에서 함께 일했던 직원들이다.

나는 서구과에서 1년 정도 근무한 뒤에 통상국으로 옮겼다. 내가 자원해서 손을 들었다. 외교관이라면 기본적으로 경제와 통상을 알아야 할 것 같아서다. 통상국은 인기 부서는 아니어서 내가 손을 들자 크게 환영했다. 당시는 미 통상법 301조로 인한 한미통상마찰이 크게 부각된 때다. 통상2과장(대미통상담당)은 권종락 과장이었는데 유명한 워커홀릭이었다. 일에 대한 열정과 집념이 대단한 분이었다. 직원 중에도 나에게 특히 일을 많이 맡겼는데 밤늦게까지 일하고 주말에도 출근해야 하는 경우가 많았다. '월화수목금금금'이었다.

매우 힘든 시기였지만 나를 강하게 만든 단련의 시간이기도 했다. 그렇다고 권종락 과장이 직원들에게 일방적으로 일을 시키고 자기는 뒷전에서 놀고 있는 타입은 아니었다. 본인이 앞장서서 함께 뛰었다. 나중에 차관으로까지 승진했다. 백낙환, 권종락 과장 두 분 모두 워커홀릭 타입이었다. MZ 세대가 주력이 된 지금과 같은 외교부 조직문화 속에서는 인기가 없을 것이다. 그러나 그분들의 일에 대한 열정, 헌신에 대해서는 존경하지 않을 수 없다. 애석하게도 두 분 다 일찍 돌아가셨다.

"누구를 위하여 종을 울리나?"

서구과에서 일하면서 1986년 4월 전두환 대통령의 유럽 순방 행사를 준비했던 기억이 크게 남아있다. 영국, 서독, 프랑스, 벨기에 4개국을 방문하는 13일간의 긴 여정이었다. 주요 기업 총수들까지 대통령 전용기에 동승했다. 그때나 지금이나 정상행사가 결정되면 본부 해당 부서와 공관에 비상이 걸린다. 보안상의 이유 등으로 초기 단계에는 과장과 둘이서 행사준비를 했는데 수개월 동안 밤늦게까지 야근을 했다. 방문국과 협의해서 정상 일정을 만들고 각종 회담자료 및 면담자료, 방문지 소개자료, 행사별 연설문 초안 등을 만드는 일이었다.

당시는 3년 전 버마에서 일어난 북한의 전두환 대통령 일행에 대한 테러 사건(1983년 10월 9일, 이범석 외무장관 등 수행원 17명이 순직)이 아직 생생할 때다. 경호 문제가 크게 부각되어 행사 준비가 더욱 까다로웠다. 청와대 경호선발대가 사전에 몇 차례씩 현지를 방문했고 공관에 무리한 요구를 많이 했다. 현지 공관은 그야말로 죽을 지경이었다. 행사 몇 달 전부터 이미 지쳐있었다. 공관 직원이 '아! 누구를 위해 종을 울리는 것입니까?'하고 불만에 가득 찬 한탄의 편지를 보내오기도 했다.

현지에서 나의 역할은 대통령의 모든 발언을 기록으로 정리하는 일이었다. 정상회담과 주요 면담에 배석한 장만순 구주국장이 저녁 행사까지 마치고 밤늦게 내 방에 나타났다. 그는 침대에 지친 몸을 기대고 나에게 구술했다. 그러면 나는 밤새 그 내용을 정리하고 타자기로 쳐서 인쇄한 자료를 다음 날 아침 대통령실 담당 비서관에게 전달했다.

전 대통령은 어느 국가의 국립묘지 참배 일정 시에는 "이런 데 안 가면 안 되나? 도대체 묘지라면 정나미가 떨어져서…"라는 푸념을 하기도 했다고 한다. 버마 아웅산 묘소 테러 사건에 대한 트라우마임에 틀림이 없었다. 또 전두환 대통령은 정상회담 시 냉전 이후의 국제정치 질서와 한반도 정세 등 큰 주제를 가지고 주로 이야기했는데 반면 영국의 대처 수상 등 유럽 정상들은 무기 판매나 통상 문제 등 실무 현안 등을 이야기하는 경우가 많았다. 전 대통령은 정상회담에 실무적 이야기를 하는 것이 못마땅한지 정상회담의 성격을 잘 모르는 사람들이라고 비판했다.

우리 대표단은 런던에서 유서 깊은 클라리지(Claridge) 호텔에 묵었는데 숙박객들에 대한 규율이 엄격했다. 호텔 복도에서도 넥타이를 매고 정장을 입도록 요구할 정도로 귀족적 규율이 남아있었다. 그런데 대표단 일부의 눈살 찌푸리는 행동들이 호텔 측을 크게 불쾌하게 했던 모양이다. 공식으로 불만을 표시하기도 했다. 나 개인적으로도 우리 대표단의 수준이 이 정도밖에 되지 않는가 하는 좌절감을 느꼈다. 후에 우리 특파원이 이 내용을 가지고 '클라리지의 악몽'이라는 제목의 칼럼을 쓰기도 했다.

순방에 따라갔다고 하지만 나는 사실상 호텔 안에 갇혀있었다. 무료하기 짝이 없었다. 그때나 지금이나 나는 출장 간 직원이 호텔 방에만 있다가 돌아오는 것은 국가 예산 낭비라고 생각한다. 자투리 시간이라도 있으면 출장지에서 하나라도 더 보고 배우고 와야 한다. 파리 방문 시 나는 센 강이 어떻게 생겼는지 궁금해 호텔 가까이에 있던 센 강변에 나가 잠시 산책을 하다가 돌아왔다. 그 후 과장으로부터 놀림과 핀잔을 들었던 기억이 있다. 하여튼 그때 정상행사는 준비 과정이나 순방 과정 모두 젊은 외교관에겐 너무나 힘들었던 기억으로 남아있다.

일본 동경 그리고 미얀마

여기서 잠깐 외교관의 '떠도는 삶'에 대해 이야기하자. 외교관은 매 2~3년마다 낯선 세계를 떠돌아다닌다. 정주(定住)하지 않고 부유(浮遊)하는 삶, 끊임없이 이동하고 움직이는 노마드 라이프(Nomad Life)다. 항상 새로운 일, 새로운 보스(공관장), 새로운 국가, 새로운 문화가 기다린다. 얼핏 보면 도전적이고 창조적인 삶으로 생각될 수 있다. 그러나 낯선 환경에서 매번 새로운 생활을 시작한다는 게 쉬운 일이 아니다. 우리 정부가 166개 해외공관(2020년 현재, 대사관 115, 총영사관 46, 대표부 5)을 가지고 있으니 아시아, 유럽, 북미, 아프리카, 중동, 중남미 등 도처에 우리 공관이 있는 것이다. 상당수 국가가 우리 국민들이 정확한 위치도 모르는 곳이다. 늘 새로운 공간에 적응하고 살아남아야 한다.

본부 통상국 근무 후 나는 다시 해외발령을 받아 동경의 주일 대사관(1987~1990) 그리고 연이어 주미얀마 대사관(1990~1992)에서 일했다. 일본에 대한 관심은 고교 시절에 시작됐다. 당시 발간되던 《일본 연구》라는 월간 잡지를 사기 위해 하루 이틀 전부터 서점 앞에서 기다렸던 생각이 난다.

나는 대사관에서 처음에는 총무과에서 일하다가 나중에는 경제과로 옮겨 일했는데, 그때나 지금이나 일본은 정무과가 핵심이었다. 한일 간에는 경제 이슈는 크게 없었고 대부분이 정무 이슈였다. 양국관계도 지금보다 훨씬 좋았다. 공관장은 외교부장관을 이미 지낸 이원경 대사였는데 능력과 인품을 겸비한 분이었다.

당시 일본 대사관의 우리 서기관급 직원들은 대부분 대사관이 있던 미나토구(港區) 아자부(麻布) 주변 오래된 조그마한 아파트에서 살았다. 보통 전용면적 13~14평 정도 규모였던 것 같은데 일본인들의 주택 규모가 작은 데다 동경의 임차료가 워낙 비쌌던 것이 이유였다. 나는 도심에서 좀 떨어진 히가시시나가와(東品川) 공원 옆 17평 정도의 아파트를 임차 입주했다. 그 후 일본에도 주택수당이 별도로 지급되자 타카나와 3조메(高輪 3丁目)에 있던 25평 규모의 비교적 괜찮은 아파트로 옮겨와 살았다.

1980년대 말 한국의 위상은 일본에 많이 못 미쳤다. 한국인에 대한 좋지 않은 편견(예를 들어 집을 깨끗하게 쓰지 않는다)이 아직 남아있을 때였다. 동경에 연수 온 외교부 직원 중에는 주택 임차를 거부당하는 경우도 있었다. 지금의 후진 개도국 외교관들이 서울에서 집을 구할 때 그런 대우를 받고 있지 않을까? 대사관의 우리 외교관들은 대부분 아주 오래된 중고차를 구입해서 쓰고 있었다. 내가 4~5년쯤 된 중고 도요타 자동차를 구입했을 때 직원들이 좋은 차라고 부러워했다.

동경 근무가 나에게 가져다준 가장 큰 소득은 일본이라는 나라를 경험한 것이었다. 일본어를 배운 것도 물론 큰 소득이었다. 당시 일본은 한국보다 훨씬 앞선 나라였다. 경제는 초호황(버블 시기였다)이었고 소니 TV 등 일본의 가전제품이 전 세계 시장을 석권하고 있었다. 농촌 등 지방의 인프라도 한국보다 훨씬 앞서 있었다. 조그마한 규칙도 어기지 않는 일본 사람들의 질서 의식이 특히 기억에 남는다.

주일 대사관 근무가 끝나갈 때쯤 대학 시절 은사인 이홍구 대통령 특보(후에 국무총리)가 동경에 방문해 자신의 보좌관으로 청와대에서 일할 것을 제안했다. 고마운 제안이었지만 나는 후진국에 가서 근무할 차례라고 말하고 고사했다. 그리고 1990년 봄 미얀마 양곤 근무 발령을 받았다. 양곤에 도착하여 미리 임차한 주택에 도착했을 때 문앞에 도열해있던 4명의 고용인(운전기사, 정원사, 요리사, 청소부)들이 "마스터(Master, 주인님)" 하고 인사했던 생각이 난다. 인건비가 워낙 싸서 이런 일이 가능했다. 외교관은 후진국으로 갈수록 대우를 받는다. 동경의 20평대 아파트에 살던 내가 갑자기 귀족이 된 것 같은 느낌을 받았다.

그때나 지금이나 이 나라는 군부독재 치하에 있었고 인권 문제로 유엔의 강력한 제재를 받고 있었다. 야당 지도자인 아웅산 수지는 가택 연금 상태에 있었다. 미얀마는 국제적으로 고립되어 외부와의 교류가 거의 없었고 경제적으로도 크게 낙후되어 있었고, 서울에서 관심을 가질 만한 일도 별로 없었다. 정세보고를 하려 해도 정보를 얻기가 거의 불가능했다. 신문은 군부의 발표문을 싣는 정도였고 TV 보도도 군사정부의 활동을 소개하는 정도였다. 그곳에서 근무하는 동안 한국 정부 인사로서는 외교부의 서남아과장이 다녀간 것이 유일한 최고위 인사의 방문이었다. 미얀마 정부는 한국에서 온 외교부 과장을 외교장관과 무역장관이 별도로 만나줄 정도로 환대했다.

한국과 연락하기 위해서는 전화국에 국제전화를 신청하고 2시간쯤 기다리면 3분간 통화가 허가되었다. 한국이나 국제정세 돌아가는 일을 확인할 수 있는 정보소스는 서울서 오는 신문이 전부였다. 2주마다 오는 파우치편에 한국 일간지들이 뭉텅이로 송부되어왔는데 대사가 제일 먼저 가져가서 읽고 그다음 공관 서열 순으로 읽었다. 당시 공관장은 김항경 대사였는데 나중에 외교차관까지 지냈다. 상당한 리더십을 갖춘 분이었다.

후진국의 가장 큰 문제점은 의료 문제였다. 양곤은 의료수준이 형편이 없었다. 아플 때가 가장 겁났다. 공립병원은 너무 허술해서 오히려 병을 옮겨 올 것 같았다. 선진국 외교관들은 항상 가족들의 방콕행 비행기표를 끊어두고 있었다. 여차하면 방콕 병원으로 날아갈 준비다. 장난이 많았던 둘째가 식탁 모서리에 부딪혀 이마가 찢어졌을 때는 병원에 반창고가 없어 붕대만 감고 왔다. 할 수 없이 EU 대표부 의료팀에 사정을 해서 강력 반창고를 구해 붙여야 했다. 후진국 근무의 장점도 있었다. 생활비가 선진국에 비해 훨씬 적게 드는 것이었다. 나는 미얀마 근무로 어느 정도 저축을 할 수 있게 되었고, 공직 생활 시작 후 처음으로 경제적으로 다소 여유를 찾았다.

김우중 대우그룹 회장의 방문 기억이 오래 남아있다. 석유 가스 등 큰 사업권을 따내기 위해 군부 실력자를 설득하던 모습이다. 나는 대사관을 대표해 김 회장의 면담에 배석했는데 그는 통역을 쓰지 않았고 조그마한 메모지를 보면서 간결한 영어를 인상적으로 구사했다. 유창한 영어라는 생각이 들지는 않았지만 대단히 설득력 있게 느껴졌다. 김 회장을 위한 만찬 헤드테이블에는 경제부처장관을 맡고 있던 군부 장성들이 네댓 명씩이나 함께 앉았다. 그만큼 인기가 있었다.

당시 미얀마 수도 양곤과 태국 방콕 간에는 하루 한 편의 미얀마항공과 일주일에 두 편의 타이항공이 운항되고 있었다. 미얀마항공은 항공기들이 워낙 노후화되어 웬만하면 외국인들은 타려고 하지 않았다. 김 회장의 수행원들도 하루 이틀 기다리더라도 타이항공 이용을 희망했다. 그러나 김 회장은 개의치 않았다. 인명재천이라고 하면서 수행원들이 꺼리던 미얀마항공편을 이용해 방콕으로 떠났다.

미술품 수집의 즐거움

주말에는 수도 양곤의 화가들과도 교류했다. 가난해서 물감도 잘 사지 못하던 화가들의 그림들을 한 점, 두 점씩 사면서 그림 컬렉션의 취미도 붙였다. 한 점에 1백 불이면 괜찮은 그림을 살 수 있었다. 당시 미얀마에서 1백 불은 꽤 큰돈이었다. 구입한 작품 중 하나는 미얀마 어린이들이 동자승이 되어 코끼리를 따라 걷는 불교 의식을 그린 대형 유화인데 귀국 후 주한 미얀마 대사관에 기증했다. 지금 그 그림은 대사관저 다이닝룸에 걸려있다고 들었다.

외국인들에게 초상화를 그려주던 민웨아웅(Min Wae Aung)이라는 젊은 화가는 후에 크게 성공했다. 서울 인사동 화랑에서 초청 전시회도 했는데 서울 도착 후 나를 찾아 20년 만에 반갑게 해후하기도 했다. 화가들과의 교류의 즐거움은 그 후 중국, 요르단, 인도로 이어졌다. 중국 화단의 거장 첨건준 선생(북경 중앙미술학원 원장), 인기화가 왕명명(북경화원 원장) 그리고 요르단의 저명 초상화가 모한나스 두라(전 소련 주재 요르단대사)가 특히 기억에 남아있다. 인도에서는 사진작가의 작품 두 점을 구입했고 젊은 신예 여류작가의 추상표현주의 계열의 작품 두 점도 구입했다. 모두 사이즈가 큰 것들이었다. 작가들과 교류하면서 현지를 떠날 때 선물로 받은 소품들도 있다. 작품 한 점 한 점이 나에게는 스토리가 있는 것이다. 수집의 즐거움이다. 외교부를 떠난 후 나는 구입한 작품들 중 가치 있는 것들은 적절한 소장처를 찾아 기증했다. 북한대학원대학 도서관 로비에 걸려있는 '조선의 무희'(북한 만수대창작사 작품), 한국외교협회 1층 회의실에 걸려있는 '이족의 소녀'(중국) 같은 것들이다.

외교관이 책을 쓴다는 것

나는 미얀마 근무가 끝날 때쯤《시간이 멈춘 땅 미얀마》(1991년, 한나래)라는 책을 펴냈다. 외교관이 일은 안 하고 무슨 책이냐고 할 수도 있을 텐데 그것마저 안 했으면 너무 무료했을 것이다. 우리 외교관이 자기가 근무한 지역에 대한 인문학적 서적을 낸 최초의 일 같다. 사실은 동경을 떠날 때부터 책 쓰기를 생각했다. 일본 외교관들이 해외 근무 후 자기 지역을 연구한 책을 많이 출판하는 것을 보고 자극을 받았다. 지금은 외교관의 저서 출판이 특별한 일이 아니지만, 당시에는 터부를 깬 일이었다. 너무 튀는 것 아니냐는 주변의 곱지 않은 시선들이 있었다. 그러나 한번 터부가 깨져서인지 그다음 해 모스크바에 근무하던 우리 외교관들의 책이 나오기 시작했고 이후 동료 외교관들이 쓴 인문서적들이 이곳저곳에서 나왔다.

그중에서 특히 기억에 남는 책이 있다. 하나는 채수동 대사(수단)가 쓴《한 외교관의 러시아 추억》(2000)인데 원래 문장력이 뛰어난 분이긴 하지만 외교관 부인으로 고생만 하다 먼저 떠난 부인을 그린 장면을 읽을 때는 눈물이 나올 것 같았다. 채 대사는 한국외대 러시아어과를 나왔는데 학창시절 이미 도스토옙스키의《죄와 벌》,《악령》등을 번역 출판한 탁월한 분이었다. 사무관 시절 없는 돈으로 나를 종종 중국집에 데려가 짜장면과 빼갈(고량주)을 사주던 생각이 난다. 천재는 공직에 맞지 않다. 일찍 고인이 되었다.

또 하나는 이주흠 대사(주미얀마대사, 외교안보연구원장 역임)가 쓴《드골의 리더쉽과 指導者論》(2004)이라는 책이다. 드골이라는 인물의 내면세계와 리더십의 요체를 대단한 필력으로 그렸다. 출판을 하겠다는 곳이 없어 자비로 출판했다는데 제본이며 모든 게 허술했지만 콘텐츠 하나는 압권이었다. 탄핵을 당해 직무정지 상태에 있던 노무현 대통령이 이 책을 읽고 감동해서 전격적으로 리더십비서관이라는 자리를 만들어 그를 발탁한 일화가 있다.

외교관이 처음으로 베스트셀러를 낸 것은 서현섭 대사(교황청)였다. 메이지대학 박사 출신으로 일본통이었던 그는 전여옥 작가의《일본은 없다》의 대척점에서《일본은 있다》(1997)라는 책을 출판해서 일약 베스트셀러를 만들었다. 그 후에도 그는《일본인과 에로스》등 일본문화와 관련한 책을 다수 출판했다.

외교관의 자녀 교육 문제
여기서 외교관의 자녀 교육 문제도 이야기하고 싶다. 외교관 자녀들이 국제화 시대에 해외에서 공부하는 것은 플러스 요인이다. 그러나 수시로 이곳저곳을 옮겨 다니며 새로운 교육환경에 적응해야 하는 고충도 크다. 보통 자녀 교육에 성공한 경우만 부각되나 실제론 그렇지 않은 경우도 많다.

자녀 교육 문제에 관해서는 기본적으로 나는 매우 고루한 사람이었다. 요즈음 젊은 세대의 표현을 빌리면 꼰대적 성향…. 어린 시절 부친의 영향으로 유교적 가풍에서 자란 영향도 있을 것이다. 첫째는 자녀들을 너무 귀족적으로 키우고 싶지 않았다. 풀뿌리에서 자란 애들이 훨씬 더 강하다는 믿음을 늘 가지고 있었다. 둘째는 가족 전체의 경제적 어려움을 감수해가면서까지 자녀 교육에 올인하고 싶지 않았다. 나는 애들이 셋이나 되어 학비 부담이 만만치 않았다. 셋째가 태어났을 때는 의료보험 혜택도 없었고, 해외 부임 때 셋째의 항공료는 내가 개인적으로 부담해야 했다. 물론 학비 보조도 없었다(1990년대 중반까지 우리나라는 '둘만 낳아 잘 기르자!'는 캠페인을 했다). 다만 나의 개인적 커리어와 자식들의 장래 문제가 서로 맞지 않으면 후자에 더 신경을 쓴 편이었다. 외교관 중에는 자신의 커리어 성공에 신경을 쓰다가 자식들에게 더 나은 기회를 제공하는 타이밍을 놓치는 경우도 많이 보았다.

나는 내가 어린 시절 시골의 초등학교에서 받았던 교육을 최고의 교육으로 생각했다. 동네 마을과 자연 속에서 뛰어놀면서 지낸 어린 시절이었다. 그래서 자식들을 내가 다녔던 고향의 초등학교에 보내는 것도 생각했다. 그러나 고향의 부모님도 반대했고, 아내도 크게 반대했다. 결국은 서울 강남에 전셋집을 얻어 살며 근처 학교에 보냈다. 지금 생각해 보면 아내의 생각이 현실적이었던 것 같다. 외국에서 주로 공부했던 우리 애들은 초등학교 때 서울서 사귄 친구들이 아니었다면 한국 친구가 거의 없을 뻔했다.

애들이 커서 중고등학교에 진학할 때가 되었을 때 미국 근무를 희망한 것은 교육 문제를 우선적으로 고려해서였다. 나의 직장에서의 커리어를 생각하면 중국 북경에서 다시 아시아권으로 움직여야 했다. 그리고 일본 동경 근무를 권하는 구체적 제안도 있었다. 그러나 나는 자녀들이 중고등 시절에 미국이란 사회를 한번 접할 수 있게 해주고 싶었다. 자식들에게 내가 해줄 수 있는 최선은 교육과 새로운 경험의 기회였다. 운 좋게 샌프란시스코로 발령을 받았다. 시 근교의 밀브레(Millbrae)라는 곳에 집을 구했는데 중산층들이 사는 곳이었다. 애들은 그곳 동네 학교(밀브레 하이스쿨)와 유치원에 보냈다. 모두 공립이어서 학비와 사교육비가 거의 들지 않았다. 주말에는 40킬로 정도 떨어진 산호세에 있던 한글학교에 보냈다. 우리 부부는 토요일이면 운전해서 애들을 한글학교에 데려다주고 3시간을 기다리다가 집으로 데려오곤 했다.

아내의 아이디어에 따라 두 아들을 동부의 명문 사립고등학교에 한 차례씩 서머스쿨을 보내주었다. 큰애는 '필립스 앤도버 아카데미' 그리고 둘째는 '초트 로즈메리 홀'이었다. 미국 동부와 서부가 어떻게 다른지 그리고 동부의 소위 엘리트 사립학교가 어떤 데인지 경험하게 했다. 한 달 정도의 시간이었지만 적지 않은 비용이 들었다. 서머스쿨을 다녀온 뒤 큰애와 둘째는 모두 그 학교로 옮겨 공부하고 싶다고 졸랐다. 시설이며 전반적인 분위기가 그간 다니던 동네 학교와는 비교가 안 됐을 것이다. 그렇지만 내가 반대했다. 우선은 사립 기숙학교에 보낼 경제적 형편이 되지 않았다. 그리고 돈이 있어도 그렇게 하고 싶지 않았다. 어려움을 알며 강하게 자라길 바랐다. 그 후 첫째와 둘째는 미국의 주립대학(버클리, UNLV)에 진학했고 막내는 프린스턴대학에 진학했다.

외교관 중에서 자식들에게 지나친 기대를 하며 올인했다가 크게 실망하는 경우를 여러 번 보았다. 경제적 무리까지 감수하면서 모든 것을 쏟아부었는데 자식이 부모의 기대를 충족시키지 못하는 경우다. 당연히 있을 수 있는 일이다.

군복무 문제도 외교관 자녀들에게 큰 부담일 수밖에 없다. 나의 경우 아들만 셋이어서 신경이 쓰였는데 모두 재학 중 일찍 귀국해서 육군 사병으로 군복무를 끝냈다. 육군 유류보급대, 기갑여단, 특전사 같은 곳이다. 아들들이 군복무를 반겼을 리는 없지만 아버지가 공직자여서 그런지 싫어하는 내색을 한 적은 한 번도 없었다. 해외에서 오래 지낸 우리 애들에게 군 사병 생활은 힘든 경험이었겠지만 애들을 좀 더 강하게 만들었다고 생각한다. 국내 근무 시에는 주말을 이용해 자주 부대에 면회를 갔다. 우리가 해줄 수 있는 최선의 것이 그것이었다.

학교를 마친 후 어떤 분야에서 일하고 어떤 직장을 택하느냐 등의 문제는 부모로서 큰 테두리에서 조언하는 정도였다. 사회생활에서의 성취와 발전은 자녀들 스스로가 동기부여(Self Motivation)를 어떻게 해나가느냐가 중요한 것 같다. 아들 셋은 모두 자기의 관심에 따라 길을 찾아 나갔다.

워싱턴스쿨, 재팬스쿨, 차이나스쿨

○ 외교관의 일생은 인사(人事)로 시작해서 인사로 끝난다고 하는 말이 있다. 일생을 인사의 굴레 속에서 지낸다. 인사철마다 엄청난 스트레스에 시달린다. 외교부에 입부한 후 연수 과정이 끝나면 그때부터 나의 첫 해외 근무지가 어디가 될까 생각한다. 그리고 2~3년이 지나면 그 다음 근무지를 생각한다. 서울로 돌아가나 아니면 오지 공관을 한번 뛰고 가나…. 나이가 들어 자녀가 생기면 문제는 더 복잡해진다. 고려 사항에 '애 키우기에 좋은 곳'이 들어간다.

인사철마다 엄청난 스트레스

나의 경우도 외교관이란 직업에 입문한 이래 여덟 차례나 옮겨 다녔다. 뉴욕(유엔대표부), 일본, 미얀마, 중국(두 차례), 샌프란시스코, 요르단, 인도 등이다. 인사철마다 한 번도 마음 졸이지 않은 때가 없었다. 열여섯 번 짐을 꾸리고 풀었다. 이삿짐을 싸고 풀고 하다 보니 어느새 40여 년이 지났다. 일찍부터 해외 생활에 익숙했던 아내가 아니었으면 정말 힘들었을 것이다. 대사급의 시니어가 되어도 인사철이 되어 실무를 담당하는 인사국장의 방 앞에 가면 다리가 후들거린다는 말이 있다.

과거와 달리 실무급 외교관의 경우 인사에서 예측 가능성이 많이 커졌다. 과거에는 거의 장관의 전권이었고 절차도 투명하지 않았다. 반면 지금은 공석이 될 자리들이 사전에 공지되고 희망 공관을 3지망까지 써낸다. 1차관이 위원장인 인사위원회에서 토론을 거친다. 인사 시 희망지를 1, 2, 3지망까지 써낼 경우 보통 2지망이나 3지망에서 결정되는 경우가 많다.

많은 직원이 아프리카나 중남미, 중동 지역 등 소위 오지 발령을 받아 떠난다. 179개 해외공관 중 험지나 특수지로 분류되는 곳이 61개다. 전쟁으로 치안이 불안한 곳, 말라리아, 황열, 뎅기열 같은 풍토병에 걸리기 쉬운 곳, 생활 수준이 극히 낮은 지역들이다. 브라질 등 중남미 지역 공관은 부임하는 데만 30시간은 족히 걸린다. 지구본의 반대편이다. 가족과 자식도 찾아가기 어려운 곳이다. 근무지는 자기뿐만 아니라 배우자, 자녀들에게도 영향을 미친다. 근무지가 바뀔 때마다 새로운 생활 환경, 인간관계, 보스(공관장), 낯선 문화가 기다린다. 한 사람의 삶의 궤적이 크게 바뀐다. 2~3년마다 자신을 재정립해나가야 한다.

아무리 생활 조건이 좋더라도 인간관계가 좋지 않으면 그곳이 가장 완전한 오지(奧地)다. 외교관은 어떤 직업보다 직장 내에서의 인간관계가 중요한 직업이다. 서울에서 멀리 떨어져 낯선 곳에 있다 보니 심리적인 거리감, 소외감, 고독이 일상인 직업이다. 공관 구성원들 간의 인간적 갈등이 생기면 그 이상의 고통이 없다. 실제로 선진국이냐 개발도상국이냐는 오히려 큰 문제가 되지 않는다. 선진국은 선진국대로 개도국은 개도국대로 근무에 장단점이 있다. 생활 여건으로만 따지면 사실 한국보다 나은 곳이 별로 없다. 중동과 아프리카 전역 그리고 중남미 대부분의 경우가 한국보다 못하다.

워싱턴스쿨, 재팬스쿨, 차이나스쿨

이쯤에서 외교관의 보직 경로에 대해서 이야기해 보자. 지금 이야기를 쓰려니 좀 진부하게 느껴지는데 한때 외교부에는 엘리트로서 출세하기 위한 나름의 코스가 있었다. 워싱턴스쿨과 재팬스쿨이 대표적이었다. 우리 외교의 핵심 포스트였던 미국 워싱턴과 일본 동경 근무를 통해 만들어진 인맥이다. 1992년 중국과 수교한 뒤에는 차이나스쿨도 생겼다. 물론 유엔, 제네바 근무 등을 통해 국제기구 전문성을 가꾼 다자외교 라인도 있고 경제 통상을 주로 해온 통상 라인도 있다.

외교관의 커리어 성공은 보통 북미국, 동북아국 등 지역국에서 일하다 워싱턴, 북경, 동경 등을 근무하는 코스였다. 요즈음은 북핵 문제를 다루는 한반도평화교섭본부도 주요 부서다. 본부 국제기구국을 거쳐 유엔, 제네바를 거치는 코스도 물론 인기다. 반기문 유엔사무총장 등을 배출했다. 다만 경제, 통상, 영사, 의전 등 기능국 업무는 실제적 중요성을 떠나 전통적 핵심 라인은 아니다. 어느 나라나 아직도 외교관은 정치적 이슈를 다루는 게 가장 멋있는 일로 여겨진다. 우리에게는 미국, 중국, 일본, 북핵 업무 등이 가장 관심을 받는 이슈다.

왜 워싱턴인가? 워싱턴은 슈퍼파워 미국의 수도이자 세계 외교의 심장부다, 2차 대전 이후 현대 외교는 압도적으로 워싱턴 중심으로 이루어졌다. 외교관의 트레이닝 장소로도 여기만 한 곳이 없다. 자녀들의 교육환경, 전반적인 생활환경도 미국의 어느 도시보다 좋다. 그러니 누구나 선호하지 않을 수 없다. 한때는 '청비총(청와대, 장관비서실, 총무과 인사팀)' 출신이 아니면 명함을 내밀 수도 없다는 이야기까지 있었다. 지금은 북미국, 한반도평화교섭본부 등이 워싱턴으로 가기 위한 경로가 됐다. 이 코스에 진입하고 워싱턴 근무를 하는 동안 인맥이 만들어진다. 그리고 이들이 본부의 핵심 요직을 장악했다. 장, 차관이 되겠다는 꿈을 가진 사람도 마찬가지였다. 워싱턴을 거치는 거의 정형화된 코스를 밟아야 했다.

노무현 정부 후기부터 박근혜 정부까지 모든 외교장관이 북미국과 워싱턴 근무를 거친 소위 워싱턴스쿨이었다. 반기문(2004~2006), 송민순(2006~2008), 유명환(2008~2010), 김성환(2010~2013), 윤병세(2013~2017) 장관이 이 경우다. 역대 한반도평화교섭본부장도 초대 천영우 본부장(유엔, 경수로기획단)을 제외하고는 거의 전원이 워싱턴 근무를 거친 사람들이었다. 윤석열 정부의 김규현 국가정보원장, 조태용 국가안보실장, 조현동 주미대사 등도 모두 워싱턴스쿨이다.

이런 워싱턴스쿨 중심의 한국 외교는 안정감을 주긴 했지만 한편으론 한계도 있었다. 특히 21세기 들어 중국이 급격히 부상하면서 슈퍼파워로서의 미국의 위상이 약화되기 시작했고 한국 외교도 이러한 변화를 감내해야 했다. 그렇지만 미국의 힘을 몸으로 부대끼며 살아온 사람들에게는 정책적 사고가 워싱턴 중심으로 돌아갈 수밖에 없다. 이러한 워싱턴 기울어짐을 바꾸려 했던 정부가 외교에서의 자주성을 내세운 노무현, 문재인 정부였다. 외교의 사령탑인 외교부장관과 청와대 외교안보실장을 비 워싱턴 인사들로 임명했다. 노무현 정부 시 첫 외교장관으로 발탁된 윤영관 장관은 서울대 외교학과 교수 출신이었다. 그리고 북한에 대한 내재적 접근론을 내세운 학자 출신 북한전문가 이종석 씨가 청와대 국가안전보장 회의를 맡았다.

문재인 정부 들어서는 이러한 경향이 더욱 두드러졌다. 워싱턴스쿨로 정형화된 외교부의 출세코스가 한동안 흔들렸다. 첫 장관인 강경화 장관은 유엔 인권기구 등 국제기구에서 경력을 쌓은 다자외교 출신이다. 그리고 이어 국가안보실장을 거쳐 외교장관에 기용된 정의용 장관은 경제통상 분야에서 오랜 경력을 쌓은 제네바대사 출신이었다. 이같이 문재인 정부에서는 워싱턴스쿨들이 주요 인사에서 제외됐다. 이에 따라 기존의 엘리트 코스를 밟다가 불운을 겪은 사람들도 있었다. 그러나 이들은 윤석열 정부 출범 후 화려하게 부활함으로 워싱턴스쿨 불패를 보여주고 있다.

재팬스쿨은 일본과장, 아주국장, 주일 대사관을 거친 그룹이다. 일본어가 유창하다. 공로명 장관이 그 선두에 있었고 이재춘 전 주러시아대사, 유병우 전 오사카총영사, 김석우 전 청와대 수석, 신각수 전 주일대사 등이 그 핵심 라인이었다. 한때는 한일관계가 한미관계를 능가할 정도로 밀접했다. 박정희 시대 일본의 경협자금이 한국 경제발전의 큰 밑바탕이 되었고, 김종필 전 총리, 박태준 전 포철회장 등 거물들이 양국관계의 파이프라인 노릇을 했다. 그런데 한국의 위상이 높아지고 또 중국이 부상하면서 우리 외교에서 일본의 위치가 약화되기 시작했다.

근래에는 위안부 문제와 전시강제동원 배상 문제로 양국관계가 얼어붙었고 이 문제를 다루었던 직원들이 조사를 받는 등 수난을 당하기도 했다. 그러는 사이 양국관계는 최저점으로 흘러갔다. 그래서인지 외교관들에게 동경 근무의 인기도 과거에 비해 많이 적어졌다. 스스로를 재팬스쿨로 자처하며 자부심을 가지던 분위기도 많이 가라앉은 것 같다. 안타까운 일이다.

차이나스쿨은 중국어 연수를 통해 중국어가 가능하고 북경 등 중화권에서 주로 경력을 쌓은 외교관들이다. 한중관계가 비약적으로 발전하고 공관의 외교 인력 면에서도 북경이 워싱턴, 일본을 능가하면서 수적으로 크게 성장했다. 그러나 중국과의 수교 역사가 짧아서인지 외교부에서 확고한 인맥으로 자리 잡지는 못하고 있다. 한때는 워싱턴을 거친 외교관들이 북경까지 밀고 들어오면서 차이나스쿨의 정체성이 위협을 받는 현상이 벌어지기도 했다. 초대 노재원 대사를 필두로 권병현, 홍순영, 김하중, 신정승, 이규형 대사 등 커리어 출신들이 초반에는 대사로 임명되었고 그중 김하중 대사는 6년 6개월이나 근무하며 역대 최장수 대사를 기록하기도 했다. 그렇지만 어찌 된 일인지 그 후 지난 십수 년간은 거의 전부 직업외교관 출신이 아닌 외부 인사들이 대사로 임명됐다. 북경에서 참사관, 공사 등을 거치며 잔뼈가 굵은 직업외교관들은 중국지역 총영사로 만족하거나 외지에서 외교관 생활을 끝내야 했다.

통상라인으로 시작 고위직에 오른 사람들도 많다. 김종훈, 김현종

전 통상교섭 본부장 등이 대표적 케이스다. 이 분야에서 일가를 이루었다. 최영진, 이태식, 안호영, 조태열 대사 등도 경제 통상라인을 거쳐 주미, 주유엔대사까지 오른 경우다. 박상기, 최석영, 최경림 전 제네바대사, 안총기 전 EU대사 등도 통상라인이라고 할 수 있는 사람들이다. 이들은 외교부를 떠난 후 로펌이나 민간기업 등에서 일하는 경우가 많다.

인도와 함께 인도네시아, 베트남, 필리핀, 태국, 말레이시아, 싱가포르 등 동남아지역 주재 대사 자리도 외교부에서 전통적으로 중량감 있는 인재들이 갔고 또 인기 있는 포스트다. 우리나라와의 무역, 투자 등 경제관계를 중심으로 재외공관 중 실제로 가장 일이 많고 바쁜 자리다. 현재 국제정치와 한국 외교가 인도 태평양을 중심으로 돌아가는 상황임을 감안할 때 앞으로 '인도태평양스쿨'은 더욱 부상될 것으로 보인다.

과장이라는 자리의 의미

지금부터 다시 나의 이야기로 돌아온다. 미얀마 근무를 마치면서 나는 본부 외교정책실의 특수정책과장으로 임명되었다. 북한 관련 정보를 모으고 분석하는 과다. 외교부가 미 국무성을 본떠 외교정책실이라는 것을 새로 만들면서 신설되었는데 지금은 한반도평화교섭본부 산하로 들어가 대북정책협력과로 이름이 바뀌었다.

특수정책과는 이름은 근사했지만 알맹이 있는 일은 북미과(당시 북미과장은 후에 장관이 된 윤병세) 같은 데서 주로 했고 별로 실속이 없었다. 그래도 나는 북한 업무를 한다는 큰 자부심을 가졌다. 외부에 보이는 이미지를 항상 보직 경로에서 중요시했던 나의 성향도 작용했을 것이다.

관료 조직에서 과장은 일선 직원들과 직접 부대끼면서 일을 하는 가장 핵심적인 자리다. 군으로 따지면 소규모 야전 부대 지휘관이다. 처음으로 리더십을 평가받는 곳이기도 하다. 나는 직원들에게 권위주의적인 꼰대형 과장으로 인식되지 않으려 나름 노력하며 직원들의 새로운 생각, 제안 같은 것에 늘 오픈된 입장을 가졌다. 또한 완벽주의의 함정에 빠지지 않으려 했다. 나는 직원이 기안해 온 전보(Telegram)가 큰 흐름이 틀리지 않는 한 가급적 그대로 두었다. 너무 완벽을 기하려고 하다 보면 오히려 큰 것을 놓친다는 생각에서였다. 약간의 불완전함에서 완전함이 나온다고 생각했다.

나도 한때나마 워커홀릭 같아 보인 일이 있다. 우리 과로 일이 계속 떨어져 한동안 밤늦게까지 야근을 했다. 젊은 직원 한 사람이 빨래 등 고충을 이야기하며 이른 퇴근을 희망했는데 불같이 화를 냈던 기억이 있다. 쌓였던 스트레스가 그렇게 터져 나온 것이다. 그때 그 직원이 마음에 큰 상처를 받았을 것 같아 두고두고 미안했는데 10여 년이 지난 후 그 직원을 우연히 만나 사과한 일이 있다.

특수정책과장이 되면서 나는 본격적으로 북한 문제를 들여다보기 시작했다. 소위 4강이라 불리는 미국, 중국, 일본, 러시아 주재 우리 공관에서 북한 정세와 관련한 이런저런 보고가 들어왔다. 1989년 베를린 장벽이 무너지고 동구권 국가들이 무너지고 있을 때였다. 미국과 중국에서 들어오는 보고서는 내용이 많이 달랐다. 미국의 전문가들은 대체로 북한이 곧 동구권 국가들같이 붕괴될 가능성이 크다고 판단했다. 반면 중국 정부나 중국 내 북한 전문가들은 일관되게 붕괴 가능성을 희박하게 보았다. 동구권은 그동안 서구와의 접촉면이 넓었던 반면 북한은 외부와 완전히 격리되어 있어 사정이 다르다는 분석이었다.

정책통이 되고 싶다

나는 북한 업무를 하면서 정책통이 되고 싶다는 생각을 했다. 조직 속에서 윗사람이 시키는 일을 기계적으로 집행하는 일은 별 재미가 없게 느껴졌다. 내 나름의 아이디어를 가지고 정책을 만들고 그 정책이 집행되는 것을 보고 싶었다.

과장 재직 중 북핵 관련 페이퍼를 작성하고 청와대와 장관으로부터 칭찬을 받은 일이 기억에 남는다. 베를린 장벽 붕괴(1989) 후 소련과 동구권이 무너지자 북한은 체제 생존을 위한 유일한 방법은 핵보유라고 판단했다. 죽기 살기로 핵무기 개발에 매달렸다. 한국은 보수정권과 리버럴 정권이 10년 주기로 바뀌었고, 그때마다 대북정책, 북핵 정책도 바뀌었다. 1993년 3월 들어 김영삼 정부가 출범했다. 김영삼 정부는 출범하자마자 북한의 핵비확산조약(NPT) 탈퇴로 야기된 소위 1차 핵위기를 맞았다.

마침 서울대 외교학과 은사였던 정종욱 교수가 외교안보수석으로 발탁되었다. 어느 날 그와 저녁 식사를 할 기회가 있었다. 나는 북한 핵문제 해결에 관한 나름의 논리를 이야기했다. 정 수석은 상당히 공감하는 것 같았다. 내가 한 이야기를 페이퍼로 작성하여 보내달라고 했다. 나는 그날 저녁 사무실에 밤늦게까지 남아 혼자 보고서를 작성했다. 그것이 '북한의 NPT 복귀 및 핵개발 포기와 미-북한 국교수립 연계방안 검토'라는 정책보고서였다. 개조식으로 쓴 것인데 좀 큰 글씨로 10페이지 정도 되는 분량이었다. 나는 이 페이퍼를 정종욱 수석에게 전달한 후 당시 한승주 외교장관(고려대 정외과 교수)에게도 정책실장을 통해 내용을 보고했다. 한 장관이 대단히 높이 평가했다는 이야기를 전해 들었다.

7개 항목으로 된 이 정책 보고서 요지는 대개 이런 것이었다. 북한이 핵을 가지려는 이유는 체제유지다. 그런데 IAEA와 안보리를 통한 다자간 대북압력에는 한계가 있다. 그러므로 북한의 NPT 복귀와 핵개발 포기를 위해서는 강력한 인센티브를 제공할 필요가 있다. 그 인센티브는 미-북한 관계 정상화다. 그리고 왜 그것이 강력한 인센티브가 되는지에 대해 설명했다. 이를 위해 남한, 북한, 미국 3자 간 진지한 협상을 할 필요가 있다는 것이 결론이었다. 이 페이퍼는 '미-북한 관계 정상화가 남북한 관계 및 통일에 미칠 영향'을 마지막 항목으로 넣었다.

그때의 나는 강력한 인센티브를 주면 북한이 핵을 포기할 수 있다고 믿었다. 그리고 그 인센티브의 핵심은 미-북한 국교수립이었다. 북한은 자신의 체제 안전 보장을 해줄 수 있는 나라가 미국밖에 없다는 생각을 가지고 있었다. 미-북한 국교수립 정도면 북한이 체제 유지에 자신감을 가지게 되고 핵포기에 전향적으로 나올 수 있다고 보았다. 미국이 내놓을 수 있는 카드는 미-북 국교정상화, 팀스피리트(T/S) 한미 군사훈련 중지, 북한의 일본, EU 등과의 수교 측면 지원 등을 생각했다. 또한 이 과정에는 경제협력도 포함되었다. 북한이 내놓을 수 있는 카드는 NPT(핵비확산조약) 복귀, 핵개발 완전 포기, 미사일 수출 금지 등이었다. 북한 붕괴가 아니라 남북한 공존 과정을 통해 핵 문제를 해결해야 한다는 주장이었다.

협상 과정에서는 과거 닉슨 대통령 시절 키신저 보좌관이 중국과의 국교 정상화 비밀 교섭에 나섰듯이 고위급 사절에 의한 비밀 협상까지 할 필요가 있다고 지적했다. 나는 이 보고서에 애착이 커 지금도 사본을 가지고 있다. 30년이 지난 지금 읽어봐도 실천적인 의미가 있는 보고서라는 생각이 든다.

나는 특수정책과장 임기가 끝나갈 무렵 다음 보직을 생각했다. 주변에선 마이너 과장을 했으니 메이저급 과장인 일본과장 같은 것을 권하기도 했다. 그러나 그 자리에도 역시 경쟁자는 있었다. 나는 미련 없이 포기하고 다른 경로를 생각했다. 해외 연수를 가기로 했다. 중국이 다가오고 있었다. 나는 중국어 연수를 하고 북경에서 근무하는 경로를 생각했다. 과장을 마치고 마흔이 된 나이에 언어 연수를 간다는 게 늦은 감이 있었지만 신천지를 개척해야 한다는 생각에 나이를 따질 때가 아니라고 생각했다.

정통 관료로서 주류에 끼지 못했다

이렇게 말하면 어떨지 모르겠는데 지난 40여 년의 외교관 생활 동안 나는 늘 핵심이 아닌 주변부의 존재였다. 주류에 끼지 못했다는 이야기다. 앞에서도 이야기했지만 외교부에서의 정통적인 엘리트 코스는 북미국이나 동북아국(중국, 일본 업무), 국제기구국(유엔), 한반도본부 그리고 대통령비서실 등의 보직을 거치는 것이다. 그곳에는 나름으로 베스트들이 뽑혀 갔고 또 노동의 강도도 남달라서 웬만해서는 버티기도 힘들었다. 그런데 나는 본부 근무 중 이런 핵심부서에서 사무관, 과장, 심의관(부국장), 국장, 비서관 등 어느 것 하나도 해보지 못했다. 아프리카과에서 사무관 생활을 시작해 별 관심을 끌지 못하는 과들을 계속 돌아다녔다. 물론 나는 내가 일했던 곳이 항상 중심이라는 대책 없는 고집과 자부심을 가지고 있긴 했지만….

다만 나는 본부에서 하지 못한 포스트를 해외에서 어느 정도 커버했다. 전통적인 관례로 말하자면 출세를 하려면 본부 근무 경력이 많아야 한다. 본부에서 고생한 사람 위주로 인사를 할 수밖에 없다. 특히 중견 이상이 되어 해외 근무 위주로 다니다 보면 본부에서 잊힐 수가 있다. 또 일에 대한 열정보다 적당히 해외에서 편하게 세월을 보내려는 사람으로 보일 수도 있다.

나의 경우는 아들 셋을 포함 다섯 식구였기에 국내 보수로는 생활이 어려웠다. 경제적으로 오래 버틸 수가 없었다. 해외에서는 재외 근무수당이 별도로 있어 국내보다 형편이 나았다. 경제적 어려움이 계속

되자 아내는 결혼 이래 계속 인생이 내리막길이라고 자주 푸념을 했다. 그런 연유 등으로 나는 해외 근무를 선호했다.

결과적으로 본부 경력은 약했지만 우리 외교의 중요한 포스트인 북경(7년)과 동경(3년) 등 해외 경력을 많이 쌓았다. 북경이나 동경에서는 경제 업무를 주로 했는데 그때나 지금이나 정무를 주류로 생각하는 경향이 있다. 모두 정무과장, 정무참사관, 정무공사를 하려 했다. 그러니 경제 업무를 주로 했던 나의 경우 더욱 주류로 간주되지 못했을 것이다. 그렇지만 나는 외교에서 경제 업무가 중요하다고 생각했기 때문에 그런 경계에 매달리진 않았다. 항상 내 위주로 생각했고 스스로 만족했다. 자존이라고 할 수 있는 심적 태도를 늘 유지했다. 이런 것이 없었으면 인사의 스트레스 속에서 외교관 생활이 괴로웠을 것이다.

내가 인도에서 대사로 근무할 때 뉴델리를 방문했던 원로 외교관인 권병현 대사(전 주중대사)가 한 말이 생각난다. "신 대사는 칼리버(Caliber, 총의 구경)가 너무 커서 외교부에 맞지 않는 사람이었다. 매우 비정통적인(Unorthodox) 사람이다. 그래서 인사상 손해도 보았을 것이다." 나의 살아가는 스타일과 처세를 그렇게 보았던 모양이다. 그랬던 것 같다.

특이한 경력과 특별한 경험
내가 생각하기에 핵심이 아닌 주변부를 돌아다니게 된 데는 물론 그만한 이유가 있었다. 첫째는 진입 장벽, 내가 하고 싶다고 되는 것이 아니다. 그런 경우 나는 쉽게 포기하는 편이었다. 무리하고 싶지 않았다. 치열한 경쟁, 노동의 강도와 관련한 기회비용을 생각하면 그럴 만한 이유를 찾지 못했다. 블루오션이 아니라 레드오션으로 보였다. 빠르게 포기하고 차선을 찾았다. 객관적으로 나은 일이 아니라 내가 하고 싶었던 일, 나의 내면이 부르는 일로….

또 하나는 진작부터 어느 한쪽으로 나를 규정하고 싶지 않았다. 자기 합리화 같기는 한데… '나는 앞으로 뭔가 큰일을 해야 한다. 그러기 위해서는 되도록 많은 것을 경험해야 한다. 어느 포지션에 배치해도 살아남을 수 있는 역량을 키워야 한다.' 토탈 사커(Total Soccer) 이론, 좀 터무니없는 야망 같은 게 있었다.

그리고 나는 경력을 추구할 때 한글로 쓴 이력보다 영어로 쓴 이력(Resume)이 더 근사해 보이는 경력을 선호했다. 우리 외교부 내부에서 생각하는 엘리트코스보다 늘 외부에서 보기에 근사한 경력에 더 마음이 갔다. 대체로 밀린 경력들이 그런 경력들이었다. 본부 심의관직에서 탈락하고 북핵 경수로사업지원기획단 특보(Special Advisor)가 됐을 때도 그랬고 본부 국장(Director General)은 못 하고 대변인(Spokesperson)이 된 것도 그랬다. Spokesperson! 얼마나 근사한 이름인가? 본부의 차관보나 실장 등 다른 1급 자리보다 외교안보연구소장(President of IFANS) 자리가 더 탐났던 것도 마찬가지다. 외국에서 보면 한국의 유력한 외교안보 싱크탱크의 대표다. 또 차관후보로 올라갔다가 떨어졌지만 3국협력사무국(TCS) 초대 사무총장(Secretary General)으로 일한 것에 더 자부심을 가졌다. 차관은 수많은 차관 중 한 사람이지만, TCS 초대 사무총장은 국제기구의 영원한 초대 사무총장이다. 초임 대사 시 몇몇 가능한 자리 중 요르단대사를 희망한 것도 미국 외교관들의 시각이 영향을 끼쳤다. 미국에게 요르단대사직은 중동 정세를 조망하는 핵심 포스트였다. 내가 마지막으로 인도대사에 부임했을 때 인도 정부와 많은 외국대사들이 나의 이력(Resume)을 보고 매우 인상 깊어 했다. 그들이 보는 관점에서 그랬을 것이다.

앞에서 이야기했듯이 나는 주변부이지만 특이한 경력과 특별한 경험을 많이 했다. 나의 오랜 외교관 생활에서의 남다른 행로다. 매우 주관적인 생각이긴 하지만 나는 본부에서의 핵심 보직보다 주변부의 일을 더 즐겼다. 이러한 일들은 또 다른 차원의 일의 즐거움과 내면의 만족감을 주었다. 돌이켜보면 운이 참 좋았다. 직업외교관에겐 모든 경력이 최선의 경력이다.

영어 중국어 일본어 오딧세이,
영어는 아직도 자신이 없다

○ 강경화 장관이 문재인 정부 첫 외교부장관에 임명되었을 때 말이 많았다. 북핵이나 4강 외교 관련 경험이 없어서 외교장관을 맡기엔 역부족이라는 등의 비판이 있었다. 분명 그런 점이 있었다. 당시 외교 정책이나 전략은 거의 청와대 주도였다는 것이 공통된 평가다. 그럼에도 불구하고 강 장관은 장수했고 나름 한국 외교의 수장으로서 역할을 잘해냈다. 그의 특장점은 뛰어난 영어 구사능력이었다. 포토제닉하고 여성이라는 것도 물론 장점이었다. 2020년 코로나 바이러스 상황에서 CNN이나 BBC 등 세계적 미디어와의 인터뷰 그리고 각국과의 화상 회의 등에서 그의 언어 역량은 빛을 발했다.

윤석열 정부 첫 외교장관으로 발탁된 박진 장관도 영어에 대한 부담이 없다는 점에서 외교수장으로서 큰 장점을 가지고 있다. 하버드 케네디스쿨과 영국 옥스퍼드대 박사 출신인 그는 김영삼 대통령 정부에서는 공보비서관으로 발탁되어 중요한 외교행사에서 대통령의 영어 통역을 했다.

영어에 대한 끝없는 부담

유엔 등 국제 외교무대에서 언어로 인해 가장 불편한 외교관들이 한국과 일본 외교관이 아닌가 생각된다. 세계 대부분 국가는 유엔 공용어인 6개 언어권(영어, 프랑스어, 스페인어, 중국어, 러시아어, 아랍어)에 속한다. 그런데 경제력 톱 10에 들어가는 선진국인 한국과 일본은 여기에 빠져있다. 나는 첫 해외 근무를 1980년대 초 유엔대표부에서 했는데 유엔 회의장에서 일본과 한국 외교관들의 존재감이 상대적으로 약해 보였다. 나서는 것을 싫어하는 문화적 배경도 있었을 것이다. 그러나 언어에 대한 부담도 있었던 것 같다. 두 나라 외교관들은 간단한 발언을 해도 영어 발언문을 미리 준비해서 읽었다. 즉석 발언은 거의 없었다. 당시 우리 선배들의 언어 역량에 다소 실망하고 좌절감을 느꼈던 기억이 있다. 물론 지금은 상황이 많이 다르다. 요즈음의 한국의 젊은 외교관들은 입부 때부터 이미 상당한 영어 실력을 갖춘 경우가 많다.

1978년 내가 외교부에 입부했을 때 나의 영어 회화 능력은 초보적인 생활 회화 수준에 지나지 않았다. 순전히 고시 공부를 위한 영어였고 해석, 작문에 치우친 영어였다. 원어민을 직접 만나볼 기회가 거의 없어 카세트테이프로 공부하는 정도였으니 한계가 있을 수밖에 없었다. 지금의 젊은 외교관들에 비하면 턱없이 부족한 실력이었다.

당시의 한국 외교부에는 영어가 출세의 기준 중 하나였다. 간부들 사이에서도 영어에 대한 일종의 자존심 싸움이 있었는데, 영어 콤플렉스였다. 영어로 된 서한이나 스피치 같은 게 있으면 결재를 받는 과정에서 너도나도 손을 댔다. 외교부 사무관 시절 유럽 어느 나라의 한국 친선협회장에게 보내는 감사 서한을 영어로 써야 할 일이 있었다. 내가 초안을 만들었고, 과장이 오랜 시간을 끙끙거리며 손질을 했다. 그리고 심의관, 국장의 결재를 거치며 조금씩 고쳐졌다. 그리고는 당시 영어를 잘한다고 소문이 나 있던 차관보가 또 고쳤다. 그렇게 마지막에는 차관까지 올라갔다. 차관이 펜을 들어 고치려고 하기에 내가 차관보님이 손질했다고 하자 "차관보는 차관보고…" 하면서 또 손을 대는 것이었다. 지금 같으면 그런 통상적인 편지는 사무관이나 과장 선에서 끝났을 것이다. 영어 편지 하나를 가지고 차관 결재까지 갔다는 자체가 지금 생각해 보면 코미디 같은 일이지만 그때는 그랬다.

나는 부족한 영어 실력 때문에 지난 40여 년의 외교관 생활 동안 하루도 영어 공부를 하지 않은 날이 없었다. 뉴욕타임즈 등을 보다 익숙지 않은 단어가 나오면 사전을 찾아보고(요즈음은 네이버에 들어가면 발음까지 녹음되어 있어 무척 편리하다) 또 좋은 표현들은 줄을 쳐서 소리 내어 읽으며 암기하기도 한다. 《키신저 회고록》 같은 영어 원서를 읽을 때도 내용만을 위해 읽은 적이 없다. 영어공부의 수단으로 활용했다. 그래서 책을 읽거나 영어 칼럼 하나를 읽는 데도 시간이 오래 걸렸다. 이런 습관은 일생에 계속되고 있다.

물론 내가 영어권에서 주로 외교관 생활을 했으면 상황이 훨씬 나았을 것이다. 그러나 나의 경우 일본과 중국에서 10년이나 근무하다 보니 이 기간에는 아무래도 일본어와 중국어에 신경을 써야 했다. 그러다 보니 자연스레 영어 능력 향상에는 한계가 있었다. 소위 재팬스쿨, 차이나스쿨 출신으로 분류되는 사람들은 대부분 상황이 비슷했다. 그중에는 고위직에 올라간 뒤에도 영어 역량이 문제가 된 경우도 있었다.

내가 서울에서 한중일협력사무국(TCS) 초대 사무총장(2011~2013)으로 일할 때도 영어와 관련해 아쉬움이 있었다. 영어가 사무국의 공용어였으니 회의며, 문서 작성이며 모두 영어로 진행됐다. 세 나라에서 모인 직원들은 모두 영어가 아주 뛰어난 인재들이었다. 중국 측 사무차장인 마오닝(여)은 주니어 시절 중국 외교부 내 영어 통역을 맡았었다. 또 일본 측의 마츠가와 루이 사무차장(여)은 미국 조지타운대 유학생 출신으로 특별히 영어가 뛰어난 외교관이었다. 나는 두 사람의 사무차장과 때때로 사무국의 운영을 두고 논쟁을 벌이기도 했는데 영어로 말다툼을 하는 것도 스트레스였다.

영어 능력 어느 정도 중요한가?

외교관에게 언어능력은 어느 정도 중요한가? 외교관은 국내외에서 많은 사람을 사귀고 그 인적 네트워크를 통해 일하는 사람이다. 언어가 자유롭지 않으면 진정한 의미의 네트워킹을 할 수가 없다. 전반적 활동이 위축될 수밖에 없다. 그래서 외교관은 우선 영어를 잘해야 한다. 물론 중요한 공식 회의나 교섭에서는 통역을 쓰는 경우가 많다. 그러나 통역도 기계가 아니다. 완벽한 통역은 불가능하다. 거기다가 통역을 동반한 외교활동은 한계가 있을 수밖에 없다. 외교관은 상대방과 둘만이 알아야 할 비밀스러운 이야기를 직접 해야 할 때도 있다. 영어의 중요성은 중국, 일본 등에서 근무할 때도 마찬가지다. 그곳에서도 국제 회의나 포럼, 외교단 활동은 영어로 진행되는 경우가 많다. 그래서 영어가 기본이다.

주재국 국민들과 직접 부딪히면서 그들의 마음을 사는 공공외교가 중요해진 지금은 언어 구사 능력이 더욱 중요해졌다. 젊은 시절 평화봉사단원으로 한국에서 일한 캐슬린 스티븐스 주한 미국대사(2008~2011)는 한국어가 유창했다. 한국의 영향력 있는 정관계, 학계, 문화계 인사들과도 쉽게 만나고 어울렸다. 한국 인사들의 입장에서도 언어의 장벽이 없으니 다른 외국 대사를 만나는 것보다 부담이 적었을 것이다. 싱하이밍 주한 중국대사(2020~)도 한국어가 유창하다. 중국보다 한반도에서 지낸 시간이 더 많다. 그는 주한대사로 부임한 이래 이곳저곳에 초청받아 한국어로 강연과 토론을 하고 있다. 다만 부작용도 있었다. 우리 국민들에게 그의 정제되지 않은 한국어 발언이 오히려 문제가 되었다.

성 김 전 주한대사(2011~2014)는 약간 다른 경우다. 한국계 미국인인 성 김 대사는 주한대사로 근무 시 아주 사적인 자리가 아니면 거의 한국어를 사용하지 않았다. 한국어를 무리 없이 하는 데도 불구하고 한국어를 쓰는 것을 오히려 부담스러워 하는 것 같았다. 한국계라는 것이 한국에서 일하는 데 오히려 그를 조심스럽게 만들었던 것 같다.

2019년 코로나 사태 이후에는 화상 회의가 새로운 노멀이 되면서 언어 능력의 중요성은 더욱 부각되었다. 화면과 마이크를 앞에 두고 부담 없이 회의와 토론에 참여할 수 있어야 하게 됐다. 언어의 중요성이 더욱 커졌다.

외교언어를 천하 통일한 영어

그런데 영어가 외교언어의 주류가 된 것은 언제부터인가? 18세기 까지는 외교 공용어가 라틴어였다. 그러다 18세기 중반에 이르러서는 프랑스어가 외교 공용어로 등장했다. 나폴레옹전쟁 후의 유럽 전후처리를 했던 1815년의 빈회의는 시종일관 프랑스어로 진행됐다. 1차 대전 전후 처리 조약인 1918년의 베르사유조약 때부터 영어가 프랑스어와 함께 공용어로 쓰이며 비준문서에 등장한다. 그런데 21세기 인터넷 정보시대가 도래하면서 영어가 천하 통일을 이루었다. 인터넷 공간을 영어가 장악하는 상황이 외교언어에도 영향을 미치지 않을 수 없었다. 지금 외교가에서 실제 쓰이는 언어의 90%가 영어라고 보면 된다. 영어가 사실상의 외교 공용어(Working Language of Diplomacy)가 된 것이다. 그러므로 외교관으로 해외에 파견되는 사람은 주재국 언어가 무엇이든 간에 일단 영어는 일정 수준 할 수 있어야 한다.

과거 사회주의 국가들은 자국 외교관들에게 언어를 특화시켜 파견했다. 즉 러시아, 중국, 북한 같은 경우 외교관들을 처음부터 특정 언어에 익숙한 전문 외교관으로 키웠다. 중국이 주한대사로 파견한 외교관들이 그런 경우가 많았다. 초대 장팅옌 대사(1992~1998), 3대 리빈 대사(2001~2005), 4대 닝푸쿠이 대사(2005~2008) 그리고 현 싱하이밍 대사(2020~) 같은 경우가 그런 케이스다. 평양에서 조선어를 배운 뒤 남북한에서 집중적으로 근무했다. 왕이 중국 외교부장은 일본어에 특화된 케이스다. 그런데 중국도 그 후 정책이 바뀌었다. 영어가 사실상의 국제 외교 공용어가 되면서 특정 지역 언어만으로는 한계가 있다는 것을 알게 된 것이다. 이에 따라 중국 외교관들은 뒤늦게 영어권 국가에 파견되어 영어 교육을 추가로 받았다.

이같이 외교언어를 통일하다시피 한 영어는 다른 주요 언어에 비해서 특별한 장점이 있다. 각자가 자기식의 영어를 써도 별문제가 없다는 것이다. 영국식 영어, 미국식 영어, 힝글리시(인도 힌두식 영어), 아프리카 영어가 각각 악센트와 발음도 조금씩 다르고 사투리도 있지만 이를 문제 삼지 않는다. 서로 공존하고 있다. 인도, 호주, 뉴질랜드에서 영어는 식민지 언어였다. 그래도 이 언어를 배척하지 않는다. 영어는 전 세계에서 거부감 없이 자연스럽게 통용되고 있다. 이제 영어는 영국이나 미국 등 특정 국가의 언어가 아니다.

대사가 되어 오찬, 만찬 등 파티에 가보면 참석한 대사들이 제각각의 억양과 스타일로 영어를 하는 것을 본다. 프랑스대사, 독일대사, 일본대사, 중국대사가 모두 다르다. 종종 알아듣기 어려운 경우도 있다. 각각 다른 억양과 음색으로 이야기하기 때문이다. 그러나 이러한 변종들은 엄연히 국제사회에서 통한다. 그래서 발음이나 유창함보다 풍부한 어휘력, 정확한 어휘 구사, 콘텐츠가 더 중요하다. 베테랑 외교관들은 금방 알아차린다. 혀 꼬부라진 소리가 정확한 의미 전달력을 대체할 수 없다.

이렇게 영어가 사실상의 천하 통일을 했다고는 하지만 지역 협력체에 따라서는 특별한 사정들이 있는 경우가 있다. 벨기에 브뤼셀의 유럽연합(EU)이 그런 경우다. EU의 각종 기구들은 회의 개최나 자료 발간 시 회원국 전체 언어 24개를 모두 공용어(Official language) 겸 실무언어(Working Language)로 사용하고 있다. 회원국 모두에게 EU 관련 정보에 대한 동일한 접근성과 공평성을 보장한다는 명분에 따른 것이다. 2012년 브뤼셀의 EU이사회(Council of Europe) 사무국을 방문한 적이 있는데 사무국 직원(3천여 명)의 절반 이상이 번역 및 통역 담당 직원이었다.

그런데 여기 한마디 하고 넘어가야겠다. 영어도 중요하지만 우리 외교관들은 한국어로 문장을 잘 쓸 수 있어야 한다. 해외공관과 주고받는 전문, 정세보고서도 기본적으로 한국어다. 각종 행사 준비 자료(외무장관회의, 정상 회의 등) 보고서 등도 거의 모두 한국어로 쓴다. 평생 외국에 살고 한국어보다 영어가 더 편한 사람이 외교관을 잘할 것 같지만 꼭 그렇지만도 않다. 우선 한국어를 잘해야 한다.

영어 외에 한두 개 언어는 필수

외교관에게 요구되는 언어 능력은 영어 하나만으론 부족하다. 제2외국어 능력이 있어야 한다. 그래야 외교관이란 직업에 어울린다. 중국어, 일본어, 러시아어, 프랑스어, 독일어, 스페인어, 포르투갈어, 아랍어 중 최소 하나는 추가로 할 수 있어야 한다. 이 8개의 언어는 우리 외교부가 제2외국어능력검정시험(회화, 작문, 청취 및 독해)을 통해 특별히 관리하는 언어들이다.

미 국무성도 해외에 외교관을 파견할 때는 그 나라 언어를 꼭 교육

시켜서 내보낸다. 미 국무성 산하 외교연수원(FSI)은 외국어를 난이도에 따라 세 갈래로 구분하고 있는데, 가장 쉬운 외국어로 분류되는 것은 프랑스어, 독일어, 스페인어 등 유럽국가의 언어다. 그리고 그다음 난이도(Hard)는 러시아어, 폴란드어, 베트남어 등이고 중국어, 한국어, 일본어, 아랍어는 제일 어려운 언어(Super Hard)로 분류된다. 난이도에 따라 교육 기간이 달라지는데 한국어가 제일 어려운 카테고리에 들어가 있는 것이 재미있다.

나는 외무고시에서는 영어, 불어, 스페인어를 선택했다. 불어는 고교 시절부터 제2외국어로 해오던 것이었고 스페인어는 대학 시절 그야말로 고시를 위해 벼락공부를 했다. 서울의 종로2가 종로타워빌딩 뒤쪽을 공평동이라고 했는데 그곳 컴컴한 골목에 중남미 이민자들을 위한 스페인어 학원이 있었다. 그곳에서 이민을 준비하는 사람들 사이에 끼어 공부했는데 그러고도 고시를 통과했으니 신기하다. 안타깝게도 외교부에 들어온 후 불어권이나 스페인어권에서 근무할 기회가 없어 언어 역량을 거의 잃었다. 그렇지만 그 후 일본어와 중국어를 새로 언어 바스켓에 담을 수 있었으니 천만다행이다.

일본어 몰입

한국 외교관에게는 일본어와 중국어가 특히 중요한 언어다. 이들은 바로 이웃 국가로서 싫든 좋든 얽히지 않을 수 없는 관계다. 일본과 중국에는 수도 동경과 북경의 대사관 이외에도 각각 10여 개의 총영사관이 지방에 별도로 있다. 두 나라에 모두 20여 개의 한국 공관이 있는 셈이다. 그런데 두 나라 모두 영어가 잘 통하지 않는다. 특히 사건, 사고 등 각종 영사 민원 업무를 해야 하는 상황에서 이 지역 언어 구사능력이 필요한 것은 너무나 당연하다.

이런 상황에서 내가 일본어와 중국어를 뒤늦게나마 공부하여 실무언어(Working Language)로 사용할 수 있던 것은 큰 행운이었다. 물론 단시간에 된 것은 아니다. 수십 년에 거친 여정이었다. 덕분에 나는 해외 근무 시 일본, 중국 외교관들과는 특별히 친하게 지낼 수 있었다. 언어가 통하는 것이 이들과 친구가 되는 데 크게 도움이 되었다.

일본어에 대한 관심은 고교 시절부터 시작됐다. 1970년대 일본이라는 나라는 무섭게 떠오르고 있었고 나도 거기에 빠져들었다. 일본문화가 크게 매력적으로 다가왔다. 우연히 NHK를 시청하다가 뉴스 앵커로부터 흘러나오는 일본어가 너무나 매력적이었다. 소리와 톤만으로도 일본어는 너무나 매력적인 언어였다.

그 후 외교관이 되어 1등 서기관으로 동경에 근무하게 됐다. 우리 부부는 부임 전부터 일본어 개인지도를 받기 시작했고 부임 후에도 현지 일본인으로부터 개인지도를 오랫동안 받았다. 나중에 알게 되었지만 일본어는 우리가 배우기에 비교적 쉬운 언어였다. 어문의 구조가 기본적으로 같고 발음도 어렵지 않다. 나는 이때 배운 일본어를 계속 유지하기 위해 나름 무척 노력했다. 일본 외교관을 만나면 일본어를 사용했고 틈나면 NHK도 꾸준히 보았다. 일본 엔카(演歌)에 빠져 지금도 많은 노래(〈나가사키엔 오늘도 비가 내렸다〉, 〈간빠이〉 등)를 즐긴다.

《국가의 품격》이라는 일본의 저명한 수학자 후지와라 마사히코 교수의 문고판 책(2005년도에 출간되어 250만 부가 팔린 베스트셀러)의 콘텐츠와 매력에 빠져 지금도 가지고 다니면서 들여다본다. 일본인은 아침 햇살을 받고 피어났다 바람에 흩뿌려지는 사쿠라 꽃잎을 보며 일본인 특유의 고유한 정서 '모노노 아와래'에 휩싸인다. 사물의 무상함을 바라보며 느끼는 미(美) 의식이다. 일본인만이 가지고 있는 유전자라고 했다. 그는 서구의 볼품없는 합리주의에 맞서 일본의 품격을 높이고 세계 지도국가로 만드는 힘은 오직 '모노노 아와래'와 무사도 정신에 있다고 주장했다.

나는 한중일협력사무국(TCS) 사무총장으로, 또 싱크탱크(IFANS)의 소장으로 일하면서 다시 일본과 인연을 맺었다. 일본에 자주 출장도 다녔다. 지금도 외교분야, 학계, 언론 등 일본에 친구들이 많다. 언어가 친구들을 만드는 데 큰 도움을 주었음에 틀림이 없다.

나는 샌프란시스코 근무(1999~2002) 후 미국에 남은 가족들과 떨어져 한동안 기러기 아빠 생활을 했는데 그때도 일본어와 중국어 공부를 계속했다. 종로에 있던 학원에 등록해놓고 저녁 시간에 다른 약속이 없으면 학원에 들르는 식이었다. 기러기들이 저녁 시간에 가족과 떨어진 공허함으로 불필요하게 친구들과 약속을 만들면서 건강을 해치는 경우가 많다고 들었는데 나는 이런 식으로 기러기 아빠의 고독을 해결했다.

하버드 케네디스쿨 대신 북경대 중국어 연수 선택

지금부터는 나의 중국어 이야기다. 나는 미얀마 근무(1990~1992) 당시부터 중국 대륙에 마음이 가기 시작했다. 대학 시절 관심을 가졌던 모택동의 중국이라는 나라가 한국 외교의 가시권에 들어오고 있었다. 남들보다 먼저 중국 땅을 밟고 싶었다. 본부 발령이 나 귀국하는 길에 홍콩에서 비자를 받아 북경에 도착했다. 비자는 가깝게 지냈던 미얀마 주재 중국 참사관이 주선해 주었다. 아직 한국과 중국이 외교관계가 없을 때였다. 북경에 도착한 다음 날, 호텔 TV에서 한국과 중국이 수교한다는 놀라운 발표를 들었다.

가이드를 데리고 제일 먼저 찾아간 곳이 북경대였다. 북경대 남문 앞에서 인증 사진부터 찍었다. 대학 시절 중국에 관한 책에서 사진으로 보았던, 늘 머릿속에 인상적으로 남아있던 장소였다. 문화혁명 당시 대자보(大字報)가 붙던 학생 게시판도 찾아가 보았다. 또 캠퍼스 서점에 들러 당시 한국에서는 구경하기 힘든 책들을 구경하기도 했다.

그 후 2년간의 본부 과장(1992~1994, 특수정책과장)을 마치고 해외 연수 기회를 얻었다. 당시 외교부 인사과에서는 보스턴에 있는 하버드 케네디스쿨 연수를 권했다. 외교부는 케네디스쿨에 매년 한 명씩 연수를 보내고 있었는데 1년이면 석사학위를 받을 수도 있어 제일 인기 있는 연수 프로그램이었다. 그러나 나는 그곳에서 석사학위를 받는 것보다 중국어를 배우는 게 훨씬 중요한 자산이 될 것으로 생각했다. 지척의 중국 대륙이 급격히 다가오고 있는데 한국 외교관이 중국을 모르고 외교관이라고 할 수 있겠느냐는 생각이 들었다.

내가 끝까지 고집을 부리니 인사과에서도 결국 중국 연수에 동의했다. 그런데 공무원 해외 연수 규정상 서기관급 이상의 공무원은 대학원 과정 연수가 원칙이었다. 그런데 대학원 과정에 들어가기 위해서는 해당 국가의 언어 등급을 일정 이상 받아야 했다. 나는 중국 연수를 염두에 두고 6개월여간 새벽에 중국어 학원을 다녔는데 그것만으로는 턱없이 부족했다. 그런데 나는 이 난관을 한 한국외대 중문과 교수의 후의에 의해 무사히 통과했다. 필기시험보다 회화 테스트가 문제였는데 미리 준비해 암기한 이야기(나에 대한 소개와 왜 내가 중국에 가야 하는지 등)를 일방적으로 한참 동안 중얼거렸다. 담당 교수가 그 성의를 기특하게 생각하였는지 성적을 후하게 챙겨주었다.

이러한 우여곡절을 겪어 북경대 중국어 언어 과정에 등록했다. 같이 연수를 온 후배 사무관들은 외국 학생들에게 특화된 중국어 교육기관인 북경어언학원(나중에 북경어언대로 개칭)에 등록했다. 그런데 나는 '학원'이라는 대학 명칭도 마음에 들지 않고 또 같은 값이면 중국 최고의 명문인 북경대에서 공부해야겠다고 생각했다. 그런데 북경대는 자존심이 매우 강한 학교였다. 북경어언학원과 달리 외교관 비자를 인정해 주지 않아 가족을 동반할 수 없었다. 심지어 입학 시 서울의 종합병원에서 한 에이즈 검사를 인정해 주지 않아 별도로 지정한 중국병원에 가서 새로 검사를 해야 했다. 그래도 나는 이런 불이익과 불편을 감수하고 끝내 북경대에 등록했다.

요즘 들어 케네디스쿨을 가지 않고 북경대 연수를 택한 것이 잘한 결정이었는지 생각할 때가 있다. 하버드에서의 공부 기회, 그리고 보스턴에서의 생활 기회를 놓친 것이 가장 아쉽다. 또 케네디스쿨 1년 연수를 했으면 그 후 북한대학원대에서 박사 과정에 들어갔을 때 석사 2년 과정이 면제될 수 있었을 것이다. 어쨌든 북경대에 발을 디디면서 직업 외교관으로서의 내 인생이 상당 부분 중국과 얽히게 됐다. 나의 지적 사고도 미국이 아닌 중국 중심으로 돌아가게 됐다.

주중 대사관 발령과 HSK 시험

북경대의 같은 반 친구들은 대부분 20대의 대학생들이었다. 나는 그곳에서 1년을 정말 열심히 공부했다. 교수들은 특히 외국 학생들에게 정확한 발음을 가르쳐주기 위해 애를 썼다. 중국어는 성조와 어려운 발음 등으로 내가 그전에 배운 일본어보다 훨씬 힘들었다. 전체 과정이 초급(클래스 1~3등급)에서 중급(4~8등급) 그리고 고급(9~12등급)까지 있었는데 입학 테스트에서 4등급 배정을 받아 8등급까지 공부하고 끝났다. 9급부터 고급 과정이었는데 지금 생각하면 2년 코스를 안 한 게 후회가 된다. 현업 근무를 서두르지 않고 2년 연수를 했으면 중국어에 대한 좀 더 확고한 자신감을 가지게 됐을 것이다.

그곳에서 만났던 동경대 졸업생 곤도 다이스케 군이 기억에 남는다. 나보다 열 살쯤 아래였고 부인이 중국 여성이었는데 일본의 유명한 출판사 고단샤(講談社)에서 일하고 있었다. 그가 한 말이 생각이 난다. "일본 외무성의 직원들은 연수를 와도 절대 어학 과정에는 등록하지 않는다. 쓸데없는 자존심으로 대학원 과정에 등록해서 제일 뒷자리에 앉아 폼만 잡는다. 강의를 알아듣는지도 의문이다. 그런데 신 선생은 한국 외교부의 과장까지 지냈는데 어학 과정에 등록해서 젊은이들과 어울려 격의 없이 공부하는 게 너무 놀랍다. 한국과 일본의 차이다." 나는 그때 강의실 맨 앞에 앉아 교수가 질문을 하면 우선 손부터 들었다. 한마디라도 더 연습을 하고 싶었기 때문이다. 북경대 연수 동안 그곳에서 박사학위를 하던 한국 학생들과도 자주 어울렸다. 그들 중 상당수는 귀국해 교수가 되었다. 김태만(한국해양대), 한동훈(가톨릭대), 이준엽(인하대), 원동욱(동아대), 이남주(성공회대), 이동률(동덕여대), 홍정표(일본 미야자키대) 등이 그들이다.

　　나는 북경대 연수 시절 북경어언학원에서 연수 중이던 외교부 후배 조용천(후에 홍콩총영사), 이강국(후에 시안총영사)과 함께 방학을 이용해 중국 동북지방을 여행했다. 고구려 수도 집안, 그리고 연변의 용정, 해란강, 일송정 등 우리 민족의 발자취를 찾아다녔고 백두산에도 올라갔다. 용정에서는 뒷산 중턱의 윤동주의 무덤을 찾아 두어 시간을 헤매기도 했다. 함께 따라갔던 조선족 청년이 우리가 윤동주 시인의 무덤을 찾기 위해 긴 시간 산 중턱을 헤매는 것을 보고 굉장히 놀라워하던 기억이 난다. 나는 그해 여름이 가기 전, 혼자서 장강삼협을 여행하기도 했다. 비행기로 충칭으로 날아가서 배를 타고 장강을 따라 상해 근처까지 내려왔다. 삼국지의 무대에도 들르고 당나라 시인 두보의 시의 현장(동정호, 악양루)도 구경했다.

1년간의 중국어 연수가 끝나고 난 후 나는 주중 대사관 참사관 (1996~1998)으로 발령을 받았다. 대사관에서 3년간 일하는 동안에도 틈나는 대로 중국어 과외 공부를 했다. 공부 자체가 즐거웠다. 나는 10년 뒤 경제공사(2004~2007)가 되어 두 번째로 북경에 왔다. 그때도 주말에 칭화대 근처 우다코우(五道口)에 있는 중국어학원을 다녔다. 그리고 중국어능력평가시험(HSK)에도 응시했다. 고급시험 과정에도 도전했는데 중급시험과 달라 독해, 작문, 문법 영역 이외에 회화 시험도 있었다. 한 과목이라도 과락이 있으면 불합격이었다. 시험이 총 4~5시간 정도 걸렸던 것 같고, 체력적으로도 많이 힘들었다. 인내의 한계를 테스트하는 것 같았다. 중간에 포기하고 나오고 싶은 유혹을 어렵게 참았다. 결국 나는 이 고급 시험을 통과해서 9등급을 땄다. 당시 HSK 시험은 1~11등급까지가 있었는데 9등급이면 매우 높은 것이다. 시니어 외교관인 주중 대사관 공사가 누가 시킨 것도 아닌데 웬 HSK 시험이냐고 누가 묻기도 했는데 당시 나는 나의 중국어 역량을 객관적으로 인정받고 싶었다. 주재관들에 대한 리더십을 발휘하는 데도 나의 중국어 역량이 역할을 했다. 경제부처 주재관 중에는 중국어를 체계적으로 공부한 사람이 거의 없었다.

지금까지가 영어, 프랑스어, 스페인어, 일어, 중국어 5개 외국어에 걸치는 나의 언어 오디세이다. 외국어 습득은 외교관에겐 필요불가결한 것이다. 그리고 그것도 영어 하나만으로는 부족하다. 외교관이라면 영어 플러스알파가 있어야 한다. 최소한의 차별성이 필요하다.

○ 3장

특이한 경력과
특별한 경험 。

영사 업무는 기피 업무인가?

○ 최근 들어 해외공관 업무의 큰 변화는 영사, 재외국민보호 업무가 크게 부상했다는 점이다. 영사 업무를 잘하느냐 못하느냐 하는 것이 외교부에 대한 국민 평가의 가장 중요한 요소가 되었다. 전 세계적인 현상이다.

우리 해외공관들도 과거보다 훨씬 더 자국민보호 업무에 신경을 쓰고 있다. 재외 한국인의 수가 거의 1천만 명에 이른다. 거기에다 전 국민 해외여행 시대가 되었다. 외국공항에 도착하면 바로 스마트폰에 뜨는 게 외교부 영사콜센터 전화번호다. 해외에서의 재난 및 사건, 사고 발생이나 여권 분실 등의 경우 이곳에 연락하면 바로 현지 공관과 연결할 수 있도록 안내한다. 외교부 본부에는 해외안전지킴센터가 설치되어 사건, 사고 발생 시 24시간 상시 대응체계가 구축되어 있다. 2021년부터는 영사조력법이 시행되고 있다. 영사조력의 범위, 방식, 비용 부담 등을 규정한 법이다. 영사 서비스에 관한 한 한국은 최선진국 중 하나다.

영사 업무에 대한 편견

그런데 외교관들은 일반적으로 행정, 영사 업무를 기피하는 경향이 있다. 정통적인 외교 업무가 아니라고 생각한다. 고생은 많이 하고 빛은 잘 나지 않기 때문이다. 영사 업무는 문제가 생길 소지도 일반 외교 업무보다 더 많다. 사고가 나서 징계를 받는 것도 영사 업무와 관련된 일이 많다.

재외국민보호 업무를 소홀히 하였다 하여 국민들로부터 집단적 비난(2004년 이라크 김선일 씨 참수 사건 때가 대표적)을 받는 경우도 종종 발생한다. 어느 외교부 출입기자는 한국사회가 외교관에 대해 기대하는 것은 '국민을 위해 봉사하는 착한 일꾼'인데 외교관들은 스스로를 '국가를 위해 봉사하고 헌신하는 엘리트'로 여기는 것 같다고 말하는 것을 들은 적이 있다. 여기에서 양측 간 괴리가 발생한다는 것이다. 일리가 있는 말이다.

미국의 초임 외교관의 경우 해외 근무를 나가면 우선적으로 영사 업무 경험을 쌓도록 하고 있다. 처음 두 차례의 해외 근무 중 한 차례는 의무적으로 영사 업무를 해야 한다. 여권, 비자 발급, 자국민보호 등 영사 업무를 통해 대인 접촉 역량 등 기본 자질을 배운다.

사실 영사 업무를 잘하는 직원이 진짜 유능한 외교관이라 할 수 있다. 영사 업무는 일반 외교관이 부족하기 쉬운 행정능력과 리더십 역량이 필요한 업무다. 외교를 잘하고 못하고는 웬만해서 금방 표시가 나지 않지만 해외에서 우리 국민이나 교민들을 직접 상대하는 일에서 금방 표시가 난다.

최근 들어 외교부는 체계적인 영사 전문 인력 양성 기반 조성과 학생들에게 영사분야 진로 탐색 기회 마련 차원에서 대학과의 협력 사업을 시행하고 있다. 공모에 의해 연세대 미래캠퍼스와 숭실대 대학원, 인하대, 제주대, 성신여대, 가톨릭대가 선정되어 외교부로부터 소정의 예산을 지원받아 영사 관련 과목과 특강 세미나를 개설했다. 그만큼 영사업무가 중요해졌다는 이야기다.

주중 대사관 총영사 발령

나는 첫 주중 대사관 근무(1996~1999) 중 1년여간 대사관의 영사부를 책임지는 총영사로 일했다. 당시 우리 대사관 영사부는 북경 일원뿐만 아니라 동북 3성(랴오닝성, 지린성, 헤이룽장성)까지 담당하고 있었는데 비자 사기, 결혼 사기, 각종 사건, 사고로 보통 힘든 곳이 아니었다. 조선족 동포들의 한국 러시가 한창일 때였다. 션양이나 칭다오 등에서 한국으로 가려는 조선족 동포들을 모아 비자 장사를 하는 한국인들이 공공연히 활동하고 있었다. 이들은 비자 담당 영사와 영사부 창구 직원들에게 줄을 달아놓고 뇌물을 주며 유혹하고 있었다. 큰돈이 오간다는 이야기도 들렸다. 결혼 비자 업무를 맡고 있던 여성외교관은 자신이 보기에 서류의 90% 이상이 가짜라고 말하며 더 이상 일을 못 하겠다고 울면서 나에게 호소하기도 했다. 이런 상황이라서 너도나도 영사 업무를 기피했다. 나의 전임자들도 기회가 되면 빨리 총영사직을 물려주고 다른 보직으로 옮기고 싶어 했다. 나는 총영사직을 물려받긴 했지만 언제 터질지 모르는 폭탄을 물려받은 기분이었다.

지뢰밭에서 살아 나온 느낌

뭔가 빨리 조치를 세우지 않으면 폭탄이 터져 대사관 전체가 크게 흔들릴 것 같은 위기감을 느꼈다. 북경 주재 우리 특파원 중에는 조만간 북경 영사부의 비리를 가지고 대형 기사를 쓰겠다고 벼르는 사람도 있었다. 나는 일단 문제가 되고 있는 비자 담당 영사(출입국 관련 부처 파견)를 불러 본인의 해명을 들었다. 그는 중상모략이라고 하면서 비리 가능성을 강력히 부인했다. 그동안 아무 문제가 없었는데 젊은 사람(43세)이 총영사가 되어 오면서 문제가 되고 있다고 나를 원망한다는 이야기도 들렸다. 전임자들에게도 물어보았지만 확실한 증거가 없는 상황에서 60세 정년퇴직을 몇 년 앞둔 공무원을 어떻게 하느냐고 발뺌을 했다. 당연한 이야기지만 오랫동안 지속되어온 부조리를 제거하는 게 쉬운 일일 수 없었다. 비자 담당 창구 직원들을 2개월마다 순환 근무를 시키는 방안도 검토했지만 비자 담당 영사가 크게 반대했다. 업무가 폭주하는데 2개월마다 교체하면 자기가 일을 할 수 없다고 반발했다.

이럴 때는 유능하고 신뢰할 수 있는 직원의 존재가 절대적으로 중요하다. 당시 영사부에 초임 외교관으로 부임해 왔던 곽성규 영사(후에 파키스탄대사 역임)가 바로 그런 직원이었다. 나는 곽 영사와 의논하여 영사부 비리문제를 어떻게든 조기에 해결하기로 했다. 곽 영사는 비자 업무를 담당하는 창구 직원(조선족 동포 여직원)들을 조용히 설득하는 등 눈에 띄지 않게 움직였다. 그리고 직접 물증은 아니지만 창구 직원들의 증언 등 비리와 관련한 6~7개의 정황 증거를 찾아냈다. 나는 권병현 대사에게 상황을 보고하고 바로 비자 담당 영사의 국내 소환을 건의하는 보고서를 작성했다. 대사의 지시에 따라 대사관에 파견되어 있던 구본민 검사가 보고서를 가지고 직접 서울에 출장을 갔다. 해당 부처인 법무부에서 우여곡절이 있었지만 구 검사는 당시 법무장관 박상천을 직접 만나 보고서를 전달하는 데 성공했다. 다행히 박 장관은 상황을 바로 파악하고 해당 영사의 즉각 소환을 지시했다.

이 영사는 소환된 뒤 얼마 지나지 않아 김포공항의 출입국 관련 부조리 사건이 터지면서 관련 직원들과 함께 사법 처리를 받았다. 나중에 밝혀졌지만 비자 담당 영사는 한국 브로커들에게 거액의 돈을 받아 불법 비자를 계속 발급하고 있었다. 브로커들의 유혹이 집요했던 것 같다. 창구 직원들에게는 적지 않은 금액의 용돈을 주고 있었다. 후에 권병현 대사는 주중 대사관이 크게 문제가 될 뻔했는데 내가 신속히 조치하여 대사관 전체가 살았다고 치하를 했다. 이런 상황에서 내가 이 사건을 신속히 그리고 과감하게 처리하지 못해 사건이 서울이 아닌 북경에서 터졌으면 징계를 면하기 어려웠을 것이다. 또 조금이라도 유혹에 흔들렸거나 실수를 했으면 큰 문제가 되었을 것이다. 지뢰밭에서 겨우 살아 나온 기분이었다.

나는 이 과정에서 북경 주재 미국 대사관 총영사를 방문해서 미국은 비자문제를 어떻게 처리하는지 알아보기도 했다. 미국 영사부도 매일 아침 긴 줄을 서서 기다리는 비자 신청자들로 몸살을 앓고 있었다. 미국은 첨부 서류에는 큰 의미를 두지 않았다. 당시 중국 내에서는 돈만 있으면 쉽게 위조서류를 만들 수 있었으니, 수십 페이지의 증빙서류도 의미가 없다는 이야기였다. 미 대사관은 영사의 5분 직접 대면 인터뷰를 중요시했다. 비자 신청자 본인에게 몇 마디 직접 물어보는 게 판단에 훨씬 도움이 된다고 했다. 미국의 비자 발급은 인상이 좋으냐 나쁘냐에 따른다는 비판도 있었지만 미국 영사부는 흔들리지 않았다.

이런 와중에서도 나는 북경총영사 시절 몇몇 중국 예술계의 명사들을 사귀는 즐거움을 가졌다. 장국영과 공리가 출연한 경극영화 〈패왕별희〉(1993)를 감독한 세계 영화계의 거장으로 떠오른 천카이거 감독(1952~)도 그중 한 사람이었다. 몇 차례의 만남 중에 그는 장이머우 감독(자신의 촬영감독으로 시작했다고 소개)과 여배우 공리 등 중국영화계 스타들의 이면에 대한 재미있는 이야기를 많이 해주었다. 공리는 대본들을 잘 암기해 오지 않고도 촬영 현장에서 즉석 연기를 잘하는 타고난 배우라고 소개했다. 그 후 나는 〈붉은 수수밭〉(1987) 등 공리가 출연한 영화 대부분을 보았다. 천카이거 감독은 계속 새로운 구상을 하며 끊임없이 움직이는 사람이었다. 그는 새로운 작품 〈시황제 암살〉을 위한 제작비 조달에 대해서도 상세히 설명해 주며 이화원 근처에 중국전통 가옥 사합원을 구입해 수리하고 있는 것도 이야기해 주었다.

중국현대미술의 거장 첨건준 선생(Zhan jianjun, 1931- 중앙미술학원 원장, 중국유화협회주석)도 이때 만나 오랫동안 교류를 이어왔다. 모스크바에 유학하며 낭만적 사실주의 화풍을 이어받은 그는 현재 중국에서 명성을 떨치고 있는 많은 화가를 제자로 배출했다. 처음 만났을 때 왕푸징의 조그마한 교수아파트에 살았던 그가 지금은 그때와 비교할 수 없을 정도의 위치에 도달했다. 그는 내가 북경을 떠날 때 유화 한 점을 선물로 그려주었다.

샌프란시스코 부총영사 부임

북경 근무를 마치고 1999년 봄, 나는 샌프란시스코 주재 한국 총영사관의 부총영사로 부임했다. 미국 근무를 희망한 것은 나의 커리어보다 애들 교육이 중요하게 생각되었기 때문이다. 샌프란시스코의 교민 업무는 북경과 많이 달랐다. 교민들이 미국 주류사회에서 차별받지 않고 살아갈 수 있도록 측면 지원하는 일과 모국과의 유대감을 유지하도록 하는 일이 주 업무였다.

샌프란시스코에는 이웃 LA와 같이 1970년대에 이민 온 분들이 많았다. 의사, 변호사 등 전문직에 종사하는 분들도 있었지만 대부분 세탁업, 식료품점, 주류판매점, 부동산 중개 등 자영업으로 자리를 잡은 경우였다. 그곳 교민들은 수많은 단체를 만들어 회장, 부회장, 사무총장등 자리를 맡았는데 처음에는 약간 이상하다 여겼지만 나중에는 이해가 갔다. 누구나 인정받고 싶은 욕구가 있다. 하물며 멀리 이국땅에서 주류사회 참여가 쉽지 않은 분들이라면 더욱 그럴 수밖에 없었다. 교민들끼리 이런저런 이슈를 가지고 다툼도 많았는데 어떻게 보면 서로 살아있다는 표시이기도 했다. 에너지의 분출이다. 굳이 비판적으로만 볼일은 아니었다.

교민들의 각종 행사에 초대받아 총영사관을 대표해서 축사를 많이 했다. 문학 동호인 모임 같은 데도 초청을 받았는데 박인환의 시 〈세월이 가면〉을 암기해서 낭송하는 것으로 축사를 대신하기도 했다. 교민행사에 참석하는 것을 귀찮아하는 영사들도 있는 것 같은데 사실은 교민들이 영사들을 불러주는 것만도 고마운 일이다. 그렇지 않으면 영사관의 존재 이유가 없다. 샌프란시스코에서 많은 교민분을 사귀었다. 의리와 정이 많은 분들이었다. 20년이 지난 지금까지도 서로 찾고 왕래하고 있으니 보람이라고 하지 않을 수 없다.

기억에 남는 일들

샌프란시스코 근무 중 저명한 공공포럼에 우연히 연사로 스카우트된 일이 있다. 길거리에서 우연히 감독에게 스카우트되어 영화배우나 모델로 데뷔했다는 것과 같은 경험이다. 발단은 그곳의 유명한 공공포럼인 커먼웰스클럽(Common Wealth Club)에서 연사와 질의응답 시간에 논쟁을 한 것이 계기가 됐다. 그 자리에는 이 포럼의 운영위원이 있었는데 나를 인상 깊게 보았던 모양이다. 나에게 연사로 초청하는 메일을 보내왔다. 마침 2000년 그해는 김대중 대통령과 김정일 위원장의 6.15 평양정상회담이 개최된 해다. 미국에서도 한반도 상황이 관심을 끌었다. 내가 진행한 한반도 정세 특강에는 10달러 정도 내는 유료 청중들이 50여 명 참석했다. 그만하면 많은 인원이 참석한 것이라고 했다. 이 행사가 계기가 되어 나는 샌프란시스코의 또 다른 저명 포럼(World Affairs Council)에 초청받아 특강을 했다. 보통 이 두 포럼은 저명인사나 유명 저자 그리고 대사급 외교관이 초청받는 곳인데 부총영사인 내가 연사로 초청받은 것은 매우 예외적인 일이었다. 무엇이건 적극적이고 열정적으로 하다 보면 뜻하지 않게 새로운 길이 열린다는 것을 그때 느꼈다.

샌프란시스코 근무 중 크게 기억에 남는 것은 이종문 회장(1928~)이라는 재미동포 거물을 만난 것이었다. 그는 40대 후반에 미국으로 건너가 소프트웨어 개발업체 '다이아몬드 멀티미디어시스템'을 설립했고 후에는 나스닥에 상장시킨 후 매각하는 데까지 성공했다. 이후 그는 미국 최대의 아시아박물관으로 꼽히는 샌프란시스코아시아박물관(Asian Art Museum of San Francisco)에 거액을 기증했는데 이 박물관은 1995년 이종문아시아예술문화센터(Chong-moon Lee Center for Asian Art & Cultural Center)라는 이름이 붙여져 기존의 이름과 병기되어 사용되고 있다. 미국 내에서도 손꼽히는 공공박물관에 한국계 동포의 이름이 붙여져 있다는 것은 보통 일이 아니다. 한인 이민 역사상 최초의 일이다. 박물관 1층 로비 오른쪽에는 이종문 회장의 브론즈 상반신 조각이 세워져 있다.

그는 한인 이민사에 새로운 패러다임을 만들었을 뿐만 아니라 라이프 스타일 또한 매력적인 사람이었다. 실리콘밸리 인근 포토라벨리에 위치한 그의 지중해풍 저택을 방문한 일이 있는데 유화, 도자기, 서예작품, 골동품 등으로 가득 차 있었다. 중국화가 천이페이의 그림 세 점도 거기서 보았다. 혁명가 김옥균 그리고 김구 선생의 휘호도 있었다. 언젠가 이종문 컬렉션으로 명명해서 S.F. 아시아박물관에 기증하지 않을까, 하는 추측이 있다.

그는 대단한 독서가이기도 했는데 당시 70대의 나이에도 불구하고 하루 수십 가지 신문과 책을 탐독하면서 새로운 시대의 흐름을 파악하고 정보를 구하고 있었다. 그는 미국 대선후보 캠페인에 상당한 기부를 하기도 했는데 기회가 되면 네팔 같은 곳에서 미국대사로 일해보고 싶다는 이야기를 하는 것을 들은 적이 있다. 그는 네팔에서 구입했다는 금동불상들도 수집해두고 있었다.

샌프란시스코 근무 중 또 하나 크게 기억에 남는 것은 대통령 퇴임 후 샌프란시스코를 방문한 김영삼 대통령을 수행한 일이다. 그분은 자신을 석두(石頭, 돌대가리)라고 농담조로 말하기도 했는데 내가 보기엔 두뇌도 명석하고 한마디로 정말 멋있는 분이었다. 그분은 대통령이 되기 전 집권당 대표로서 1989년 6월 소련을 방문했던 이야기를 했다. 아직 소련과 우리가 수교하기 전의 이야기다. "달나라에 도착한 것 같았다"고 했다. 크렘린 궁을 방문해 당시 대통령이었던 고르바초프를 만났는데 정말 멋진 사람이었다고 그를 높이 평가했다. 그런데 이후 자신이 대통령(1993~1998)으로 당선되었을 때 퇴임한 고르바초프 대통령이 한국을 방문했다고 한다. 문제는 후임자인 옐친 대통령이 외교 채널을 통해 고르바초프를 만나지 말도록 계속 압력을 넣어왔다는 것이다. 그렇지만 자기는 옛 친구를 잊을 수가 없었다고 했다. 결국 청와대에서 그를 만났다고 하면서 옐친을 지독한 사람이라고 평가했다. 김 대통령으로부터 외교와 관련한 흥미로운 이야기를 많이 들었다.

그런데 아름다운 샌프란시스코 근무도 마냥 좋지만은 않았다. 공관장과의 불화도 있었고 전임지인 중국과 관련된 뜻하지 않은 일들이 생겨 마음고생을 많이 했다. 그간의 해외공관 근무 중 가장 힘든 시절이었다. 역시 공관 근무는 생활환경이 좋다고만 해서 되는 것은 아니다. 마음이 편안해야 한다.

인도 코로나 사태와 대사관의 사투

기왕에 영사 업무 이야기를 한 기회에 조금 시간 간격이 있지만 내가 인도 주재 대사(2018~2021)로 있었을 때의 이야기를 하겠다. 2020년과 2021년에 거쳐 인도 대륙을 휩쓴 코로나 비상사태 때의 이야기다. 인도 전역에서 수많은 사람이 죽었다. 인도 정부는 공식적으로 코로나로 사망한 사람을 50만 명 정도라고 발표했는데 실제는 그보다 훨씬 더 많은 사람이 희생되었다는 것이 통설이다. 한국인 중에도 몇 분이 희생됐다. 대사관 직원들도 코로나에 많이 감염됐다. 도처에 죽음이 어른거렸다.

대사관 영사들은 목숨을 걸고 일을 했다. 오태석 총영사(현 과기부차관), 허명구 영사(서울강동경찰서장 역임)와 신원호 실무관(후에 부영사로 채용), 대사관 소속 인도인 변호사 등 대사관 영사팀은 몸을 던져 일했다. 화장시설이 만원이어서 도처에서 시신을 태웠는데 사망한 교민의 화장터에도 가고 서울에서 오지 못하는 가족 대신 장례식에도 갔다. 유골을 인수해서 서울로 이송하는 일도 했다. 그러면서 본인들이 코로나에 걸리기도 했다.

사건, 사고 담당 영사들은 주재원 가족 그리고 교민들로부터 매일

1백여 통의 긴급 전화를 받았다. 가장 긴급했던 것은 병원의 중환자실 확보였다. 병실이 턱없이 부족했다. 대사관은 어떤 병원에 빈방이 있는지를 인터넷 등으로 수시로 파악해 SNS로 교민사회에 정보를 전달했지만 역부족이었다. 속이 타오르던 나는 평소 가까이 지내던 인도의 종합병원 체인인 아폴로병원의 이사장에게 긴급 SNS 메일을 수시로 넣기도 했다. 이사장은 성의 있게 회신을 해주긴 했지만 그 자신도 어떻게 할 수 없는 상황이었다. 대사관은 그냥 병원으로 가면 문전박대를 당하니 응급실로 무작정 쳐들어가도록 안내하기도 했다. 그만큼 절박했다. 일본 대사관의 경우는 기업들이 단체로 의료서비스 대행기관과 계약이 되어있어 상대적으로 큰 짐을 덜고 있었다.

코로나 사태와 같은 비상상황이 발생하면 별의별 주문이 쇄도한다. 대사관 내 코로나 환자들을 위한 음압병동 설치 요청이 그런 것이었다. 교민회 측은 한국에서 음압병동을 긴급 수입하여 대사관 경내에 임시병원을 설치 및 운영해 줄 것과 긴급 의료진 파견도 요청했다. 나는 현실성 없는 무리한 요구로 판단했다. 수도 델리 내 수많은 보건소가 코로나 상황에서 기능을 발휘하지 못하는데 어떻게 대사관 잔디밭에 임시 병원이 가능한가. 그리고 음압시설만 가져오면 되느냐… 의료진은 어디서 구해오고, 인도 측이 이러한 임시 병원 설치를 허가할 리도 만무했다. 교민회에서는 막무가내였지만 나는 끝까지 불가 입장을 고수했다. 잘못된 판단이었으면 공관장인 내가 크게 내몰렸을 것이다.

대사관은 한편으로 교민들의 SOS에 응대하면서 또 한편으론 뭔가 주도적인 일을 해야 했다. 대사관이 1차 코로나 사태 후 비상용으로 사두었던 산소발생기 3대도 긴급 상황에서 역할을 했다. 코로나에 걸린 직원이나 교민들이 며칠씩 돌아가며 사용한 것이다. 가장 순발력 있게 한 것 중의 하나는 임시 항공편으로 외교행낭(파우치)을 활용하여 산소발생기 60~70대를 긴급 수송해 온 것이다. 원래 외교행낭은 외교 물품 반입에만 쓸 수 있다. 그런데 비상상황에서는 이것저것 생각할 겨를이 없었다. 뉴델리 외국 공관 중 한국 대사관만이 이런 비상조치를 했다. 후에 일본 등 다른 대사관들은 파우치를 그렇게 활용해도 되느냐고 물었다. 인도 세관 당국이 문제 삼지 않았느냐는 것이다. 이런 적극적인 모습이 아니었으면 우리 교민 사회로부터 크게 비난을 받았을 것이다.

영사 업무, 감동을 줄 수 있어야…

코로나 사태와 관련하여 몇 가지 경험들을 더 소개하기로 한다. 대사관에는 마침 한 해 전 바자회 수익금에서 남은 돈이 있었다. 여기에다 직원들의 자발적 모금을 더해 4천 달러 정도의 돈을 마련했다. 이 돈으로 코로나 봉쇄 속의 인도 빈민들을 위한 긴급 구호활동을 했다. 인도 비영리단체와 협력해서 뉴델리 시내 4개 학교에서 무료급식을 실시했다. 카레와 함께 식빵, 카스텔라 등… 연인원 4천여 명을 대상으로 한 이 행사에는 우리 부부를 포함 공관 직원 중 총 18명이 4개 학교로 나누어 참가했다. 외교부 소속뿐만 아니라 무관, 주재관 등이 있었는데, 백 퍼센트 본인들의 자발적 의사로 참여한 인원들이었다. 참가자들은 마스크, 위생 장갑 등으로 방역을 했지만 감염 부담은 감수해야 했다. 다행히 아무도 감염된 사람이 없었다.

한국 대사관의 이러한 활동은 인도의 주요언론인 타임스 오브 인디아(Times of India)와 CNBC 등에서 크게 보도했다. 놀라운 것은 이 기사들이 트윗을 통해 전 세계에 퍼진 것이다. 이집트 우리 대사관에서도 트윗을 보았다고 연락이 왔다. 한국의 연합뉴스에서도 이를 보도했는데 이 기사에 3백여 명의 댓글이 달렸다. 그중 '대한민국 국민성은 세계를 구하는구나… 자랑스럽습니다. 응원합니다'라는 댓글에는 2천 6백여 명이 '좋아요'를 눌렀다. 미국의 한국계 정치학자 오공단 박사는 "이게 진정한 공공외교다. 헛돈 뿌리고 다니면서 끔찍한 돈을 컨설팅 회사에 주면서 으스스한 광고를 만들어 돌리는 폐습은 사라져야 한다. 가만 보니 주인도 한국 대사관이 모범이다. 정말 존경스럽다"는 댓글을 달기도 했다.

이때 배운 것은 남들이 못하는 일, 하지 않는 일을 해야 감동을 줄 수 있다는 사실이다. 그리고 또 하나는 이런 일을 할 때는 직원들의 자발적 참여를 얻어 낼 수 있어야 한다는 것이다. 물론 절대 무리해서 할 일은 아니다.

우리 부부는 인도 외교부가 뉴델리 외교단에게 막 개발된 아스트라제네카 백신주사를 맞게 했을 때도 제일 먼저 지정 병원에 가서 주사를 맞았다. 나는 인도 정부를 믿었다. 외교단에게 믿을 수 없는 백신을 권할 리 없었다. 우리 부부가 주사를 솔선해서 맞고 별 탈이 없자 그 뒤 주저하던 직원들도 함께 백신 주사를 맞았다.

인도 외교부가 뉴델리 주재 외국 대사들에게 지방 소재 백신 제조회사 견학을 제안했을 때도 겁 없이 응했다. 방역조치와 관련해 인도 외교부를 믿었다. 전세기를 탔을 때 미국, 유럽 등 서방국가와 중국, 일본 대사 등은 참가하지 않았다는 것을 알았다. 비행 중 감염 가능성을 우려한 것 같았다. 선진국 대사는 거의 내가 유일했다. 그렇지만 덕분에 인도 중남부 하이데라바드에 소재한 두 곳의 백신 제약회사(Bharat Biotech, Biological E)를 방문할 수 있었다. 전 세계 백신의 70%를 공급하는 인도 백신 산업의 현장이었다. 언제 이런 기회를 쉽게 얻을 수 있겠는가?

백혈병 어린이 환자, '어린이날의 기적'

정기 항공편이 끊긴 상황에서 급성백혈병에 걸린 다섯 살의 어린이 환자를 긴급히 한국으로 수송한 일도 있었다. 한국과 일본의 언론들이 '어린이날의 기적'(2020년 5월 5일)이라고 크게 보도한 사건이다. 평소 우리 대사관과 가깝게 지냈던 현지 일본 대사관의 도움이 크게 빛을 발휘했다. 일본 교민들의 긴급 철수를 위해 뉴델리에 온 JAL 임시 특별기편에 가까스로 좌석을 확보해서 동경을 거쳐 한국으로 긴급 수송한 것이다. 경유지인 동경에서도 일본 측이 격리 면제 등 적극적으로 협조해 주었다. 일본 대사관의 적극적인 조력은 우리 국내언론에서도 높이 평가했다. 보통 해외공관은 이런 일이 생기면 비판의 대상이 되는 것이 보통인데 이 경우는 매우 드문 케이스다. 이 사건으로 양국관계에도 일시적으로나마 훈풍이 불었다. 양국 외교부가 이 건을 두고 서로 우호적인 소통을 하기도 했다.

코로나 같은 비상사태에서 각국의 대처 방법은 차이가 많았다. 미국과 유럽 등 국가는 영사, 총무 등 필수인력을 제외하고 상당수 외교관을 본국으로 철수시켰다. 한국은 현지 사수였다. 특히 공관장들은 일체 관할 지역을 못 떠나게 했고 직원들의 귀국까지도 허용하지 않았다. 구체적 대응방법도 크게 차이가 났다. 미국, 영국, 중국, 일본 등 대부분 국가가 공관 폐쇄와 재택근무 등을 엄격히 시행했다. 일본의 경우 공관 파견 의사의 의견을 절대 존중한 매뉴얼을 만들어 엄격히 시행했다.

우리의 경우 공관을 폐쇄하지 않고 코로나 대응을 중심으로 일상 업무를 하고 있었는데, 어려움이 컸다. 나의 가까이에는 인도인 여비서가 두 차례나 감염되었고 관저의 인도인 요리사도 감염됐다. 그렇지만 대사는 직원들로부터 수시로 보고를 받아야 했고 중요한 결재를 해야 했다. 또 공관으로 찾아오는 한국인이나 인도인 중 불가피한 경우는 만나야 했다. 대사 집무실 책상 위에 설치한 투명 셀룰로이드판 가림막이 유일한 보호막이었다. 직원들은 대사인 내가 감염 위험이 가장 높다고 걱정을 많이 했지만 다행히 나는 인도 근무 중 코로나가 비켜갔다.

나는 직원들의 자율성을 최대한 중시했다. 중요한 판단 외에는 직원들을 믿고 맡겼다. 실무적인 일까지 챙겼으면 공관이 효율적으로 돌아가지 못했을 것이다. 사건 담당 영사가 "대사님이 하나하나 직접 챙겼으면 대사님이 지시하는 일만 했을 것입니다" 하고 말한 생각이 난다. 나는 큰 방향과 규칙만을 정하고 사무실 운영이나 재택근무 등을 각 부서별로 융통성 있게 하도록 했다. 직원들은 사무실 출근을 선호하는 경우가 더 많았다. 나는 재택근무 강제 등 지나친 대응이 직원들에게 미칠 정신적 고립감, 우울증 등을 우려했다. 결과적으로 우리의 방식이 위기에 강하다는 것을 보여주었다. 코로나에 걸린 직원들도 적었다. 미국과 영국 등은 공관 인력이 우리보다 훨씬 많기는 했지만 각각 2백여 명의 코로나 감염자가 나왔다. 각국은 공관 폐쇄에도 불구하고 왜 이렇게 많은 감염자가 나왔는지를 자체적으로 조사하기도 했다.

외교관을 국가의 소중한 엘리트로 보호하는 것은 이스라엘과 싱가포르가 단연 돋보였다. 이스라엘은 의료진이 탑승한 특별기를 자국 공관이 있는 전 세계에 보내 특별기 기내에서 외교관들에게 백신 접종을 완료했다. 싱가포르는 공관 인력을 반으로 나누고 교대로 귀국시켜 조기에 백신을 접종시켰다. 유럽 국가들은 해외 외교관들에게 외교행낭 편으로 특별히 백신을 보내주기도 했다. 우리는 어느 쪽도 아니었다. 외교관을 특별히 취급했으면 국내적으로 비판이 많았을 것이다.

이 와중에 2020년 5월 초 한국 대기업이 투자한 인도 안드라프라데시(AP)주 소재 화학공장에서 유독가스가 유출되어 주민 12명이 사망하는 사고가 발생했다. 엎친 데 덮친 격으로 사고 수습을 위해 서울에서 특별기편으로 파견된 본사 임원과 변호사 등 8명이 1차 협의를 끝낸 후 귀국하려다 공항에서 제지되어 호텔에 억류된 일까지 생겼다. AP주 정부는 만족스럽게 문제가 해결될 때까지 이들을 일종의 인질로 잡아두려 했던 것 같다. 돌발 상황 속에서 유창호 공사참사관이 감염위험을 무릅쓰고 현지 출장을 자원했고, 이에 나는 사내 인도인 변호사를 동행시켜 현지에 출장토록 했다. 국내선을 갈아타고 AP주의 수도까지 도착하는 데만 12시간이 걸린 힘든 출장이었다. 다행히 주정부로부터 2주간 격리를 면제받은 출장 직원들은 도착 당일부터 장시간 현지에 남아 억류자들의 조기 귀국 교섭을 해야 했다.

한편으로 공관장인 나는 뉴델리에서 문제 해결을 위해 동분서주해야 했다. 정부부처들의 재택근무로 관계자들과 직접 접촉이 불가해서 전화와 이메일, 서한 등 간접적 방법을 쓸 수밖에 없었다. AP주의 장관 및 고위 관료들과는 전화를 수시로 연결해서 지방 정부 조치의 부당성을 따졌고 중앙정부의 외교장관, 내무장관, AP주 경찰청장 등에게는 대사명의 공식 서한을 보내 문제 해결을 촉구했다. 출장자들이 억류되자 서울에서는 조속히 문제를 해결하라는 압박이 심했는데 현지 대사관으로서는 엄청나게 스트레스를 받을 수밖에 없었다. 코로나 대응과 함께 이 문제 해결에 지쳐있던 나는 '이 상황에서 이 이상 무엇을 하라는지 이해할 수 없다'는 항의성 전문을 이례적으로 본부에 보내 불만을 표시하기도 했다. 당시 미국, 일본 등 다른 주요 대사관들은 거의 재택근무를 하면서 교민 철수 업무에만 매달려있을 때였다. 대사관 직원 및 가족들의 스트레스가 극에 달해 공관장으로서는 일과 직원들의 사기를 동시에 고려해야 했다. 결국 이 사태는 우리 대사관과 인도 중앙정부의 끈질긴 압박 끝에 AP주정부가 억류한 한국 출장직원들을 40여 일 만에 귀국 허용함으로써 해결되었지만, 재외공관의 우리 국민 보호문제와 관련해 잊을 수 없는 사건이 되었다.

"한국민임이 자랑스럽다"

마지막으로 영사활동을 하면서 도움을 받은 우리 국민이 "한국민임이 자랑스럽다"고 말하며 눈물을 흘린 일을 소개하고 싶다. 2019년 어느 날, 인도의 북서쪽 히말라야 기슭 티베트 불교 지역인 라다크(Ladakh)에서 일어난 일이다. 여행 온 한 여대생이 친구들과 오토바이를 타고 달리다 다리 아래로 떨어져 중상을 입었다. 나는 회의 도중 보고를 받고 담당 영사에게 바로 현장으로 가도록 지시했다. 담당 영사는 실무관과 함께 최단 항공편으로 히말라야 현지에 갔다. 이 영사는 환자를 급한 대로 시설이 열악한 현지 병원에서 응급 처치를 받게 한 뒤 인도 국내 항공편을 이용해 뉴델리 종합병원으로 이송시켰다. 비행기 좌석 6개를 터서 의료 침상을 만들고 현지 의사까지 동행시킨 큰 작전이었다. 뉴델리에서 응급 수술을 받고 안정이 된 후 다시 한국으로 이송시키는 일까지 마무리했다. 서울에 있던 가족과도 계속 연락을 취했는데 여대생의 어머니가 울면서 "한국민임이 자랑스럽다"는 이야기를 했다고 한다. 정부로부터 가족같이 보호를 받고 있다는 느낌이었을 것이다. 내가 뉴델리에서 들은 가장 가슴 뭉클한 말이었다. 이보다 더 가슴에 와 닿을 말이 어디 있겠는가?

여섯 차례의 북한 방문

○ 북한은 우리 외교의 종국적 지향점, 우리 외교정책의 변함없는 상수라고 할 수 있다. 그래서 우리 외교관 중에는 연락사무소나 대표부가 평양에 설치되면 제일 먼저 그곳에서 일하고 싶다는 로망을 가지고 있는 사람들이 많을 것이다. 나도 마찬가지였다. 하지만 현실적으로 한국 외교관에게는 북한을 방문할 기회가 거의 없다. 그런데 뜻밖에도 나는 경수로사업지원기획단 특보라는 일을 하게 되면서 2002년에 북한 땅을 여섯 차례나 밟는 행운을 가졌다. 평소 북한과 통일 업무에 관심이 많던 나에게 찾아온 상상도 못 했던 기회이자 행운이었다.

이 조직은 1994년 미북 간 제네바핵합의에 따라 북한이 핵을 포기하는 대가로 북한의 에너지난 해소를 위한 경수로형 원자력 발전소를 지어주기로 하면서 만들어졌다. 비용은 한국이 70%, 일본과 미국이 나머지 30%를 부담하기로 합의했다. 뉴욕에 케도(KEDO, 한반도에너지개발기구)라는 국제기구가 만들어지고 국내에서는 경수로기획단이 만들어졌다. 단장은 프랑스대사를 지낸 장선섭 대사였는데 훌륭한 인품과 리더십을 가진 분이었다.

경수로사업지원기획단 특보

내가 경수로기획단 특보라는 자리로 발령이 나 샌프란시스코에서 귀국한 것은 2002년 봄이었다. 원래 동북아국 심의관 자리가 나서 지원을 했으나 경쟁에서 밀렸다. 나보다 더 아시아 쪽 경력에 집중한 경쟁자가 있었기 때문이다. 이제 어느 한 곳(동북아)으로 경력을 집중해야겠다고 생각했는데 실망이 컸다. 지역국장 보직에서 결정적으로 밀리는구나 하는 생각이 들었다. 그런데 예상치 않게 경수로사업지원기획단의 특보란 자리에 발령이 났다. 나는 사실 그런 자리가 나는 줄도 모르고 있었다. 아마도 내가 특수정책과장을 한 경력이 도움되었을지 모른다. 물론 첫 희망대로 동북아국 심의관이 되었으면 나중에 동북아국장이 되는 길이 열렸을지 모른다. 그것이 정통적인 코스다.

그러나 경수로기획단 업무는 나에게 펼쳐진 완전히 새로운 신세계였다. 북한에 드나들 기회가 생긴 것이다. 언제 이런 기회가 다시 오겠는가? 삼청동 남북대화사무국 건물 안에 있던 이 조직에서 일하면서 나는 2002년 한 해 동안 여섯 번이나 북한 땅을 밟았다. 방문 경로는 동해안 속초에서 출발해서 배로 원전 건설부지가 있는 함경도 신포까지 가기도 했고 중국 북경에 가서 북한국적 항공편인 고려항공을 이용 평양으로 들어가기도 했다. 어떤 경우는 강원도 양양 공항에서 우리 특별기 편으로 휴전선을 넘어 바로 함흥 쪽으로 날아갔다. 나는 이때의 여행기록을 한 권의 노트에 담아두고 있는데 내가 가장 애지중지 보관하고 있는 자료다. 기회가 되면 '내가 한 여섯 차례의 조선 여행: 경수로원전과 2002년 북한 땅의 모습', 뭐 이런 제목으로 책을 출판하고 싶은 생각도 있다. 그때 찍은 많은 사진과 함께. (나는 북한 안내원의 눈치를 보아가며 겁없이 최대한 많은 사진을 찍었다.)

북한 방문은 원전을 건설하고 있던 함경남도 해안에 위치한 신포가 주 목적지였지만 실무협상을 위해 평양에도 여러 차례 갔다. 또 회의 시설이 잘되어 있던 평안북도 묘향산에 위치한 향산호텔에도 몇 차례 갔다. 평양에서는 눈 덮인 모란봉에도 올랐고 김일성 생가, 조선해방전쟁승리기념관, 만수대창작사 등 여러 곳을 가볼 기회가 있었다. 2만 명이 참가한 대규모 집단 공연인 아리랑 축전도 관람했다. 나의 40여 년 외교관 생활 중 가장 기억에 남는 여행들이었다.

함경도 신포 원전건설 현장 방문

2002년 3월 함경도 신포 인근 양화항에서 북한 주민들을 처음 마주쳤다. 그들의 삶, 그 단편을 처음으로 여과 없이 볼 수 있었다. 속살이 드러난 북한 주민들의 일상은 힘없고 스산하기 그지없었다. 그것은 채색화가 아닌 희끄무레한 회백색 그림 같았다. 그리고 다음 날 신포에서 함흥으로 가는 2시간여의 버스 여행에서 다시 북한 주민들의 모습을 곁눈질할 수 있었다. 북한의 남루한 모습은 60여 년 전 내가 자랐던 가난한 시골의 모습 같았다. 마음이 아팠다. 당시의 모습을 놓치지 않으려고 나는 가지고 간 수첩에 그 단상을 일기처럼 짧게 짧게 기록했다. 그 메모를 우선 그대로 소개하고 싶다.

첫 번째 방문, 2002년 3월 20~26일

우리 일행(경수로기획단)은 3월 18일 저녁 속초항에 도착함. 19일 아침 출항예정이었으나 폭풍주의보로 출항 취소. 그 배(한겨레호)로 공사현장으로 갈 예정이던 우즈베키스탄 근로자 158명도 발이 묶임. 한전의 변준연 부장(후에 부사장 역임)이 우즈베키스탄 근로자 선발 과정을 소개. 달리기, 모래 자루 들어 올리기 등 체력 테스트로 우선 선발한다고 함. 보수는 월 1백 50불 규모. 3월 20일 새벽에 우즈베키스탄 근로자 3명이 숙소를 무단이탈. 돈을 더 벌 수 있는 서울로 간 것 같다고 함. 속초 리츠칼호텔 로비에서 민주당 노무현 의원과 인사. 대선 경선 준비를 위해 강원도 방문 중이라 함. 노 의원은 내가 인사를 하자 "케도(KEDO) 잘 돼야지요?"라고 말함. 일본 측 나카가와(中川) 주뉴욕영사도 우리 일행에 합류.

3월 20일 오전 11시, 한겨레호 속초항 출발. 4시간 정도 지난 오후 3시경 함경도 신포 인근 양화항 해역에 도착. 북측 검역선에서 검역 관계자가 배에 승선, 홍역 예방 접종 여부 등 물어봄. 이후 항구에 접근했는데 조그만 통통배의 의사가 우리 배에 승선해서 진맥으로 우리 일행의 건강 상태를 살펴봄. 체온계 넣고 맥박을 손으로 짚어 검사하는 것이 나의 어린 시절 시골 의사들의 모습 같았음. 40여 년 전으로 돌아간 듯… 북한에서는 의사는 인기가 없고 군관이 가장 인기 있는 직업이며 대우도 좋다고 함. 오후 4시 반 경 검역 완료하고 오후 5시경 양화항에서 하선. 자그마한 어촌 마을. 회색빛, 쓸쓸함. 산은 민둥산. 주민들은 겨울이라 두꺼운 옷을 겹겹이 겹쳐 입고 있었고 어린아이들은 세수 안 해 꾀죄죄한 모습. 1960년대 한국 모습.

도처에 구호를 새긴 탑이나 플래카드가 보였음. '청춘의 심장, 멎는다 해도 장군님 품에 영생하리', '일편단심 김정일 동지만을 굳게 믿고 따라 참된 충신이 되자', '가는 길 험난해도 웃으며 가자', '위대한 수령 김일성 주석의 유훈을 관철하자' 등. 양화항에서 금호 발전소 건설 현장까지 버스로 20여 분 걸림. 저녁 6시경 금호지구 숙소 도착.

3월 21일, 원전 건설현장 시찰. 선결은 도로개설과 포장, 취수 정수시설, 발전소 전기시설, 시멘트 콘크리트 공장, 숙소 위락시설, 유류 저장고, 접안시설 건설 등. 암반을 깎아 발전소 부지 굴착공사 진행 중. 김중근 KEDO 현장대표는 지난 몇 년 동안 뭘 했느냐며 북한 측 관계자들의 불만이 많았는데 근래 발전소 굴착공사나 접안시설 건설 공사를 본 후 생각이 많이 달라진 것 같다고 설명.

현장에는 노란 안전모의 북한 근로자 1백여 명도 일함. 우즈베키스탄 근로자들은 파란 안전모 착용. 북한 근로자들은 아침은 거르고 오는 것 같고 KEDO 측이 제공하는 점심은 우리 근로자의 3배는 먹으며 퇴근 후 저녁은 거르는 것 같다는 것이 현장 관계자의 설명. 체력이나 힘이 우리 근로자나 우즈베키스탄 근로자에 비해 많이 떨어진다고 말함. 그러나 자존심은 매우 강하다고. 북한의 일반 근로자는 월 1백 10불, 숙련 근로자는 월 2백 불 제공. 북한 측이 임금인상 요구.

3월 22일 오전 9시, 현장 버스를 타고 함흥으로 출발. 도중에 터널인 령봉굴을 지남. 2킬로 터널 구간에 전기가 없어 칠흑 어둠 속에 버스 헤드라이트에 의존 운행. 함흥 가까운 국도에서 어떤 소녀가 아버지인 듯한 환자를 겨울 이불로 뒤집어씌운 채 소달구지에 태워 시내 쪽으로 이동하는 모습 보임. 전투기들이 도열해있는 군용 비행장도 멀리 보였음. 눈에 덮인 함흥 시내 진입. 넓은 도로, 사회주의형 아파트 단지, 인적이 거의 없는 스산한 모습. 시내 공원 속 거대한 김일성 동상(금빛)도 추위에 떨고 있었다. 12시 신흥산려관 도착 후 오찬. 동행한 나카가와 일본 영사는 "북한이 내가 생각했던 것보다 낫다. 거리가 깨끗한 점이 가장 인상적. 행복할지도 … 자기가 이전에 근무했던 방글라데시, 파키스탄보다 주민들이 훨씬 질서의식이 높아 보인다. 생활 수준을 한국과 비교하는 것은 무리임. 농지 등을 볼 때 일본의 농어촌 전문가들이 보면 군침을 흘릴 것. 잠재력이 매우 커 보인다"고 언급함.

오후 2시, 함흥시 외곽 선덕 비행장 도착. 낡고 초라한 모습의 군용 프로펠러기 10여 대. 민용(고려항공) 비행기 몇 대도 있었음. 강풍으로 비행기 출발 지체. 날아갈 수 있을까? 4시 30분 선덕공항 출발. 1시간 정도 비행 후 5시 30분 평양 순안공항 도착함. 6시 일행용 버스를 타고 순안공항 출발, 6시 30분 평양 시내 진입. 교통체증이 전혀 없음. 22킬로 거리. 고려호텔에서 쇼핑 및 44층 타워 관람. 8시에 평양근교 고방산초대소 도착. 김일성 종합대학을 졸업한 안내원이 한국의 경제 능력, 자동차, 조선, 철강, 반도체 등에 대해 이야기함. 매우 부러워하는 눈치.

능라도경기장에서 아리랑축전 관람

두 번째 방문, 2002년 5월 7~11일

북경에서 고려민항편으로 평양 도착. 북한의 첫 고속도로인 평양-향산 간 고속도로를 타고 묘향산 입구에 있는 향산호텔에 도착. 꼭 설악산 입구인 설악동 느낌. 호텔도 피라미드형의 설악파크호텔과 흡사. 북측 대표단과 원자력 손해배상 문제 협의. 우리 측 조약(Protocol) 초안에 대해 공부를 많이 한 듯 매우 진지하게 협의에 임함. 미, 일, EU, 한국 등으로 구성된 KEDO 대표단을 맞이하며 분투하는 모습.

5월 8일, 회의 종료 후 북측에서 우리측에 아리랑축전 관람을 공식적으로 제기. KEDO 사무국, 미국, EU, 일본 대표단은 참관을 강하게 희망하면서도 한국대표단의 결정에 따라 행동을 통일하겠다는 입장을 전해 옴. 한국 측의 경우 내가 결심해야 할 상황. 우리 대표단 내부에서는 당시 우리 정부의 아리랑축전 관람 금지 방침도 있고 해서 반대의견도 있었으나 내가 최종적으로 참가를 결정. 한국 정부 대표가 아닌 KEDO 대표단의 일원으로 참가한다는 명분. 문제가 되면 내가 책임지겠다고 말함. 적을 이기려면 먼저 적을 알아야 한다. 언제 이런 기회가 오겠는가? 관람료는 각자 개별적으로 40달러씩 지불.

5월 9일, 향산호텔 인근에 위치한 김정일국제친선기념관(1996년 개관) 방문. 시간 제약상 둘 중 하나를 선택하라는 북측 제의에 김일성국제친선기념관(1985년 개관)은 포기. 대표단 중 다른 희망자가 없어 나 혼자 가게 됨. 왜 이런 좋은 기회를 흘려버리는지 이해할 수가 없었다.

김정일국제친선기념관은 김일성 사망 직후인 1994년 착공했다 함. 산을 옆으로 파고 들어간 거대한 터널 내 시설. 2만 평이 넘는 면적. 5만여 점의 선물 전시. 메인 홀에 흰색의 거대한 김정일 입상이 있었는데 위에서 빛을 쏘아 신비한 분위기를 자아내고 있었음. 안내원 두 명은 그 앞에서 머리를 숙여 인사하였으나 나는 사전에 양해를 얻고 그냥 지켜보았다.

여러 전시 공간 중 남조선 공간이 가장 볼만했음. 현대가 선물한 그랜저 승용차, 현대의 정주영 회장과 대우의 김우중 회장이 선물했다는 조그마한 금세공품(송아지), 정몽준 의원이 선물한 골프채, 삼성 이건희 회장이 선물한 대형 TV, LG가 선물한 가전제품. 에이스침대 회장(사리원이 고향)이 선물한 침대, 소파 등이 전시되어 있었음. 김대중 대통령이 선물한 시계도 있었음. 다른 공간 중에는 중국 선물관이 가장 컸는데 각성의 성장 등이 보낸 대형 도자기 등이 진열되어 있었음.

묘향산 초입의 보현사도 호기심이 발동해서 안내원에게 요청 방문했다. 임진왜란 당시 서산대사 등이 활동했던 곳. 10세기 고려 시대 사찰. 스님은 없고 한복 입은 부인들이 매표구를 지킴. 문화재로서 보존되고 있는 수준. 조용하고 쓸쓸.

5월 10일 저녁 아리랑축전 공연 관람. 각자 40달러 정도의 관람료 부담. 능라도 5.1(노동절)경기장. 대동강 안 서울의 여의도 같은 곳. 15만 명 수용. 좀 불균형한 건물. 관람석 스탠드에 앉으니 너무 아래가 가팔라 불안하게 느껴졌음. 카드섹션과 여타 공연(무용, 아크로바트, 군사시범 등) 관람. 공연은 우리 민족이 고난과 역경을 극복해가는 과정을 주제화. 2만여 명의 인원 동원. 기계 같은 규율. 북한만이 할 수 있는 일. 극장국가(Theater state)의 전형을 보는 듯. 그로테스크(Grotesque)한 분위기. 밤에 잠을 설침. 외국인석에는 조총련, 재일동포 학생 등. 서양인은 케도 대표단 이외에는 보이지 않았음. 행사가 끝나고 공연에 참가한 어린 학생들이 캄캄한 어둠 속에 김정일 찬가 같은 것을 부르며 대열을 지어 집으로 돌아가던 모습이 생생.

"통일이 언제 될 것 같습니까?"

세 번째 방문, 2002년 7월 16~20일

북경에서 고려민항편으로 평양 도착. 그리고 향산호텔로 옮겨 북한 측과 회의.

네 번째 방문, 2002년 9월 10~14일

북경에서 고려민항편 평양 도착. MBC 북한 취재팀 20명도 동승. 박영선 앵커, 김연경 통일부 출입기자 등. 고이즈미 방북준비 일본 외무성 대표단도 동승. 한국 옥수수박사 김순권 교수도 동승. 북한최고인민회의 부위원장 양형섭은 MBC 박영선 앵커와 즉석 인터뷰. 나도 김현경 기자의 요청에 따라 고려민항내에서 인터뷰. 무슨 일로 북한에 가는지? 북한이 변하고 있다고 생각하는지? 북한이 KEDO 사업을 어떻게 생각하고 있는지? 등.

향산호텔 바의 20대 여성 접대원, "통일이 언제쯤 될 것 같습니까?" 하고 문의. 내가 "빠르면 5년 늦어도 50년 이내"라고 대답. 이 접대원은 "저에겐 5년도 너무 길게 느껴집니다. 왜 통일이 안 됩니까? 미국놈들 때문입니까?"라고 반문. 북한 사람들에게 통일이라는 것은 현재의 고통, 어려움을 잊게 해주는 마약 같은 것으로 느껴졌다. 단순한 구호 이상. 남조선 해방 이런 말은 더 이상 쓰지 않았다. 통일과 미제국주의자라는 두 단어. 하나는 목표와 이상향. 다른 하나는 현재의 어려움의 원인.

향산호텔 바에서 만난 중국 션양 소재 여행사의 중국 직원. "북한은 너무너무 가난하다. 그럼에도 김정일이 건재하는 한 북한의 붕괴 가능성은 없다. 조기 통일 가능성도 없다. 김정일 일인체제 변화 가능성도 전무. 북한의 경제발전이 요원하기 때문"이라고 나와의 대화에서 언급.

저녁 식사 후 향산호텔 로비를 걸어 나와 호텔 앞으로 뻗어있던 하천을 따라 혼자 걸었다. 어둠 속 하늘에서 별들이 쏟아졌고 정적 속에서 개울물 소리만 들려왔다. 내가 그렇게 많은 별들이 쏟아지는 것을 본 것은 어릴 적 시골 큰집 마당의 멍석 위에 누워 쳐다본 하늘의 별들 이래 처음이다. 한참 혼자 걸었던 것 같은데 멀리 향산 마을의 불빛이 희미하게 보였다. 갑자기 정신이 번쩍 들고 덜컥 겁이 나서 되돌아왔다.

강원도 양양공항에서 우리 측 특별기편으로 직접 휴전선을 넘어 함흥 선덕공항으로 날아감. 그리고 선덕공항 도착 후 다시 평양 순안공항으로 비행. 귀국 시에는 북경을 경유함.

10월 15일, 오후 2시 30분 양양공항 이륙. 동해 단축항로 이용. 남북 간 첫 비행. 경수로기획단 대표들 외에 경수로 공사현장인 금호부지로 가는 1백여 명도 동승함. 3시 40분, 선덕(함흥)공항 도착, 금호부지행 일행은 별도 행동. 4시 25분, 선덕공항 이륙. 4시 55분, 평양 순안공항 도착. 이후 평양 인근 고방산초대소로 이동. 초대소에는 한국전쟁 때 실종된 미군 병사들의 시신 발굴 작업을 위해 방북한 미국팀도 체제.

저녁 7시경 고방산초대소 로비에서 우연히 강석주 외교부 제1부부장과 마주침. 다른 약속이 있어 초대소에 들른 듯. 당당한 풍채. 주인도 대사를 지낸 박명구 대상사업국(우리 경수로사업기획단과 같은 조직) 부국장과도 만나 잠시 대화. 북측과의 경수로 노무협상은 북측이 주요 쟁점 사항에서 양보를 시사하며 회담 타결을 서두르는 모습이 역력했으나 KEDO 측은 일부 사항을 미결로 둔 채 최종 합의를 하지 않고 돌아옴. 조규형 KEDO 사무차장은 미국 부시행정부 측이 노무회담의 진전을 원치 않는다고 나에게 말함.

10월 17일 오전 고방산 초대소 출발. 김일성 주석 출생지인 만경대고

향집 방문. KEDO 대표단의 밥 칼린(전 국무성 북한담당관)과 동행. 10월 18일 오전 전체 회의 후 오후 개선문, 김일성 광장, 만수대언덕(김일성 거대 동상), 조국해방전쟁전승기념관, 만수대 창작사 방문.

김일성광장에서 대동강을 배경으로 기념사진 촬영 중인 북한 신혼부부와 대화. 내가 가까이 가자 "서울에서 왔습니까?"라고 하면서 반가워함. 당초 북한 안내원은 신혼부부가 원치 않을 것이라고 말하면서 대화하는 것을 말렸으나 반갑게 서로 대화를 나누자 머쓱해 했음. 나는 안내원에게 당신들이야말로 인민들에게 배워야 한다고 일갈함.

조국해방전쟁기념관 방문은 내가 특별히 북측 안내원에 요청해서 성사됨. 대표단 중 몇 명이 동행. 북측이 주장하는 한국전쟁 북침설의 근거가 무엇인지 알고 싶었다. 결과는 실망. 신성모 당시 우리 국방장관의 호언 허장성세 내용과 일부 외국언론 기사 등을 북침의 근거자료로 기념관 벽면에 전시. 기념관 안내원은 남측이 6.25 새벽, 38선에서 전면적으로 북침을 감행했으나 북이 반격해서 순식간에 남쪽의 90% 이상을 점령했다고 설명. 대전지역 전투, Dean 사단장 체포 장면 등을 재현한 실사모형(디오라마, Diorama)을 근사하게 제작해놓았음.

농축우라늄 이슈, 북한 측의 비밀스러운 설명

10월 16일 수요일 저녁 고방산초대소내 연회장에서 개최된 북측 초대 만찬에 참석했다. 옆좌석에 앉은 북측 인사 K와 오랜 시간 대화를 나누게 됐다. 그는 북한의 농축우라늄 핵개발 추궁을 위해 10월 3~5일간 평양을 방문한 켈리 미국 특사(국무성 차관보)의 전 일정에 참여했다고 말했다. 미국 측은 주유엔북한대표부 관계자와 사전 접촉 시 켈리 특사의 방문 목적이 부시 행정부의 정책을 설명하고 대화를 위한 안을 제시하는 것이라고 말했다고 한다. 이에 따라 북측은 상당한 희망과 기대를 가지고 강석주 부부장의 직접 지휘하에 외무성 내 대미라인이 총력을 기울여 미 측의 예상 입장에 따른 각각의 대응방안을 마련했다고 말했다. 특히 최선과 최악의 시나리오별로 대응방안을 만들어 장군님(김정일 위원장)의 결재까지 받아놓았다고 설명했다. 북한 측은 부정적 결과를 생각지 않았던 것은 아니나 긍정적 진전 가능성에 훨씬 큰 비중을 두었으며, 최소한 대화를 계속하기 위한 차기회담 일정은 만들어두려고 했다고 말했다.

북측의 기대와 달리 미 측은 북을 '악의 축'의 시각에서 보고 있다는 점을 분명히 하고 필요시 핵선제 공격도 가능하다는 일방적이고 강압적인 입장을 통고했다고 말했다. 북측은 이런 상황에서도 미국과의 대화 가능성을 열어놓기 위해 애를 썼으나 미 측이 거부했다고 설명했다. 북측은 떠나는 켈리 일행에게 최소한 차기 회담 일자라도 잡아놓자고 사정을 했으나 미 측은 냉정히 뿌리치고 떠났다고 말했다. 그는 이런 상황에서 북이 할 수 있는 일이 무엇이겠는가? 우리도 우리의 원칙적 입장을 확고히 표명하고 회담을 끝낼 수밖에 없었다고 주장했다.

나는 K와 반주를 곁들인 만찬을 하면서 약간 취해있었는데 켈리 미국 특사 방문에 관한 설명을 들으면서 갑자기 술이 확 깨는 것 같았다. K가 술에 취해 하는 이야기가 아니고 나에게 메시지를 전하는 게 틀림없다고 생각했다. 그래서 분위기를 만들면서 주의 깊게 이야기를 들었다.

K는 계속해서 회담에 대한 나름의 평가도 했다. "켈리 특사의 방북 시 발언은 미국이 북한 체제를 인정할 수 없다는 메시지였으며 미국이 이라크를 친 다음에는 북한을 죽이겠다는 것으로밖에 해석할 수 없었다. 무엇보다 실망스러웠던 것은 미국이 대화와 협상을 완전히 거부한 것이었다. 미국의 역대 어떤 정부도 대화와 협상을 완전히 거부한 예는 없었다. 초강대국으로서 세계 유일한 경찰의 지위를 유지하겠다는 미국이 다른 나라를 다루는 방식은 너무나 일방적이고 강압적인 데 실망을 금할 수 없었다. 특히 남북한 관계가 근래 들어 화해 협력의 길로 급속히 나가고 있고 또한 일본-북한 관계가 정상화의 길로 나가고 있는 데 대한 견제와 제동의 목적도 있었다고 생각한다. 미국이 경수로를 완공시켜줄 의향이 있는지에 대해서도 이번 회담 후 솔직히 확신이 서지 않았다."

K는 금후 대응문제 등 한국에 대한 기대도 내비쳤다. 그는 미국이 대화 자체를 거부하고 있는 상황에서 북측으로서는 뾰쪽한 아이디어가 있을 수 없다고 말했다. 내가 북한이 요구하고 있는 것이 무엇이냐는 질문을 하자 "북측이 핵사찰을 받지 않겠다고 한 일은 한 번도 없었다. 미국은 미북핵합의에 따라 경수로 완공이 지연되고 있는 데 대해 보상하고 대북한 적대정책을 포기해야 할 것"이라고 대답했다.

K는 이럴 때일수록 남측이 외부(미국을 의미하는 듯)의 영향을 받지 말고 남북 간의 사업을 계속해나가야 할 것이라고 말했다. 일본도 일북공동선언 합의사항 이행이 미국의 영향으로 흔들려서는 안 될 것이라고 말했다. K는 평소 한미 간 대북정책 조율이 있는 것으로 아는데 이번 특사 방문 시에는 조율이 없었느냐고 되풀이해서 물었다. K는 앞으로 미국이 어떻게 나올 것 같으냐고도 계속 나에게 문의했다. 긴장한 표정이 역력했다. 미국이 전격적으로 북을 칠 수도 있으며 이에 따라 한반도에서 전쟁이 일어날 수도 있다고 우려하는 느낌이었다.

만찬이 끝나고 나는 바로 내 방으로 돌아와서 만찬에서의 대화를 메모하기 시작했다. 내 방 침대 위에는 김일성과 김정일의 사진이 액자로 걸려있었는데 나를 내려다보고 있는 것 같았다. 나는 북경을 거쳐 귀국하는대로 메모를 바탕으로 대화 내용을 긴급 정리해서 보고할 작정이었다. 머리가 복잡했다.

10월 18일 금요일 저녁 K와 같은 자리에서 만찬을 했다. 그는 이틀 전보다 훨씬 밝은 분위기였다. 그는 나에게 혹시 CNN 뉴스를 들었느냐고 물으면서 미 측이 특사 방북 관계사항을 언론에 공개하고 또 부시 대통령도 언급했다고 말했다. 또 김대중 대통령도 미북관계를 우려하면서 대화에 의해 풀어야 한다는 요지의 이야기를 했고 외교부의 이태식 차관보도 그렇게 언급한 것으로 알고 있다고 말했다. 그는 국제여론이 어떻게 돌아갈지 지켜보고 있다고 했다. 그는 북측으로서는 미국이 다시 대화를 하겠다면 응할 것이나 현재로는 어떠한 뾰쪽한 방도가 없다고 말했다. 일단 정세의 추이를 지켜보는 수밖에 없을 것 같다고 했다. 그는 미북관계가 어떤 상황으로 흐르든 남과 북은 하던 일을 계속해나가야 할 것이라고 말했다. 북측은 켈리 특사 일행이 평양을 떠난 뒤 거의 2주간 침묵하자 내심 긴장했던 것 같다. 그러던 중 미 측에서 켈리 특사가 비밀리에 평양을 다녀온 사실을 공개하자 오히려 안심하는 것 같았다. 그때 내가 받은 느낌이었다.

나는 며칠 뒤 평양공항을 떠나 북경을 거쳐 귀국했다. 귀국 즉시 K와의 대화 내용을 특별보고서 형태로 정리해서 청와대 외교안보수석실과 외교부 북미국으로 보냈다. 청와대 측(임성준 외교안보수석, 임동원 특보)은 보고서에 대해 깊은 관심을 표했다. 켈리 특사 일행의 설명만 들었는데 북측 설명까지 듣고 나니 상황이 전체적으로 어떻게 돌아갔는지 더 잘 알 수 있게 되었다고 했다. 외교부 북미국의 반응은 좀 달랐다. 담당과장은 내 보고서를 보곤 미국 측 설명과 많이 다르다면서 윗선으로 보고하는 것 자체를 난처해 하는 눈치였다. 나는 담당과장에게 판단은 우리 전문가들이 할 일이지만 최소한 보고는 해야 하는 것 아니냐고 말했다. 외교부 라인의 반응에 실망했다.

북한 핵, 돌아올 수 없는 다리를 건너다

켈리 특사 방북 이후 미국은 북한 측이 농축우라늄(HEU)을 통한 핵 개발을 추진하고 있음을 시인했다고 보았다. 반면 북한은 강석주 부부장이 켈리 특사 면담 시 '우리는 HEU 프로그램을 진행할 권리가 있고 그보다 더한 것도 할 권리가 있다'는 원칙적 발언을 했다고 주장하면서 농축우라늄을 통한 핵개발 여부에 대해서는 시인도 부인도 하지 않았다. 그런데 그 이후 밝혀진 것으로 보아서는 북한이 실제로 파키스탄의 핵개발의 아버지로 불리는 칸 박사로부터 우라늄 원심분리 기술을 제공받아 농축우라늄 프로그램을 통한 핵개발을 추진했던 것으로 보인다. (2006년 발간, 파키스탄 무샤라프 대통령 회고록)

북한은 경수로원전 건설이 크게 지연된 데다(당초 2003년 완공 목표였으나 2003년 12월 종합공정 34.5% 상태에서 중단) 부시 행정부가 당선 전부터 전임 클린턴 행정부 당시 체결된 제네바핵합의의 파기(ABC: Anything But Clinton)를 공언하고 있어서 나름 대책을 세우고 있었는지 모른다.

어쨌든 이후 미국은 북한의 HEU 프로그램 추진을 빌미로 제네바핵합의상의 북한에 대한 중유공급을 전격 중단했다. 당시 김대중 대통령은 관련 당사국회의(2002년 11월 14일 뉴욕개최 KEDO 집행이사회)에 참석하는 한국대표단(장선섭 경수로기획단장, 필자 그리고 임성남 북미과장)에게 중유공급 중단은 절대 안 된다는 지침을 내렸다. 북한이 벼랑 끝 전술로 나와 영변 핵시설에 손을 댈 것이라는 이야기였다. 2003년 1월 말에는 임동원 대통령특보를 특사로 평양에 파견해서 대북 설득에 나서기도 했다. 그렇지만 당시 김대중 정부는 임기를 불과 몇 개월 남겨두고 있는 상황으로, 힘이 없었다. 부시 정부도 임기가 끝나고 있던 김대중 정부의 햇볕론자들과의 협의보다 한국의 새 정부와의 협의를 선호했다.

북한은 사생결단으로 나왔다. 중유공급 중단에 대한 대응으로

2003년 1월 10일 핵확산금지조약(NPT) 탈퇴를 선언하고 이어 IAEA의 영변핵사찰단을 추방했다. 그리고 핵활동을 재개했다. 8년간 폐쇄되었던 영변 핵시설이 재가동되어 플루토늄을 생산하기 시작했다. 함경도 신포의 경수로원전건설공사도 중단됐다. 허무한 결말이었다. 어렵게 건설한 댐(제네바핵합의)에 물이 새자 수리할 생각을 하지 않고 댐 전체를 무너뜨린 격이었다. 나는 농축우라늄 이슈가 터졌던 2002~2003년이 미국과 북한이 제네바핵합의를 대체하는 새로운 합의를 만들 수 있었던 기회였다고 생각한다. 당시 북한은 이라크 침공을 준비하고 있던 미국 부시행정부의 네오콘에 엄청난 공포를 느끼며, 한반도에 다시 전쟁이 일어날지 모른다는 실제적인 불안감을 가졌던 것으로 보였다. 부시정권이 당시 상황을 잘 다루었으면 북한과 새로운 협상을 통해 파국(제네바핵합의 파기와 플루토늄 생산재개)을 막을 수 있었을 것이다.

그 후 이라크 침공과 전후 수습에 정신이 없던 부시 정권은 별다른 대책이 없었다. 6자회담에 넘긴 것이 대책의 전부였다. 2003년을 기점으로 사실상 북한 핵은 돌아올 수 없는 다리를 건넜다. 2003년부터 2008년까지 개최된 6자회담은 결과적으로 북에 핵을 개발할 시간만 준 격이 되었다. 2005년, 9.19 합의를 만들어냈지만 깨진 독에 물을 붓는 격이었다. 잠깐의 환상을 주었지만 실제로는 큰 의미가 없었다. 그사이 북한은 첫 핵실험(2006)을 시작으로 여섯 차례 핵실험을 했고 핵무장국이 되었다.

나는 한중일협력사무국(TCS) 사무총장 재직 시인 2011년 11월 TCS

를 방문한 미국의 찰스 프리처드 전 대북교섭담당대사 겸 KEDO 미국 대표를 만나 농축우라늄 사태와 관련한 부시 행정부의 대응에 대해 의견교환을 했다. 그는 KEDO의 대북중유공급 중단 결정 당시 미국 측 대표단의 일원으로 참석했던 인물이다. 프리처드 대사는 플루토늄과 농축우라늄 문제는 별개로 다루었어야 했다고 말했다. 제네바핵합의에 따른 플루토늄 동결은 계속 유지하면서 증거가 불충분했던 농축우라늄 문제에 대해서는 별개의 조치를 취해야 했다는 이야기다. 그는 부시 행정부의 매파(볼턴 국가안보보좌관, 럼스펠드 국방장관 등 네오콘)들이 북한이 벼랑 끝 전술로 나왔을 때 사실상 속수무책이었다고 회고했다. 그럼에도 불구하고 그 후 네오콘들은 자신들의 잘못된 판단과 실책을 인정하지 않았고 회고록 등에서도 언급하지 않았다고 말했다. 프리처드 대사는 이러한 내용을 이후 발간된 그의 저서 《실패한 외교(Failed Diplomacy)》에서 밝히고 있다. 나도 부시 행정부 당시 네오콘들의 회고록들을 찾아보았지만 북핵 문제에 대해서는 거의 언급하지 않아 이상하게 생각했던 기억이 있다. 누구나 자기의 아픈 점에 대해서는 가급적 이야기하려 하지 않는다. (부시 정부의 네오콘 중 트럼프 대통령에 의해 국가안보보좌관으로 재기용됐던 존 볼턴은 2019년 2월 하노이 미북핵협상을 깨는 데도 결정적 역할을 했다. 대책 없이 강경론만을 주장하는 전형적인 '안락의자의 전사', Armchair Warrior였다.)

나는 평양에서의 K와의 대화를 바탕으로 20여 년이 지난 시점에서 중앙일보에 칼럼(2022년 6월 14일자 신봉길의 한반도평화워치, '북핵, 남북한 공존 전제로 새 해법 찾아야')을 쓴 적이 있다. 역사에 만약의 의미는 없다. 그러나 제네바핵합의가 유지되고 경수로원전을 완성했으면 지금 어떻게 됐을까 하는 상상을 해본다. 원전 운영을 위해 한국과 미국 인력이 수시로 드나들고 있을 것이다. 중국의 일대일로 자금이 투입되어 송전망도 건설되고 북한의 에너지난도 많이 해소되었을 것이다. 서울과 평양, 워싱턴 간에 대표부도 교환 설치되었을 것이다. 북한 핵 문제도 지금과는 완전히 다른 양상이 되었을 수도 있다.

마지막 방문

여섯 번째 방문, 2002년 12월 23~25일

12월 23일 새벽 4시, 속초항 출발(한겨레호). 5시에 해상폭풍주의보 발표됨. 11시, 북한 양화항 도착. 평소 4시간 거리인데 7시간 걸림. 배의 요동으로 승객 모두 기진맥진. 눈에 덮인 양화항.

12월 24일, 김정숙(김정일 위원장 모친) 생일을 맞아 북한 전역에서 기념식. 양화항에서도 군중대회. 오후에 발전소 건설 현장과 방파제(물양장) 방문. 저녁에는 부지 내 성당에서 성탄 미사 참석. 그리고 경수로가 중단될 경우의 대책 내부 협의. 12월 25일 오후, 근로자들에게 위문품 전달(LG종합선물세트). 2002년 12월 21일 현재 금호부지에는 KEDO 소속 직원 6명, 한국인 근로자 734명, 북한 근로자 97명, 우즈베키스탄 근로자 589명 등 총 1,426명이 체제하고 있었다. 종합 공정은 19.42%. 미북 제네바합의 시 2003년 준공을 약속했던 것에 비하면 공사 진척이 많이 늦었다.

원전 건설부지 근처인 북청군 룡전 방문, 이준 열사 생가를 둘러봄. 한옥 가옥 보존. 현장 안내원이 열심히 이준 열사의 생애를 설명. 눈에 덮인 북청. 정말 아름다운 곳. 일본의 닛코를 연상케 했다.

나의 마지막 북한 방문이었다. 제네바핵합의가 무너지면서 신포의 경수로원전건설 사업도 완전히 중단됐다. KEDO와 경수로사업기획단 도 해체 운명을 맞았다. 허무한 결말이었다. 그럼에도 함경도 신포 경수 로원전 건설 경험은 뜻밖의 소득을 만들어내기도 했다. 그 후에 UAE 원 전 건설을 따내는 데 큰 역할을 한 것이다. 오랫동안 신규 원전 발주가 없었던 경쟁국 미국, 프랑스, 일본 등과 비교해서 우리는 해외(함경도 신 포)원전 건설 추진 경험을 이미 갖고 있던 것이다. UAE 원전 수주를 위 해 한전은 100일 프로젝트팀을 가동하고 있었는데 신포 원전 건설 프 로젝트가 크게 원용되었다고 들었다. UAE 원전 수주 핵심 인력(김쌍수 한 전사장, 변준연 부사장)들도 북한 경수로원전 건설과 요르단 원전 수주 작업 에 뛰었던 인력들이었다.

'다시 만납시다!'
여섯 차례의 북한 여행은 남북한 통합, 통일에 대한 나의 열망을 더욱 키우게 했다. 아! 남북한은 한민족이고 우리는 함께해야 한다. '백 두에서 한라로, 우린 하나의 겨레'로 시작되는 〈다시 만납시다〉와 〈심 장에 남는 사람〉 등 북한 노래도 뚜렷이 기억하고 있다. 나는 지금도 내 가 보았던 북한의 산하를 사진과 같이 기억하고 있다. 함경도 일대의 모습은 나의 어릴 때 고향 모습과 똑같았다. 민둥산, 포장이 안 된 미루 나무 국도, 겨울의 얼어붙은 논두렁에서 앉은뱅이 스케이트를 타던 빡

빡머리 어린이들. 혹독한 함경도의 겨울 추위. 북한땅 이곳저곳에서 본 바짝 마르고 쇠약해 보였던 어린이, 노인들. 경수로원전 업무로 북한을 드나들면서 나는 어떤 외교경력보다 더 기억에 남는 벅찬 경험을 했다. 그리고 북한은 나의 필생의 로망, 마지막까지 놓치지 않을 관심과 목표로 남았다.

대변인으로 TV 카메라 앞에 섰을 때

ㅇ 나는 외교부 생활 중 뜻하지 않게 엄청난 격랑에 휘몰린 일이 있었다. 2004년 우리 국민 김선일 씨가 이라크에서 알카에다 테러리스트에게 인질로 잡혀 참수된 사건이 일어났을 때다. 온 국민이 큰 충격에 싸였고 정부는 수습에 정신이 없었다. 당시 외교부 공보관(대변인)이었던 나는 매일 실시간으로 TV 카메라와 기자들 앞에서 브리핑하고 질의 응답을 해야 했다. 언론에 너무 많이 노출되어 길을 다니면 많은 사람이 알아보았고 택시를 타도 기사가 알아봤다.

그런데 이 문제가 워낙 큰 이슈가 되고 정부의 책임 문제 공방이 전개되면서 대통령의 지시에 따라 감사원의 감사도 받아야 했다. 감사원 특별감사팀이 아예 외교부 청사에 나와 상주했다. 이와 함께 국회 특별청문회에 반기문 장관, 최영진 차관과 함께 불려가 시달리기도 했다. 목이 붙었다 떨어졌다 하는 위태로운 상황이 계속됐다. 그 당시 대변인으로서 겪었던 특별한 경험을 가급적 자세히 기록으로 남기려 한다.

참여정부 첫 외교부 공보관 선임

나는 2003년 노무현 참여정부 출범과 함께 외교부 공보관(2003년 6월~2004년 8월)으로 임명됐다. 당시 공보관은 통상 대변인으로도 불렸는데 언론브리핑이나 보도자료 배포 시에도 대변인이라는 타이틀이 사용

됐다. 내가 모셨던 윤영관 장관, 반기문 장관 두 분 모두 나를 부를 때는 꼭 신 대변인이라고 불렀다.

노무현 정부 첫 외교장관은 윤영관 장관(서울대 외교학과 교수)이었는데 첫 인사에서 동북아국장, 북미국장, 공보관 세 자리를 우선적으로 교체했다. 동북아국장과 북미국장 자리에는 오랜 시간 그쪽에서 경력을 쌓아온 사람 여럿이 명함을 내밀고 있었다. 나도 동북아 경력이 있었지만 나보다 그쪽 경력에 더 집중한 사람들이 있었고, 또 내심 공보관 자리가 탐났다. 그래서 공보관을 1지망으로 그리고 동북아국장을 2지망으로 지원했다. 공보관은 외교부 대변인 역할을 하면서 미디어에 노출될 기회가 많았다. 항상 그랬지만 나는 전통적인 코스보다 뭔가 새로운 일에 더 관심이 많았다. '마음이 가는 곳으로 가자, 우선 하고 싶은 일을 하자'는 생각이 있었다.

외교부 사상 처음으로 다면평가를 통해 국장들을 뽑았다. 공보관 자리에는 40명이나 지원했는데 컴퓨터로 무작위 선정된 투표인단(과장, 국장, 1급 각 5명씩 총 15명) 투표에서 3명이 동점으로 최고 득점을 했다. 그 중에 내가 있었다. 윤장관은 3명 중 최종적으로 나를 공보관으로 지명했다. 내가 서울대 재학 시 학보인 '대학신문'의 학생기자와 편집장을 지낸 것도 도움이 되었는지 모르겠다.

막상 공보관이 되어 일을 해보니 대학 언론과는 전혀 다른 세계였다. 출입기자 중 베테랑이었던 K 기자에게 훌륭한 공보관이란 어떤 것이지 물었을 때 기삿거리를 많이 주는 공보관이란 말을 했는데 이 말이 무슨 말인지 잘 이해가 되지 않았다. 정보를 많이 흘려(Leak) 달라는 이야기인지…. 특히 참여정부가 출범과 함께 '언론과의 건전한 긴장 관계'라는 새로운 언론 정책을 발표하며 각종 개혁을 밀어붙이던 때였던지라 나는 상황을 이해하고 따라가기에도 바빴다.

노무현 정부는 기존의 언론 관행에 엄청난 불만과 불신을 가지고 있었고 특히 일부 보수 메이저 언론에 대해 혐오에 가까운 부정적 시각을 가지고 있었다. 관료들이 언론과 가깝게 지내는 관행에도 매우 비판적이었다. 그러다 보니 갈등이 끊이지 않았다. '언론과의 전쟁'이라는 말이 나올 정도였다. 정보가 관료와 기자들 간의 개별적 유착을 통해 흘러나가는 것을 막기 위해 부처마다 대변인을 두어 브리핑 제도를 시행하도록 했다. 그리고 각 부처의 최고 시니어 국장을 대변인(공보관)에 임명하도록 했다.

"기자 셋보다 돼지 세 마리를 데리고 떠나세요"

이런 상황에서 내가 공보관(대변인)으로 임명되었다. 거의 6년간 해외 근무 후 통일부 산하기관(북핵경수로기획단)에 파견되었다가 친정으로 돌아온 나에게는 정말 버거운 임무였다. 기자들과 잘 지내면서 외교부에 대해 좋지 않은 기사가 나오지 않도록 챙기고 혹시 문제 기사가 생기면 언론사와 접촉해 기사를 빼기도 해야 하는. 이런 통상의 공보관 임무를 생각하고 있던 나로서는 당황스러운 상황 전개였다. 기자들과 잘 지낸다는 것도 말은 좋지만 쉬운 일은 아니었다. 출입기자 중 시니어였던 한겨레신문의 강태호 기자가 우스개로 하던 말이 생각난다. "기자 셋과 같이 부산까지 갈래 아니면 새끼 돼지 세 마리를 데리고 부산까지 갈래 하면 돼지 쪽을 선택하세요." 기자들은 특히 직업의식, 자존심으로 뭉친 사람들이어서 그만큼 다루기가 힘들다는 말이었다.

기자들의 정보 욕구 충족 문제는 특히 민감하고 어려운 문제였다. 내가 공보관이 되자 공보관실 경험이 있는 곽성규, 조용천, 연상모 등 당시 과장급 후배들이 이메일 등을 통해 조언을 해주었는데 여기 그대로 소개한다.

– "공무원과 기자들의 관계를 '불가근, 불가원'의 관계라고 하는데 공보관은 자기중심과 원칙을 갖고 대응할 필요가 있습니다. 항상 기자들을 위해 서비스하고 있고, 그럴 자세가 되어있다는 태도를 보여주세요. 참여정부의 언론과의 긴장관계 유지 방침과는 별도로 기자들과는 친밀하게 지내는 게 좋습니다."

– "기자들의 가장 큰 관심은 정보인데 이것만 충족되면 공보관의 일은 반 이상 했다고 봅니다. 따라서 공보관은 중요한 현안에 대해 기자들이 잘 알 수 있도록 노력해야 합니다. 북미국, 아태국과는 좋은 협조 관계를 유지해서 사실관계를 알고 있어야 합니다."

– "기자들은 대변인이 알면서 이야기하지 않는 것인지 아예 모르는지를 구별할 줄 압니다. 거짓말은 절대 금물입니다. 대답이 가능한 것은 확실히 대답해 주고 모르거나 알지만 대답이 곤란한 것은 모른다고 대답하세요. 기자가 사실을 이야기하는데 모르면서 아니라고 하거나

알면서 아니라고 하는 것은 현명치 못합니다. 기자는 후에 고의로 속였다고 생각하고 인간적인 배신감을 느낄 겁니다.”

– “정직하고 접근이 편하고 누구보다 정보에 정통해야 합니다.”

– “공평하게 대하세요, 마이너 기자들이 사고 치는 경우가 많습니다.”

지금 보니 정말 주옥같은 조언들이다. 그런데 사실 이런 기본적인 것을 깨닫는 데도 시간이 걸렸다.

스핀 닥터, 각국의 대변인 제도

여기서 잠깐 각국의 대변인 제도에 대해서 알아보자. 대변인이라는 직책은 어디서나 대단히 매력적인 자리다. 기자들과 많은 카메라 앞에 수시로 나섬으로 얼굴이 많이 알려진다. 대변인의 발언 하나하나가 기사화되고 분석된다. 그 비주얼과 영향력을 무시할 수가 없다. 그래서 각국 외교조직에서도 대변인(Spokesperson)이라는 직책의 중요성이 갈수록 커지고 있다. 특히 미국, 중국 등 소위 국제정치에 영향력이 큰 나라일수록 외교부 대변인의 역할이 중요하다. 국제적인 이슈에 대한 정보의 발신력과 해석력이 크기 때문이다.

대변인 제도는 미국에서 가장 발달했다고 할 수 있다. 언론과의 소통을 책임지는 자리라고 해서 커뮤니케이션 디렉터(Communication Director)라고 부르기도 한다. 또 대변인은 같은 내용이라도 회전(Spin)을 먹여 표현을 순화시키는 언어 전문가라고 하여 스핀 닥터(Spin Doctor)라고 부르기도 한다. 미국의 경우 백악관 대변인이 더욱 스포트라이트를 받지만, 국무성 대변인의 발표 하나하나도 언론의 관심을 끈다. 중국 외교부 대변인의 경우도 마찬가지다. 대외 이슈에 대한 정부 입장 발표를 외교부 대변인(發言人이라고 함)이 전담하고 있기 때문에 발언 하나하나가 뉴스를 탄다. 중국같이 통제된 언론 환경에서는 관료들의 개별적 언론 접촉의 관행이 없어 더욱더 대변인의 말에 의존할 수밖에 없다. 반면 일본 외무성 보도관의 경우는 역할이 제한적으로 보인다. 총리실 관방장관이 외교 문제를 포함한 정부 대변인 역할을 한다.

정부조직법상 우리 외교부에 대변인이라는 차관보급의 직책이 공식 신설된 것은 2004년의 일이다. 그전의 공보관이라는 직책은 국장급 직위였는데 공보라는 의미 자체가 권위주의 시대에 국민들에 대한 일방적 홍보를 의미했다. 그 이후 공보관은 대변인으로 명칭이 바뀌고 직급도 국장급에서 1급으로 올라갔다.

브리핑 제도 정착을 위한 노력

참여정부는 특히 정보 유통 시스템을 근본적으로 바꾸려고 했다. 개별 관료들과 언론의 직접 접촉을 금지하고 대변인이 일괄적으로 정보를 공급하는 시스템이다. 대변인이 정보를 요구하는 언론과 공개를 꺼리는 관료들 간의 중재자 역할을 하는 것이다. 국민의 알 권리와 외교부의 특수한 보안 업무 필요성 사이에서 균형적 역할을 대변인이 하는 것이다.

대변인의 뉴스 브리핑 제도가 정착되려면 대변인이 무엇보다 많은 정보를 가져야 한다. 윤영관 장관은 공보관의 위상을 강화하려 하여 "신 대변인을 모든 주요 회의에 참여시키라"는 등 지시를 했지만 관료 조직은 홀홀하지 않았다. 당시는 기자들이 북핵 6자회담에 관심이 많았는데 관련 내부 전략회의에 밀고 들어가 앉아있다가 무안을 당하면서 자리에서 나와야 하는 일도 있었다.

이런 상황에서 장관의 지시만을 믿고 있을 수 없었다. 나는 장관이 외국 주요인사들을 만날 때는 미리 접견실에 가서 자리를 잡고 앉아있기도 했다. 예정되어 있던 배석자가 졸지에 뒷자리로 밀려 나가기도 했다. 정보 접근이란 이렇게 어렵고 눈물겨운 것이었다. 어쨌든 이렇게 하면서 차츰 대변인의 주요 회의 참석 관행이 만들어져 갔다. TV 뉴스에 대변인이 장관과 함께 있는 모습을 보여주는 것은 기자들에게 대변인의 정보 접근성과 위상을 보여주는 데 도움이 됐다.

한편으론 기자들의 개별 사무실 방문 취재를 금지시켜라, 기자들에게 브리핑실에 고정된 좌석을 주는 관행을 폐지하라는 등의 지시가 청와대로부터 계속 내려왔다. 반발하는 기자들과의 사이에서 샌드위치가 되어 힘들기 짝이 없었다. 또 하나는 가판(종이 신문을 인쇄하기 전에 시험용으로 인쇄하는 버전) 구독 금지 지시였다. 가판 기사를 두고 밤늦게 언론사 데스크와 기사를 두고 실랑이를 하지 않는 것은 좋은데 정정 기사를 받아낸다거나 언론중재위원회에 가서 다투는 것은 정말 힘든 일이었다. 어느 방송사는 정정 보도를 강하게 요청한 나에게 외교부 비판 시리즈물을 만들어 방영하겠다는 협박을 하기도 했다.

어쨌든 나는 급격한 변화 속에서 상황을 타개해나가야 했다. 나름으로 고민을 많이 했다. 매주 월요일 장관 주재 실국장 회의 직후 대변인이 브리핑을 하는 시스템을 만들었다. 의욕적으로 시작했지만 정보에 한계가 있어 한 주에 예정된 외교부의 주요 업무, 행사들을 알려주는 정도였다. 얼마 되지 않아 다시 생각해낸 것이 실 국장들을 설득해서 기자들이 관심을 가지는 이슈(북핵 문제 등)에 대해 브리핑을 하도록 한 것이다. 그렇지만 이것도 한계가 있었다. 간부들이 브리핑하는 것을 극히 꺼렸기 때문이다.

그 이후 다시 시도한 것이 외교장관의 내외신 수요 정례 브리핑 제도다. 어렵게 윤영관 장관을 설득했는데 서울발 기사 발신력이 필요하다는 논리를 내세웠다. 우리 문제인 북핵 문제가 워싱턴, 북경, 동경발로만 기사가 나오는 상황은 바람직하지 않다. 서울발 기사가 나오도록하려면 장관급 수준의 브리핑이 필요하다는 논리였다. 그리고 티 미팅(Tea Meeting)을 월 2회 브리핑실에서 개최했다. 기자들이 최소한 간부들과 인사를 나누면서 어울릴 기회를 만든 것이다. 관료들과 기자들 간의 개별 접촉을 금지하는 서슬 퍼런 참여정부 초기 상황을 감안한 궁여지책이었다. 그런 노력의 결과 당시 외교부는 전 정부 부처 중에서 브리핑 제도를 가장 성공적으로 운영하는 부처로 평가되었다. 나름의 분투의 결과였다.

그럼에도 불구하고 내가 공보관 겸 대변인으로 일한 1년 4개월 남짓 동안 외교부는 그야말로 바람 잘 날이 없었다. '10년에 거쳐 터질 사고들이 1년에 다 터졌다'는 이야기까지 나왔다. 한 언론에서는 청사 로비 1층에 걸려있던 대형 유화(20여 필의 말이 동시에 뛰어오르는 모습) 때문에 외교부가 계속 흔들린다는 칼럼을 쓰기도 했다. 급기야는 외교부 내 소위 자주파와 동맹파 간에 심각한 갈등이 있다는 기사가 언론에 보도된 것을 계기로 윤영관 장관이 취임 1년여 만에 경질되었다.

이라크, 김선일 씨 참수 사망 사건 발생

이런 와중에 2004년 6월 세상을 떠들썩하게 한 김선일 사건이 일어났다. 이라크의 한국 무역업체 직원 김선일 씨가 반정부 테러 단체인 알카에다에 의해 납치되었다가 참수된(사망 당시 34세) 사건이다. 김선일 씨는 5월 31일 납치되었다가 6월 22일 살해되었는데 살해 직전까지 우리 정부는 피랍 사실 자체를 모르고 있었다. 6월 21일 아랍계 위성 통신사인 알자지라가 피랍 사실과 함께 무장단체의 요구사항을 보도하자 그제야 뒤늦게 상황을 알게 된 것이다. 이 단체는 24시간 내 한국 정부의 이라크 2차 파병 계획 철회를 요구했다.

그런데 문제가 더욱 확대된 것은 김 씨 납치 초기에 촬영된 비디오 영상이 뒤늦게 AP 통신에 의해 공개되면서였다. 당초 이 테러단체는 비디오 영상을 이라크 현지 AP 통신지국에 보내 언론에 보도되거나 한국 정부에 전달되기를 기대했던 것 같다. 그러나 이 비디오는 한국 정부에 전달되지도, 언론에 보도되지도 않았다. AP 이라크 지국은 별다른 조치를 취하지 않고 있다가 김선일 씨가 살해된 후 뒤늦게 이를 공개한 것이다. 그리곤 뒤늦은 공개에 비난이 쏟아지자 한국 외교부에 사전에 알렸다고 하면서 책임을 회피했다. 사실과 다른 억지였다.

이 사건과 관련해서는 두 가지 이슈가 있었다. 하나는 AP 측이 비디오 영상의 존재를 한국 외교부에 알렸다고 주장한 것과 관련된 것이었다. 외교부가 통보를 받고도 이를 부주의하게 다룬 것인지 또는 외교부 리더십이 보고를 받고도 은폐한 것이 아닌지 등의 의혹이었다. 또 하나는 우리 정부가 자국민 보호 차원에서 적절히 대처했느냐의 문제였다. 한국 젊은이가 납치되어 사망하기까지 무엇을 했느냐는 비난이다. 야당과 언론은 이 문제를 대정부 공격의 호재로 들고 나왔다. 야당은 이라크 파병 자체를 문제 삼으며 거리로 나왔고 국회에선 여야가 격돌했다. 나중에는 김선일 씨가 살해되는 장면이 찍힌 참혹한 동영상까지 공개되면서 그야말로 온 나라가 거의 히스테리 상태에 빠졌다.

열여섯 차례의 TV 생중계 브리핑

당시 김선일 사건은 국내외의 큰 관심사였다. 외교부 1층 브리핑룸은 내외신 기자들로 북적거렸다. 지금 생각해 보니 사건 자체가 너무나 드라마틱하게 돌아간 점도 있지만 노무현 참여정부를 곤경에 빠뜨리기 위한 이슈로 야당이 이 문제를 크게 부각시켜 온 나라가 떠들썩했던 것 같기도 하다.

이 사건 당시 외교부 브리핑실에는 주요 TV 방송사와 연합뉴스 등 미디어들이 24시간 진을 치고 있었다. 외교부 역사상 거의 전무후무한 일이었다. 나는 대변인으로서 매일 브리핑을 해야 했다. 나중에 보니

TV 생방송 브리핑이 열여섯 차례나 있었다. 김선일 씨의 사망 소식을 전하는 긴급 브리핑 때 한 첫 말, "불행한 소식을 전하게 돼 가슴 아프게 생각합니다"는 기사 제목이 되어 나오기도 했다. 또 내가 기자들의 질문을 심각한 표정으로 듣는 사진(한국일보 박서강 기자)은 '곤혹스러운 외교부'라는 제목하에 이달의 보도사진상 우수상을 받기도 했다.

당시에는 대변인의 브리핑을 체계적으로 도와주는 인력도 없었다. 브리핑에 나서기 전에 중동과나 영사과에 직접 들러 현지에서 온 전문 보고서를 읽어보고 스스로 소화해서 나가는 정도였다. 유능한 대변인이라면 어떤 질문이 나올지 직관적으로 짐작할 수 있어야 한다. 나는 브리핑에 나가기 직전 예상 질문을 머리에 떠올리며 담당국장이나 과장에게 황급히 전화하기도 했다. 특히 TV 카메라 앞에서의 실시간 질의와 응답은 어려울 수밖에 없었다. 늘 살얼음판을 걷는 기분이었다. 나중에 어느 주한 외국대사가 내가 안전망도 없이 매일 높은 밧줄 위를 아슬아슬하게 걷고 있었다(You're walking everyday a tight rope without a safety net)고 코멘트하는 것을 들었다.

내 얼굴이 나날이 초췌해간다고 이야기를 하는 사람도 있었다. 나는 이 사건 동안 내부 언론대책회의 참석, 기자 브리핑 그리고 또 감사원, 국회 등의 감사까지 받으면서 잠이 부족했고 체력적으로도 무척 지쳐있었다. 당시 나는 전화를 들면 도청을 당하고 있는 것을 바로 느낄 정도로 주요 조사 대상이었다. 이 와중에 서정인 공보과장(후에 멕시코대사), 정우진 사무관(주르완다대사) 등 공보관실 직원들은 감사원 감사팀에 불려다니느라 정신이 없었다. 공보과장은 한동안 팔이 마비되기도 했고 나의 비서는 일종의 스트레스로 심장 수술을 받았다.

AP 통신과의 공방과 국회 청문회 출석

나중에 감사원조사에서 밝혀진 일이지만 AP 통신 이라크지국장이 이상한 비디오 동영상이 하나 입수되었다고 서울지국에 연락한 것은 사실이었다. AP 서울지국은 이를 매우 부주의하게 다루었다. 평소 연락이 있던 외교부 공보관실 실무자(사무관)에게 연락해 이라크에서 한국인이 납치된 사실이 있느냐고 물었고 해당 실무자가 처음 듣는 소리라고 대답한 것이 전부였다. 당시 어느 누구도 이런 납치 사건이 일어나리라고 상상을 하지 못하고 있을 때다. AP 측은 짧은 해명문(한국 외교부에 물어보았으나 그런 사실이 없다는 이야기를 들었다) 하나만을 내고 입을 다물었다. 아주 비겁한 행동이었다. 많은 국민이 외교부보다 외국 통신사를 더 믿는 상황에서 AP와의 진실 공방은 힘들었다.

언론 대책 과정에서 청와대와의 갈등도 있었다. 매일 아침 장관실에서 반기문 장관과 최영진 차관, 김숙 장관보좌관 등과 언론 대책을 협의했는데 한번은 대통령 지시(AP 통신 전화와 관련한 직원 자술서 즉시 공개)를 바로 이행하지 않았다 하여 청와대로부터 크게 질책을 당했다. 또 대통령 비서실장과 시민사회수석(문재인) 그리고 비서관들이 참석하는 언론 대책회의에 몇 차례 불려가 비서관들로부터 크게 공격을 받기도 했다.

노무현 대통령의 엄명으로 감사원 특별감사팀 7~8명이 외교부에 파견되어 감사를 했다. 반기문 장관은 대통령에게 사표를 제출한 상황이었는데 거기다 더해 반 장관, 최영진 차관(김선일 사건 대책반장)과 나 세 사람은 언론에 생중계되는 국회청문회에도 불려 나가 고생을 했다.

감사가 시작되고 몇 개월이 지난 2004년 9월 24일 감사결과가 최종 발표됐다. 김 씨의 납치가 알자지라 보도에 의해 알려진 6월 21일까지 정부는 납치 사실을 모르고 있었다는 것이 결론이었다. 김 씨 살해 위협 방송 후 정부가 대응에 나섰는데 24시간이라는 시간밖에 없었고 또 파병 철회라는 사실상 불가능한 요구 조건 때문에 대응에 한계가 있었다고 판단했다. AP와의 공방에 대한 조사 결과 발표도 있었다. 공보관실 실무자가 AP 서울지국 전화를 상부에 보고하거나 영사과, 중동과 등 관련 과에 확인하지 않고 지나쳤다는 것이 잘못으로 지적됐다. 만약 이 실무자가 상관인 나에게 보고를 했는데 내가 별것 아닌 것으로 생각하고 지나쳤거나 보고를 받은 내가 장관까지 보고했는데 외교부가 별다른 조치를 취하지 않았으면 반기문 장관이나 나나 모두 공직 생활에서 큰 어려움을 겪을 뻔했다. 공직이란 이렇게 때때로 운이 작용한다. 감사결과에 따라 외교부와 주이라크 대사관이 기관 경고를 받고 실무자가 징계를 받는 선에서 끝났다. 나는 감사원과 국회 조사가 한창일 때 임홍재 주이라크대사에게 위로의 말과 함께 사필귀정이므로 용기를 잃지 말자는 요지의 전문을 보낸 적이 있었다. 동병상련의 입장에서 보낸 것인데 임 대사는 두고두고 고마워했다. 자신이 곤경에 빠지자 본부의 어느 누구도 챙겨주지 않았는데 유일하게 내가 연락을 주었다는 것이다.

당시 사건을 전후해서는 미국인, 일본인들도 납치되어 참수되는 유사한 사건들이 있었고 러시아의 경우, 외교관 두 명이 테러리스트들에 의해 납치되어 살해되기도 했다. 그런데 이 사건을 보는 각국 국민의 관점에 큰 차이가 있었다. 정부가 잘못했다는 비판은 한국의 경우가 가장 심했던 것 같다. 어쨌든 감사 결과 발표 후 반기문 장관의 사표도 반려되었고 최영진 차관도 일단 직접 책임에서는 벗어났다. 외교부도 한숨 돌리게 됐다. 당시 주한 미국대사였던 토마스 허바드 대사(2001~2004)가 나에게 한국과 같이 험한 언론 상황하에서 이 정도의 폭풍우 속에서 살아남았다는 것은 기적에 가깝다고 이야기하던 생각이 난다. 허바드 대사도 동두천에서 훈련 중이던 미군 장갑차에 여중생이 치어 사망한 사건과 관련해 언론의 비판과 반미 감정 분출로 크게 고생했던 일이 있었다. 반기문 장관이 유엔사무총장에 당선된 뒤 국내언론과 가진 인터뷰에서 37년간의 공직 생활을 돌이켜보면서 '김선일 씨 피랍 사건이 발생했을 때가 가장 어려웠던 시기였다'고 당시의 힘들었던 심정을 토로한 것을 보았다. 그만큼 당시 그 사건은 국내적으로 큰 이슈였다.

다만 당시 언론의 일방적인 비판 속에서도 냉정함을 잃지 않고 기사를 써준 기자들도 있었다. 큰 위안이었다. 문화일보의 정치부 차장이었던 L 기자가 쓴 칼럼 '김선일 피살 희생양 찾기'는 특히 기억에 남는다. 그리고 외교부 직원으로 이라크 대사관에 파견되어 일하던 신상목 서기관(강남역 인근에서 우동집 경영 중)도 냉정한 기록을 남겼다. 월간조선(2004년 9월호)에 '맞아 죽을 각오로 쓴 이라크 파견 외교부 직원의 한국

국민 언론 비판'이라는 르포기사다. 주변에 연일 폭탄들이 터지는 상황 속에서도 대사관을 지키고 있던 우리 외교관들의 모습과 현지에서의 김선일 사건 관련 사항을 기록한 것이었다. 쉽지 않은 용기였다.

거의 8년이 지난 2012년 당시 AP 통신 한국특파원이었던 최상훈 씨(현 뉴욕타임스 서울지국장)와 만나 김선일 사건과 관련해 이야기를 나눈 일이 있다. 그의 회고다. "AP 본사 측이 처음에는 아주 무성의하게 나오 다가 사건이 한국에서 심각하게 문제화되자 본사 법무팀의 검토를 거 쳐 짧은 성명서(Statement)를 냈다. 그리고 일체 함구령을 내렸다. 그래서 당시 나도 아무 말을 할 수 없었다. 이 사건을 회고해 보면 AP 통신 이 라크지국장의 잘못이 컸다. 초기 사건 처리도 잘못했고 나중에는 고압 적인 자세로 다른 나라 사람들도 비슷한 비극이 많이 발생했는데 왜 한 국만 난리냐는 식으로 대응했다." 당시 최상훈 지국장도 참고인 자격으 로 검찰 조사와 감사원 조사를 받았다고 했다. 감사원 조사 시에는 공 무원들끼리 봐주기인 줄 알았는데, 전혀 아니었다고 한다. 누구를 꼭 잡 아야겠다는 분위기였다고 말했다. 국회의원들도 마찬가지였다고 한다. 야당의 아무개 국회의원은 자신을 차에 태워 남산을 돌며 "반기문(장관) 을 단칼에 날려버리겠다"고 하며 정보를 달라고 통 사정을 했다고 말했 다.

"저런 공무원도 있었나?" 정치 입문 권유

항상 그렇지만 큰일은 동전의 양면과 같아서 마이너스만 있는 건 아니다. 내가 공보관이 되었을 때 후배 직원이 전해준 말이 생각이 난다. "대변인은 언론에 자연스럽게 노출이 되니 그 가치는 정말 엄청난 것입니다." 국민들의 관심이 대단했던 상황에서 나도 모르게 얼굴이 많이 팔렸다. "저런 공무원도 있었나?" 나는 이 사건을 거치면서 잠시나마 꽤 유명한 공직자가 되어있었다. 지인의 한 사람은 "그때 TV만 켜면 신선배 얼굴이 나왔다"고 회고했다. 하여튼 두어 달 동안 거의 매일 TV 화면에 나타나 브리핑을 하고 기자들의 질의에 답하며 고군분투하는 내가 상당히 인상적이었던 것 같다.

나는 김선일 사건의 소용돌이가 끝나갈 즈음 해외 근무를 생각했는데, 이럴 땐 빨리 자리를 뜨는 게 최선이라고 생각했기 때문이다. 반기문 장관이 나의 대변인직 수행에 120% 만족한다고 하면서 좀 더 함께 일하자고 했으나 나는 떠나겠다고 고집했다. 마침 북경에 공사 자리가 나서 그곳 발령 내정을 받았다. 그러나 정식 발령이 난 것은 감사원의 최종 감사 결과가 나온 뒤였고, 결국 가을 인사 중 따로 발령이 나 뒤늦게 북경에 부임할 수 있었다. 북경 공항에 도착한 뒤에야 내가 엄청난 격랑 속에서 벗어났다는 것을 실감했다. 당시 주중대사였던 김하중 대사는 내가 북경 근무 내정에도 불구하고 결국은 못 올 것으로 생각했다면서 나의 부임을 반겼다.

북경으로 떠날 때 주한 프랑스대사가 관저에서 환송 파티를 해주었던 기억이 난다. 그와는 교류가 전혀 없었는데 순전히 김선일 사건 파동을 본 뒤 나에게 특별히 호의를 베푼 것이다. 매우 이례적인 일이었다. 그는 김선일 사건 추이에 관심을 가지고 계속 챙겼던 모양이다.

내가 어떻게 그 사건에 대해 그렇게 상세히 아느냐고 물었을 때 자기는 프로(외교관) 아니냐고 반문하던 기억이 있다. 그만큼 그 사건은 주한 외교단에게도 큰 관심사였다. 16명 정도의 만찬 초대 손님은 내가 정하라고 했다. 그래서 평소에 서로 바빠 만나기 어려웠던 가까운 친구들을 초대했다. 공직자, 사업가, 교수, 언론인, 성악가 등. 친구들은 뜻밖에 한국의 저명 건축가 김중업이 설계한 한국 최고의 건축으로 선정된 프랑스 대사관저에서 맛있는 프랑스 요리를 즐기는 호사를 누렸다.

당시 집권당이었던 열린우리당 대표 부부가 북경을 방문해 우리 내외를 오찬에 초대하고, 진지하게 정치 입문을 권한 일도 있었다. 그는 내가 TV에 매일 생방송으로 나와 브리핑하는 것을 보고 "저런 공무원도 있었나?" 하고 생각했다고 했다. 단시간에 집중적으로 언론의 조명을 받아 지명도도 있고 이미지도 좋고 하니 다음 총선에 서울지역에 출마하자는 이야기였다. 요즈음은 돈이 많이 들지도 않으며 당선은 틀림이 없다고 부인까지 거들며 자신 있게 이야기했다. 내가 별 반응이 없자 혹시 우리 당이 마음에 들지 않느냐고 하면서 그렇다면 야당인 한나라당에 소개해 주겠다고까지 했다. 우리나라도 신 공사 같은 엘리트가 정치를 해야 할 때가 됐다며 진심으로 정치 참여를 희망했다. 고마운 말이긴 했지만 그렇게 쉽게 뛰어들 만한 일은 아니었다. 아내가 집에 돌아와서 굉장히 화를 내며 반대했다. 처가 어른이 국회의원 선거에 출마할 때마다 소소한 뒷바라지를 했던 아내는 정치라는 것에 대해 아주 부정적이었다. 그래서 그와의 정치 입문 이야기는 그것으로 끝났다.

이야기가 나와서 말이지만 나에게 외교부를 떠나 새로운 도전(정치)을 해볼 것을 권하는 외교부 후배들도 있었다. 그중 특히 K 대사는 내가 중견 외교관일 때부터 관료로서의 안정, 소시민적 삶을 벗어나 새로운 도전에 나서기를 끊임없이 권했다. 그는 해외공관에 있을 때도 여러 차례 개인 서한을 보내왔다. 그는 내가 좋은 인상과 친화력을 갖추고 외교관으로서도 성공적인 커리어를 만들어왔지만, 관료의 세계에서 할 수 있는 일은 한계가 있다고 지적했다. 그는 더 이상 관료의 길에 머뭇거리지 말고 정치에 뛰어들어 외교, 통일 분야에서 더 큰 일을 하기를 권했다. 그는 경북 어느 시골마을이라는 나와의 공통적 성장 환경이 있었는데 어떻게 보면 나에 대한 지나친 기대였다. 나는 그때까지 쌓은 작은 기득권을 포기하고 황야에 뛰어들 만한 용기가 없었다.

공직자도 언론을 알아야 한다

다시 언론 이야기로 돌아온다. 3국협력사무국(TCS) 사무총장으로 일할 때도 나의 언론 경험은 큰 도움이 되었다. 나는 갓 출범한 신생 미니국제기구의 존재감을 높이려고 크게 고심했는데 언론의 메커니즘을 잘 알고 있던 것이 크게 도움이 되었다. 중국에서 참사관, 공사로 일할 때나 요르단과 인도에서 대사로 근무할 때도 마찬가지였다. 현지 특파원들의 역할의 중요성을 누구보다 잘 알고 있었고 이들과 같은 배를 탔다는 기분으로 일했다. 특파원이 해외공관의 활동을 효과적으로 홍보해 주는 경우와 그렇지 못한 경우를 비교해 보면 금방 알 수 있는 일이다. 나는 지금도 당시 북경, 뉴델리 등에서 특파원을 지냈던 사람들과 인간적으로도 가깝게 지낸다. 그리고 공직 생활 동안 그들로부터 많은 조언을 들었다.

　외부와의 커뮤니케이션 통로로서의 언론의 중요한 역할을 생각할 때 외교부도 직원들이 언론을 잘 알 수 있도록 좀 더 체계적으로 훈련을 시킬 필요가 있다. 사무관급 직원들이 본부 근무 시 몇 개월씩 대변인실에서 의무적으로 근무하도록 하는 것도 한 방법이다. 흔히 관료와 언론의 관계를 불가근(不可近), 불가원(不可遠)이라고 하는데 사실 공직자야말로 언론의 기능과 메커니즘을 잘 알아야 한다. 언론을 멀리해야 할 대상이 아니라 가까이 활용해야 할 동업자로 생각해야 한다. 소통의 중요성이 강조되는 시대에 언론 활용 능력은 공직자의 중요한 덕목이다.

주중공사 부임,
외교관은 공인된 스파이?

○ 외교는 무엇이고 외교관이 하는 역할은 무엇인가? 나는 근래한 언론사와의 인터뷰에서 "전쟁과 평화의 문제를 다루는 게 외교"이며 "선린 우호관계를 만드는 게 외교관의 소임"이라고 대답한 일이 있다. (2022년 10월 12일자 세계일보 인터뷰) 이는 40년 넘는 외교관 생활의 결론이었다. 그렇다. 외교관의 역할은 평화의 면(面)을 확대해나가는 것이다. 주재국, 국제기구, 국제 회의에서 하는 활동 모두가 평화의 면을 확대하기 위한 노력이다.

'외교가 실패하면 전쟁이 일어난다'

외교가 실패하면 전쟁이 일어난다. 그 대표적인 예가 2차대전이다. 1차대전 이후 2차대전으로 가는 과정에서 히틀러의 나치 독일 발흥을 막고 전쟁의 재발을 막기 위한 여러 외교적 노력이 있었다. 그러한 노력이 실패하면서 2차대전이라는 참혹한 전쟁이 일어났다. 이 과정에서 영국 체임벌린 수상의 소위 유화정책(Appeasement policy)이 큰 비판을 받았다. 그렇지만 유화정책은 워낙 논쟁적 이슈여서 그런지 지금도 이에 관한 많은 저작이 쏟아져 나오고 있다. 이와 관련해서 케네디 미국대통령(1960~1963)이 하버드대 재학 시절에 발표한 논문과 저서(《Why England slept》, 1940)의 주장에도 관심이 간다. 히틀러의 침략정책을 저지하지 못한 것을 1938년 뮌헨회담 당시 영국 수상인 체임벌린의 개인적 실책으로만 몰아가는 것은 적절치 않으며 영국 민주주의의 실패(Democracy's Failure)로 보아야 한다는 것이다. 당시 영국 정부의 국정운영능력 미비와 개인적 이해관계에 몰두한 정치인들에 더 큰 책임이 있다는 것이다.

최근의 우크라이나 전쟁도 마찬가지다. 역사적으로 러시아의 영향권 안에 있던 우크라이나가 서방권으로 기울면서 유럽의 안보조약(NATO)에 가입하려 했던 것이 근인이다. 이 문제를 적절히 처리하지 못한 외교의 실패가 전쟁을 불러왔다. 우크라이나에 대한 전쟁 물자 지원(특히 독일제 탱크) 문제와 관련 독일 내에서 '무기 대신 외교관을 보내라!'는 플래카드 시위가 등장한 것은 시사적이다.

외교관은 공인된 스파이

보통 현대외교의 전통은 15세기 이탈리아 반도의 작은 도시국가들 사이에서 생겼다고 한다. 이웃 도시국가에 외교관을 상주시키면서 그 나라 권력 내부의 동향, 군사 동향 등 정세를 살피고 혹시 자기 나라를 침략할 의도가 있는지 관찰하고 보고하게 했다. 요즈음과 같이 교통, 통신이 발달하지 않았던 당시에는 외교관이 비밀리에 인편으로 보내는 편지, 보고서가 유일한 정보소스였다. 자신이 모시는 군주를 위해 스파이 활동을 하는 것이 초기 외교관들의 주 임무였던 것이다.《군주론》(1513년 출간)을 쓴 마키아벨리도 한때 외교관으로 일했던 사람이다.

이러한 정보수집의 전통은 21세기인 지금까지 계속되고 있다. 외교관은 만나고, 관찰하고, 보고하는 직업이다. 정보수집과 보고가 일상이다 보니 '외교관은 타국에 파견된 공인된 스파이'라고 말하기도 한다. 여기에 잠깐 외교관과 정세보고의 의미를 보자. 외교관은 주니어 시절부터 쓰는 것에 익숙해진다. 각종 자료, 회의 면담기록, 공관에서 본부로 전산망을 통해 보내는 전문 보고서 등. 그래서 주니어 외교관의 업무 능력은 페이퍼 워크(Paper Work) 능력이다. 1등, 2등, 3등 서기관(Secretary)이란 호칭도 거기서 나왔다. 서기관은 비서다. 독자적 업무를 한다기보다 공관장인 대사를 보좌하는 비서다. 잘 듣고 잘 정리해서 보고서를 잘 만드는 직원을 상사들도 좋아한다. 해외공관에서 들어오는 보고서를 보면 그 공관의 역량을 금방 알아차릴 수 있다. 공관에 페이퍼 워크를 제대로 할 수 있는 직원이 없는 것은 공관장에게는 재난에 가까운 일이다. 자기가 직접 보고서를 써야 한다. 보통 피곤한 일이 아니다.

　뉴스와 각종 정보가 세계적인 통신사, CNN 등을 통해 24시간 쏟아지는 상황에 무슨 정세보고냐 할 수도 있다. 스피드에 있어서도 공관보고가 따라갈 수 없다. 그러나 언론사의 단순한 뉴스와 공관의 정세보고는 다르다. 상당수 공관 보고는 주재국 정부에서 나오는 것이다. 정부 간 정보를 독점적으로 취급하는 것이다. 공개되지 않은 비밀로 분류될 수 있는 것들이 많다. 또한 공관 보고는 부가가치(Added Value)가 더해진 것이다. 나는 늘 직원들에게 언론보도와 차별성이 없는 보고는 의미가 없다고 강조했다. 공관 보고는 최소한 관찰 및 평가, 추가 확인한 정보 등을 덧붙여야 한다.

연간 수십만 건의 전문보고

이런 말을 하기긴 좀 뭣한데 누가 나한테 외교관으로서 40년간 무슨 일을 했느냐고 물으면 끊임없이 외교전문(Diplomatic Cable)을 썼다고 이야기할 것 같다. 아마도 수천 건의 전문보고서를 만들어 서울에 보냈을 것이다. 대사가 되어서도 마찬가지였다. 외교관은 외교 전문을 쓰는 사람들이다. 주재국의 정세보고는 기본이고 회의 참석이나 누군가를 만나고 와서는 또 보고서를 쓴다. 외교관이 하는 일은 민간분야같이 쉽게 실적을 계량화할 수 있는 일이 아니다. 그래서 보고서가 중요하다. 보고서가 없으면 일을 한 게 아니다. 그래서 '외교전문을 쓰던 시절(Days of Writing Diplomatic Cables)'이라고 하면 외교관으로 활동했던 때를 의미한다.

1996~1997년간에 대만 핵폐기물의 북한 수출문제가 국내정치적으로 큰 이슈가 된 적이 있었다. 국회에서도 크게 논의되었다. 대만정부가 북한에 상당한 달러를 지급하고 핵폐기물을 북한땅(황해북도 평산의 폐광)으로 보내려는 움직임이었다. 당시 나는 북경 대사관 경제참사관으로 일하고 있었는데 어느 날 중국 외교부의 국제기구 및 환경 업무 담당 부국장급 간부와 만나 저녁을 했다. 이 문제를 포함해 여러 관심사에 대해 의견을 교환했다.

대화 도중 뜻밖에 이 간부가 대만은 중국 땅의 일부이니 폐기물을 저장할 곳이 없으면 중국으로 보내면 될 것이라고 이야기하는 것을 들었다. 자기들은 핵폐기물 처리 능력과 장소를 모두 갖추고 있기 때문에 문제 될 것 없다는 설명이었다. 식사를 하며 술을 곁들였던 나는 술이 확 깨는 느낌이었다. 저녁 후 바로 대화 내용을 정리해 본부에 보고했는데 서울에서 비상한 관심을 표시했다. 다음 날 아침 대통령 책상 위에 올라가는 보고서에도 포함됐다고 들었다.

이 건은 유종하 외무장관이 북경을 방문해서 첸치천 외교부장과 회담하고 중국 측 입장을 확인함으로 해결의 실마리를 찾았다. 대만은 결국 폐기물의 북한 이전을 포기하고 자체 수용하는 쪽으로 방향을 잡았다. 이처럼 때때로 예기치 않았던 정보교환이 외교적 난제를 푸는 데 크게 기여하기도 한다. 다만 나는 아직도 이 간부가 식사 중에 우연히 이야기한 것인지 아니면 의도적으로 중국 정부 입장을 전해준 것인지 잘 판단이 서지 않는다.

2019년 내가 인도에서 대사로 재직 중일 때의 이야기다. 인도 정부가 미국 등 20개국 대사를 초대해서 인도 북부 히말라야의 카슈미르를 전격 방문케 한 일이 있었다. 모디 정부의 카슈미르 지위 변경(자치지역에서 연방직할지로 변경해서 현지 모슬렘들의 상당한 반발이 있었다)에도 불구하고 카슈미르가 안정을 찾았음을 보여주려는 노력이었다. 전세기를 이용한 하루 동안의 빡빡한 일정이었는데 현지에서는 경호가 삼엄했다. 중국, 일본대사는 초대되지 못했는데 내가 돌아오자 쑨웨이동 중국대사(현 외교부 아시아담당차관)가 바로 면담을 요청해 왔다. 참사관 두 명을 대동하고 우리 대사관으로 온 쑨 대사는 카슈미르 방문 시 내가 보고 들은 것을 상세히 문의했다. 알다시피 카슈미르는 인도, 파키스탄, 중국 세 나라 간에 오랫동안 영토분쟁이 이어지고 있는 곳이다. 쑨 대사는 그곳의 현재 상황이 어떤지, 중국에 관해 언급한 일이 있었는지 등 여러 사항에 대해 관심을 표했다. 쑨 대사는 나의 발언을 상세히 북경에 보고했을 것이다. 정보 보고의 한 예다.

다만 언론보도와 큰 차이가 없는 전문 보고를 보내는 것에 대해서는 비판적 시각이 있다. 인도 부임 직후 중국대사로부터 들은 이야기다. 2016년 미국 대선 시 공화당의 트럼프 후보와 민주당의 힐러리 후보의 치열한 공방이 있었다. 워싱턴의 중국 대사관과 각 지역 총영사관들이 앞다투어 대선 추이와 전망을 보고했다. 재미있는 것은 뉴욕총영사관 외에는 모두 민주당의 힐러리 후보가 낙승할 것으로 보고했다고 한다. 그런데 결과는 알다시피 트럼프 후보가 승리했다. 공관 정세 보고의 한계를 보여준 에피소드다.

2019년 한 해 동안 우리 외교 공관과 외교부 본부 간에 오간 전문 건수가 대략 25만 건에 이른다. 미국은 연간 평균 2백 50만 건 정도의 전문이 오간다고 한다. 한국의 10배다. 내가 외교부에 처음 입부했을 당시 전문보고는 실제 작성자가 누구든 간에 현지 대사의 이름으로 외교장관에게 보고하는 형식이었다. 그 후 제도가 바뀌어 그 보고서를 실제로 쓴 직원의 이름도 명기하게 됐다. 전자시스템이 도입되고부터는 결재에 참여한 사람의 이름까지 나온다. 외교 전문 실명제다. 저작권자를 인정해 주는 셈이다. 해외공관이 보내는 수많은 전문을 본부에서 어느 정도 관심을 가지고 다루느냐 하는 것은 또 다른 문제다. 대부분의 정세보고는 본부 과장, 담당 사무관 수준에서 읽고 끝난다. 그중 극히 일부만 장관에게 보고된다. 아주 예외적으로 대통령에게까지 보고되는 경우도 있기는 하다.

한국 외교관에게는 북한 관련 정보수집이 핫 아이템이다. 특히 미, 중, 일, 러, 소위 4강 공관의 경우가 그렇다. "외교부 누구, 또는 싱크탱크 관계자 누구를 만났더니(Humint, 인간 정보) 지금 북한 정세를 이렇게 평가하더라" 등의 이야기다. 특히 김정일이나 김정은 등 북한 지도자의 해외방문 정보는 최고의 특급 정보다. 정보수집이 가열되다 보면 부작용도 생긴다. 주한 중국대사를 지낸 L 대사는 2006년 공직 파면과 공산당적 박탈이라는 최고의 징계를 당했는데 김정일의 극비 중국방문 관련 정보 누설과 관련이 있다는 설이 파다했다. 중국 외교부와 공산당 내 북한 관련 부서들에 대한 대대적인 감찰이 있었고 이 여파로 한동안 주중한국 대사관과 중국 외교부 간의 정상적인 커뮤니케이션 채널에도 문제가 있었다.

해외공관이 보내는 전보는 정세보고만 있는 것은 아니다. 요즈음은 국내정책 수립에 도움이 될 해외의 사례들을 수집, 분석하는 보고서가 중요해지고 있다. 양극화(포용성장), 저출산, 고령화, 노인복지, 청년실업, 기후변화, 환경, 전염병, 백신, 4차 산업혁명 및 고용변화, 디지털 경제 등이 주요 주제다. 정부가 특별히 관심을 두고 있는 정책 이슈들이다.

외교 역사상 가장 유명한 전문
외교 역사상 가장 유명한 전문은 전설적 미국 외교관 조지 케넌

(George Kennan, 1904~2005)이 쓴 소위 'X 전문'이다. 1946년 모스크바에서 참사관으로 재직 시 국무성에 보낸 정책보고서인데 장문의 전문 보고서여서 흔히 '롱 텔레그램(Long Telegram)'이라고도 불린다. 이 보고서의 중요성은 2차대전 후 미국 대외정책의 근간을 형성한 소위 봉쇄정책(Containment Policy)의 논리가 되었다는 것이다. 한 중견 외교관이 본부에 보낸 보고서가 미국의 핵심 대외정책이 되어 수십 년간의 미소냉전을 만들었다는 것은 우리 같은 직업외교관들에게는 특히 놀라운 일이다.

어떻게 이런 게 가능했던가? 당시 트루먼 행정부는 소련이 서방에 대해 왜 그렇게 적대적으로 나오는지를 알고 싶어 했다. 케넌은 이 장문의 전보에서 소련의 호전적이고 적대적인 정책은 마르크스 이데올로기와 공산정권 내부의 권력 속성에서 나온다고 분석했다. 그리고 그 대책으로 공산주의자들이 세계 어디에서든 국경선을 넘어 팽창하려 한다면 이에 적극 대항하여 좌절시킬 것을 제안했다. 끊임없이 좌절되면 소비에트 시스템은 약해지고 결국 붕괴할 것으로 예측했다.

조지 케넌은 이 봉쇄정책 건의로 하루아침에 미 국무성의 스타가 되었는데 여기에는 워싱턴에서 그를 강력히 후원해 준 멘토가 있었다. 제임스 포레스탈(James Forrestal, 1892~1949) 국방장관이었다. 그는 이 보고서를 워싱턴의 고위 정책수립가들에 적극적으로 소개했다. 이 보고서는 1947년 7월 '소련 행동의 원천(The Sources of Soviet Conduct)'이라는 제목으로 미국 최고의 외교정책 저널인 포린 어페어스(Foreign Affairs)에도 발표되어 국제정치학도의 필독 자료가 되었다.

그 후 조지 케넌은 모스크바에서 돌아와 국무성 내 외교정책실을 만들어 초대 실장으로 일했다. 그리고 주소련대사로 부임했는데 얼마 되지 않아 소련 정부의 기피인물(Persona Non Grata)로 지정되어 소련을 떠나야 했다. 서방 언론과의 인터뷰 내용이 문제가 된 것이다. 국무성을 떠난 뒤 그는 프린스턴 소재 싱크탱크에서 일했는데 러시아 역사에 관한 저서로 풀리쳐상을 받아 학자로서도 명성을 날렸다. 후에 그는 자신의 봉쇄정책 건의가 미국의 베트남 전쟁 개입 등 해외에서의 무리한 군사개입을 정당화하는 데 이용되었다고 비판했다. 자신이 건의한 봉쇄는 군사적 의미보다 정치 경제적 수단을 의미한 것이라고 주장했다. 그는 2005년 100세로 사망할 때까지 20세기 최고의 '지식인 외교관(Diplomat Intellectual)'으로 전설을 남겼다.

외교전문은 역사의 기록

외교전문은 역사의 기록이기도 하다. 외교관의 교섭 및 활동의 기록이 바로 외교사다. 그래서 전문을 쓸 때는 조선 시대의 사관이 왕조의 역사를 기록하듯이 정확해야 한다는 이야기가 있다. 외교 전문의 기록은 동시대 외교관들의 회고록이나 비망록보다 사료로서의 가치가 훨씬 크다. 회고록 등은 때때로 자신을 미화하거나 정확지 않은 기억에 의존해 쓰는 경우가 있기 때문이다. 각국은 보통 30년이 지나면 비밀 외교문서들을 분류해서 공개한다. 우리나라도 '연례 외교문서 공개 제도'(1994년부터 시행)에 의해 30년이 지난 기밀문서는 해제해 국민에 공개하고 있다. 공개 시 국가안보에 문제가 될 수 있는 내용은 공개를 제한하기도 한다. 그래도 대부분 문서가 공개된다.

한국전쟁이 김일성에 의해 사전에 치밀하게 준비된 남침이었다는 것도 소련과 동구권에서 기밀 해제된 극비 전문들에 의해 밝혀졌다. 그전까지는 남침이다, 북침이다 하며 서로 주장이 달랐고, 학계에서도 논쟁이 있었다. 외교 문서 공개로 그간의 논쟁이 일거에 정리됐다. 2020년 공개된 한국의 외교문서는 24만여 쪽에 달했는데, 노태우 정부 당시 헝가리 등 동유럽 국가와의 수교를 위해 거액의 차관을 건넨 사실 등 여러 외교 비화들이 노출됐다.

비밀이 해제되지 않은 외교전문들이 다량으로 외부에 유출된 일도 있었다. 2010년 내부 고발 전문 웹사이트 위키리크스(WikiLeaks)를 통해 25만여 건의 미국 등 여러 나라 외교전문이 언론에 유출됐다. 거기에는 온갖 내용이 포함되어 있었다. 미국의 고위 외교관들이 주재국 정부나 고위 정부 인사들을 혹평한 내용들도 있어 난처한 일이 벌어지기도 했다. 이같이 외교전문의 세계가 일반 대중에게 적나라하게 노출되어 큰 파문이 일었지만, 한편으로 긍정적인 효과도 있었다. 생각보다 외교관들의 보고가 상당히 흥미롭고 수준이 높다는 인상을 준 것이다. 미국 내에서 감탄이 나오기도 했다.

주중공사 부임

내가 2004년 두 번째로 북경에 부임 경제공사로 일할 때는 대사관 내 경제부회의 시 14개 부처에서 나온 주재관들이 참석했다. 당시 북경을 방문한 한덕수 외교부 통상교섭본부장(현 총리)이 국무회의하는 기분이겠다고 코멘트한 것이 생각이 난다. 경제부에서는 본부에서 관심을 가질 만한 갖가지 정보를 수집, 보고했다.

정보수집 활동을 위해서는 네트워킹(Networking)이 필요하다. 외교는 기본적으로 네트워크 비즈니스다. 우선 자기 업무와 관련된 주재국 정부 인사들과의 네트워킹, 즉 접촉선(Contact Point) 만들기는 기본 중의 기본이다. 이들과 신뢰할 수 있는 좋은 관계를 만들어 유지하는 것이 일을 하는 데 굉장히 중요하다. 그리고 그 외에도 외교관은 주재국에서 끊임없이 사람을 만나고 명함을 교환한다. 일단 많은 사람을 알아놓는 것이 필요하다. 나의 경우도 미국, 일본, 중국, 인도 등에서 만났던 사람들의 명함 수천 장을 지금도 명함철에 보관하고 있다. 매년 추려내어 숫자를 줄이고 있기는 하나 핵심 중의 핵심은 별도로 보관한다.

나는 네트워킹의 의미가 필요할 때 바로 연락 가능한 인적망을 만드는 것이라고 생각한다. 대사관은 양국관계와 관련한 온갖 일을 하기 때문에 필요시 엑세스(Access)가 가능한 인적 네트워크가 대단히 중요하다. 양국관계에 어떤 일이 발생할지 모른다. 본부로부터 어떠한 지시가 올지 모른다. 현지 기업이 어떤 SOS를 요청해 올지 모른다.

나는 외교활동에 꼭 필요한 사람은 가급적 집으로 초대하려 했다. 나의 네트워킹 비결이었다. 사람은 누구나 집에 대해 관심이 많고 특히 외교관의 집에 대해서는 호기심이 많다. 집에 초대받는 것은 기억에 오래 남는다. 북경에서 경제공사(2004~2007)로 일할 때 차오양구의 샤또우리전시(Chateau Regency)라는 아파트에 살았는데 그곳에선 거의 일주일에 한 번씩 만찬 행사를 했다. 재료비 등의 경비는 대사관에서 실비로 지원해 주었다. 아내가 조선 동포 아주머니의 도움을 받아가며 직접 파티를 준비했다. 내가 중국에서 가깝게 지낸 지인이라고 할 만한 사람들은 모두 이 집에 초대해서 어울렸던 사람들이다.

루하오 북경시 경제부시장(후에 공청단 제1서기, 흑룡강성 성장, 천연자원부 장관), 후시진 환구시보 총편집장(저명 칼럼니스트), 소설가 톄닝(중국작가협회 주석, 전인대 부위원장), 소설가 모옌(노벨문학상 수상), 류젠차오 외교부 대변인(중국공산당 대외연락부장), 린이푸 북경대 경제학 교수(세계은행 부총재), 리따오쿠이 청화대 경제학 교수(금융통화위원), 저명화가 짠지엔쥔(중국 유화협회 주석) 등이 모두 이 아파트에서 저녁을 함께한 사람들이다. 후에 북경에서 근무하던 후배 외교관의 메일을 받은 일이 있다. '많은 중국 사람이 대사님 근황을 물었는데 특히 당시 공사관저에 초대받아 교우했던 기억을 많이 이야기했습니다.'

물론 나도 외부 레스토랑에서도 파티를 하고 네트워킹을 했는데, 한번은 후배 외교관으로부터 뼈아픈 충고를 들었다. 내가 레스토랑에서 손님과 식사를 할 때 음식을 너무 적게 시킨다는 것이었다. 나는 음식을 많이 시켜 남기고 버리는 음식문화가 너무 싫었다. 환경오염이라고 생각했고, 어릴 때 아버지가 쌀 한 톨을 만들기 위해 농민들이 얼마나 고생하는지 아느냐고 나무라신 기억도 크게 남아있었다. 또 나랏돈을 쓰면서 가급적 경비를 아끼고도 싶었다. 그래서 좋은 분위기의 괜찮은 레스토랑을 선택하되 메뉴는 가성비가 높은 싼 음식을 시키고 또 음식의 양도 비교적 적게 주문하곤 했다. 지금 생각하니 파티를 주재한 사람으로서 바람직한 것은 아니었다고 생각한다. 그런데 지금도 이런 습성을 버리지 못하고 있으니….

중국에서의 '꽌시' 만들기

네트워킹과 관련 나에게 특별히 기억에 남아있는 사람들이 있다. 경제공사 당시 가깝게 지냈던 루하오(1967~)는 36세에 파격적으로 북경시 경제담당 부시장에 발탁된 떠오르는 샛별이었다. 현대 자동차 등 한국기업과 관련한 경제 행사에 자주 함께 참석했는데 그러다가 인간적으로도 친해졌다. 우리 아파트에 두 번이나 와서 저녁을 하고 가기도 했다.

그의 요청으로 나는 중국 진출 한국기업 CEO들과의 만남도 여러 차례 주선했다. 한국 재벌 기업의 북경 진출 시 심각한 문제가 발생했을 때는 그의 도움으로 해결하기도 했다. 그는 내가 도움을 청한 지 3일 만에 그 기업의 북경 진출을 허가해 주었다. 내가 요르단대사로 발령이 나자 중국에 이렇게 친구가 많은 외교관을 왜 중동으로 보내는지 모르겠다며 아쉬워했다. 그는 공청단(공산주의 청년단) 제1서기를 거쳐 흑룡강성 성장이 되었는데, 2015년 서울 방문 시 외교부를 통해 나를 수소문해서 삼청각에서 함께 식사를 하기도 했다. 2018년에는 천연자원부장관으로 취임했다. 장관 취임 후에도 나의 안부를 묻더라는 이야기를 지인으로부터 전해 들었다. 의리가 있는 사람이었다.

한국에서는 악명이 높지만 후시진 환구시보(環球時報) 총편집장도 가까이 지냈던 사람이다. 지금은 세계적 주목을 받는 유명 언론인이 됐지만 당시는 막 떠오르기 시작하는 작은 언론사의 40대 편집장이었다. 그의 강점은 논쟁을 유발할 만한 자극적 기사를 쓰는 능력에 있었다. 그는 기사에 대한 외부의 관심을 즐기고 있었는데 심지어 중국 외교부 그리고 북한 대사관으로부터도 항의가 들어온다고 자랑했다. 내가 환구시보는 중국 공산당 기관지인 인민일보 산하에 있는데 이렇게 자주 문제를 일으켜도 되느냐고 묻자 신문이 잘 팔려서 돈을 엄청 벌어들이는데 무슨 소리냐고 되려 정색을 했다. 그는 중국의 언론 환경이 많이 변해서 최고지도자들이나 공산당을 직접 비판하는 것만 아니면 얼마든지 자유롭게 기사를 쓸 수 있다고 말했다. 그는 2012년인가 서울에 방문해 한남동 우리 집에 와서 차를 나누다 갔다.

왕이 외교부장(현 정치국원)은 내가 북경에 참사관으로 일할 때부터 알았다. 당시 그는 아주국장이었다. 북핵 6자회담에서는 중국 측 대표로 참석했다. 대단한 워커홀릭이었다. 해외출장에 나서면 직원들이 안 따라가려고 한다는 이야기를 들었다. 너무 일을 시켜 출장 중에는 밤에도 거의 잠을 잘 수 없다는 것이었다. 한중일협력사무국(TCS) 사무총장 재직 시 북경을 방문했을 때, 외교부 접견실에서 그와 만났다. 나를 보자 반갑게 다가오며 "우리는 20년 친구"라고 말을 건네던 기억이 난다. 그는 외교부장이라는 엄청나게 바쁜 일정 속에서도 나와 40분 가까이 면담했다. 참모들이 만든 면담 자료를 들춰보는 눈썹 아래로 지친 그림자가 보였지만 일정 하나하나에 최선을 다하는 모습이었다. 그와는

2017년 문재인 정부 출범 후 내가 대중국 특사단의 일원으로 북경을 방문했을 때도 다시 만났다. 그는 "라오 펑요우!(老朋友, 오랜 친구의 의미), 라오 펑요우!"라고 하면서 반가움을 표했다.

내가 북경에 공사로 근무할 때 사귄 류샤오밍 대사도 기억에 많이 나는 인물이다. 나보다 한 살 아래였지만 당시 이미 주미공사, 주이집트 대사를 거쳐 공산당 외사판공실 부주임 자리에 있던 중국 외교부의 떠오르는 샛별이었다. 당시에는 왕이 외교부장보다도 더 잘 나갔다. 그는 역대 최연소(당시 51세)로 평양 주재 중국대사로 가게 됐다. 떠나기 전, 우리 부부와 함께 저녁을 했는데 남북한 관계가 개선되어 평양에 한국 대표부가 조속히 개설되었으면 좋겠다고 말하며 나보고 평양에 와서 같이 일하자고 했다. 그는 평양 근무 후 주영대사로 발령받았다. 고생한 데 대한 보답인지 모른다. 그렇게 10년간 주영대사로 근무했는데, 공격적인 외교 스타일로 중국 외교의 원조 늑대전사(Wolf Warrior)로 불렸다. 그만의 스타일 덕분인지 그는 현직 외교관으로는 드물게 트위터 팔로워가 10만 명이 넘는 스타 외교관이었다. 주영대사 퇴임 후 2022년 4월 한반도사무특별대표에 임명됐다.

북경 공사재직 시(2004~2007) 마오쩌둥 주석의 유일한 손자인 마오신위(毛新宇, 1970~)를 만난 것도 오래 기억에 남아있다. 그는 마오의 둘째 아들인 마오안칭의 아들이다. 나는 친분이 있던 마오쩌둥 대역 배우에게 요청해 그의 주선으로 어렵게 마오신위를 만났다. 그와는 북경 남쪽 향산 중턱의 청대에 지어진 찻집에서 몇 시간 대화를 나누었다. 그는 당시 인민해방군 군사과학원에서 마오쩌둥 사상 등에 대한 연구활동을 하고 있었다. 그는 먼저 북한을 다녀온 이야기를 하며 김정일 위원장 외의 모든 요인을 만났다고 했다. 한국전쟁 초기 미군 폭격기에 목숨을 잃은 큰아버지 마오안잉 무덤(평안남도 회창군 '중국인민지원군 참전사망자묘역')에도 가보았다고 했다. 마오 주석의 유일한 손자로서 그가 가진 상징성을 생각했을 때 북한이 최고의 대우를 했을 것이 틀림없다. 배석한 그의 비서는 북한이 너무 가난했다고 강조하던 말도 생각난다.

그는 자신이 일곱 살 때 마오 주석이 사망했다고 말하고 할아버지를 또렷이 기억하고 있다고 했다. 그리고 덩샤오핑과 비교하는 말을 여러 차례 했다. 할아버지를 위대한 인물(偉大人)이라고 반복해 말하면서 개혁 개방 후 덩샤오핑이 지나치게 부각되고 있다는 느낌으로 나에게 말했다. 키는 170센티 정도로 그리 커 보이지 않았으나 몸이 비대하여 100킬로 이상 되어 보였다. 의사가 경고하여 집에서 특별한 식단을 준비해 먹고 있다고 말했다. 그러면서도 찻집에서 내어오는 땅콩 등을 끊임없이 먹던 모습도 생각이 난다.

당시 나는 그를 한국에 초청했으면 하는 생각을 했다. 한국전쟁 때 북한에 인민지원군을 파견한 마오쩌둥 주석의 유일한 손자, 북중우호의 상징… 뭔가 의미가 있을 것 같아 한국 방문을 넌지시 제안했으나 그는 일단 사양했다. 한국의 어느 출판사가 자신의 서적 출판을 제의하면서 방한을 제안했으나 거절했다는 말도 했다. 나는 그 후 신임 우리 대사에게 마오신위 방한 초청을 추진해 볼 것을 부탁해두었는데 그와의 면담 자체가 되지 않았다는 이야기를 전해 들었다. 그는 2010년 나이 40세에 최연소로 인민해방군 육군소장(우리의 육군 준장)에 승진했는데 현재 중국 인민정치협상회의 위원으로 일하고 있다.

가봤어? 현장 출장의 중요성

외교관은 일단 현장을 가보는 게 중요하다. 현장을 알고 있다는 것은 외교관의 가장 큰 강점이다. 가봤다는 사람을 당할 수 없다. 우리 기업, 우리 국민이 있는 곳, 우리나라와 관련된 곳, 한국전 참전부대 등은 우선 가보아야 한다. 공직을 떠난 후 칼럼을 쓰게 되었을 때도 국제정치학자나 교수를 압도하는 것은 현장 경험이었다. 나는 직원들이 출장을 갈 때는 꼭 문화, 역사 공부도 하고 오라고 말하곤 했다. 많은 비용과 시간을 들여 어렵게 출장을 나갔다면 자투리 시간이라도 활용해 방문지에 대해 조금이라도 보고 경험하고 오는 게 옳다. 그렇지 않고 돌아오는 것은 국가예산 낭비. 여행은 영감의 원천이다. 출장을 통해 관찰하고 일에 접목해야 한다. 새로운 아젠다, 아이디어를 구상해야 한다.

중국에서의 두 차례 근무 시 많은 곳을 방문했다. 지방정부의 초청이나 우리 기업과 관련된 행사 참석이다. 그 이전 북경대 연수 시절의 개인 여행까지 포함하면 중국 전역을 거의 다 가보았다. 성과 직할 시 32곳 중 30곳을 방문했다. 마오타이주로 유명한 귀주성과 서북부의 닝샤아자치구만 가보지 못했다.

2015년 외교안보연구소장 재직 시 중국 시안 출장 기회가 있었을 때는 산시성 옌안 량자허 황토마을까지 찾아가 보았다. 시진핑 주석이 문화대혁명 중 17세의 나이에 내려가 7년간 지냈던 곳이다. 시 주석이 거주했던 토굴 황토방의 벽에는 약간 오른쪽으로 얼굴을 기울여 찍은 멜랑콜리 한 분위기의 청년 시절 사진도 걸려있었는데 지금의 시 주석 공식 사진 속 모습과 무척 닮았다. 나는 그 사진이 그의 내면 세계를 잘 나타내고 있다고 생각한다. 나를 안내하던 지방 관리들은 외교관이 이런 산골까지 찾아온 것이 처음이라고 놀라워했다. 역사에 워낙 관심이 많던 나는 중국 공산혁명의 지도자 마오쩌둥 주석의 고향마을 후난성 샤오산에 찾아가기도 했고, 중국의 국부 쑨원의 자취 그리고 국민당 지도자 장제스의 유적(난징, 그리고 저장성 봉화의 생가)들을 찾아다니기도 했다. 중국을 깊이 이해하기 위해서는 근현대 최고지도자들의 성장과정, 사상적 배경을 알 필요가 있다.

그 외에도 특별히 기억에 남는 것은 2011년 초 외교부장관 특사로 남태평양의 조그마한 섬나라들을 방문한 것이다. 솔로몬 제도, 바누아투, 나우르 그리고 인도네시아 남단의 동티모르 같은 곳이었다. 카타르와 치열하게 경쟁하고 있던 유엔기후변화회의(COP-18)의 한국 유치 지지 교섭을 위한 활동이었다. 먼저 호주 멜버른에 도착해서 '태평양의 진주'로 불리던 남태평양 섬나라들을 들락날락했다. 외교관 생활 중 뜻밖에 찾아오는 행운 중의 하나가 이런 것이다. 영화에서만 보던 남태평양! 언제 이런 기회가 다시 오겠는가? 참으로 아름다운 기억으로 남아 있다. 지금은 이 지역을 두고 쿼드(Quad)의 미국, 호주와 미국의 포위망을 뚫으려는 중국이 치열하게 영향력 경쟁을 하고 있다. 그곳을 가보았기 때문에 이 지역의 정세가 더 눈에 선하게 들어온다. 나는 언젠가 인도-태평양전략과 관련한 언론 칼럼을 쓴 일이 있는데 이때의 남태평양 현장 방문 경험을 인용했다. 언론사 측에서 특히 이 칼럼에 힘이 느껴졌다고 코멘트를 하는 것을 들은 적이 있다.

여성외교관 과반 시대,
외교가 '혼자 하는 비즈니스'가 되어가고 있다

○ 시대가 변하면서 외교가 '함께하는 비즈니스'에서 '혼자 하는 비즈니스'로 바뀌고 있다. 원래 외교관이라는 직업은 전통적으로 배우자의 역할이 큰 직업이었다. 배우자 수당이라고 하여 재정적 지원도 있다. 그런데 동반가족 없이 혼자 부임하는 경우가 갈수록 늘고 있다. 남녀 외교관에 공히 해당되는데, 비혼으로 싱글인 경우도 있고 배우자가 자녀들의 교육 문제 또는 직장 문제로 동반하지 않는 경우도 있다.

여성외교관 과반 시대

잠깐 이 장에서는 외교부 내의 젠더(Gender, 생물학적인 성에 대비되는 사회적인 성) 문제를 다루다 보니 '남성외교관', '여성외교관'이라는 표현을 쓰는 것을 이해해 주기 바란다. 한국 외교부에서 고시를 통해 여성이 외교관으로 임용된 것은 1978년 김경임 씨가 처음이었다. 나와 동기였는데 외무고시에 여성이 응시하여 합격했다고 하여 당시에 큰 화제가 되었다. 그는 문화외교국장 등을 거쳐 주튀니지대사(2003~2006)를 마지막으로 은퇴했다. 은퇴 후 그간의 경험을 살려 《클레오파트라의 바늘》등 세계문화유산의 약탈사에 관한 저서를 여러 권 출간했다.

그 후 6년의 공백이 지난 1984년, 다시 한 명의 여성 합격자가 나왔고, 뒤를 이어 띄엄띄엄 몇 사람씩 여성 합격자가 나왔다. 그러던 것이 2000년대 들어 여성 합격자 수가 급증하기 시작했다. 2000년대 10년간 전체 외시 합격자의 47%가 여성이었다. 2010년대에는 더 늘었다. 10년간 합격자의 57%가 여성이었다. 전체 합격자의 70%가 여성인 해(2016)도 있었다. 여성 합격자 수가 남성을 능가하는 추세는 지금도 계속되고 있다.

지금 외교부 본부 직원의 거의 절반이 여성이다. 한때 유엔과, 인권사회과, 문화예술협력과 등 여성들이 선호하던 과는 과장을 뺀 직원 전원이 여성인 때도 있었다. 외교부가 급격히 여성이 주도하는 부서로 바뀌고 있다. 한국이 세계에서 여성외교관의 비중이 제일 높은 나라가 아닌가 싶다. 앞으로 10여 년 뒤면 해외공관장(대사, 총영사)의 거의 반을 여성이 차지할 것으로 보인다.

무엇이 과거 남성들의 전유물로 보였던 외교관의 세계로 여성들을 끌어들인 것일까? 알다시피 원래 외교의 세계는 압도적으로 남자들의 리그였다. 미국의 경우에도 그랬다. 1970년대 초까지만 해도 미 국무성은 여성을 남성외교관의 배우자(Diplomatic Wives)로 생각했다. 부인들의 내조자로서의 기여도를 평가하는 항목(Annual performance review evaluating the hostess skills of Wives)도 있었다. 심지어 여성이 외교관으로 채용되었다 하더라도 결혼을 하면 국무성을 떠나야 했다. 영국의 경우도 마찬가지였다. 당시 여러 선진국에서 여성외교관이 하나의 완전한 주체로서 인정되지 않았다는 이야기다. 여성외교관은 해외 근무에도 남성과 다른 제한이 있었다. 동서 냉전 시기에는 여성외교관은 성적인 공작의 대상이 될 수 있다 하여 공산국가에 발령을 내지 않았다. 여성에 대한 여러 편견이 썬 제도를 가지고 있던 일부 이슬람국가에도 배치하지 않았다.

미국에서 여성외교관들에 대한 채용이나 해외공관 배치, 승진 등에 대한 차별이 많이 해소된 데는 앨리슨 팔머(Alison Palmer, 1955년 국무부 입부)라는 여성외교관의 노력이 큰 역할을 했다. 그가 1968년 제기한 여성외교관 평등 고용기회부여 소송에서 승소한 데 이어 여러 관련 소송이 2000년대 초까지 계속되어 지금의 법 제도가 마련됐다. 미국과 같이 인권을 중시하는 나라에서도 여성이 외교관 제도에 차별 없이 완전히 편입된 것이 2000년대 초에 이르러서였다는 것은 놀라운 일이다. 물론 그 이후 상황이 많이 바뀌었다. 지금은 미국도 많은 여성이 외교관으로 임용되고 있다. 최고위 외교관인 국무장관자리에도 클린턴 대통령 당시 매들린 올브라이트 국무장관(1997~2001)을 시작으로 조지 W. 부시 대통령 당시 콘돌리자 라이스 국무장관(2004~2008), 오바마 대통령 당시 힐러리 클린턴 국무장관(2009~2013) 등이 기용되어 크게 활약했다.

전 세계적으로 여성들이 대거 외교관으로 진출하고 있는 배경은 무엇일까? 아마도 여성들의 사회 참여라는 전 세계적인 추세와 관련이 있을 것이다. 한국의 경우는 나라의 국력이 급상승해 온 점과 관련이 있을 것 같다. 2005년도에는 〈프라하의 연인〉이라는 TV 드라마가 큰 인기를 끌었는데, 주인공이 여성외교관이었다. 2007년에는 반기문 외교장관이 유엔사무총장에 선출되어 나라 안팎을 놀라게 했다. 외교와 외교관에 대한 관심이 국내적으로 최고조에 달했다. 그때쯤 해서 여성외교관의 성공 커리어 북이 출간되기도 했다. 현직 여성외교관 김효은 씨가 쓴 《외교관은 국가대표 멀티플레이어》(2008)라는 책도 인기를 끌었다. 한국 외교부에 여성파워의 등장과 맥을 같이하는 것이었다.

두각을 나타내는 여성외교관들

나는 주니어 외교관일 때 외교관을 희망하는 여학생을 좌절시킨 일이 있다. 서울대 학보인 대학신문 동료기자의 여동생이었는데 나의 말을 듣고 외무고시 응시를 포기한 것 같다. 나의 논리는 여성에게는 외교관이란 직업이 너무 힘들다는 것이었다. 결혼 생활의 어려움 등 기회비용도 너무 크고…. 그때 나는 분명히 그렇게 믿었다. 그 후배 여성은 후에 일본 유학을 거쳐 서울대 국제대학원 일본학과 교수가 되었다. 지금은 선구자가 될 수도 있었던 잠재적 여성외교관을 내가 좌절시킨 것이 아닌가 미안한 생각이 들 때가 있다.

내가 과장으로 재직(1992~1994)할 때 연속으로 여성 사무관이 과에 배치되었는데 왜 우리 과에만 여성외교관을 계속 배치하느냐고 인사과에 가볍게 항의했던 기억도 있다. 그런데 2014년 내가 본부 간부가 되어 인사위원의 한 사람으로 직원들의 보직 인사를 했을 때는 국장 승진 인사에서 여성외교관에 도움을 준 일이 있었다. 당시 장관 주재 국장급 이상 간부회의에 여성이 한 명도 없다는 점을 제기한 것이다. 물론 지금은 간부회의에 참석하는 여성외교관들이 많다.

이러한 우여곡절을 겪으면서도 여성외교관들은 초기 남성 일색의 세계에서 자리를 잡으며 두각을 나타내기 시작했다. 1980년대에 입부한 백지아(주제네바대사), 박은하(주영대사), 오영주(주베트남대사)에 이어 1990년대에도 김효은(주세네갈 대사, 기후변화대사), 이미연(주스리랑카대사), 김은영(남아시아태평양국장), 오현주(주교황청대사), 서은지(주시애틀총영사), 강주연(국제기구국장), 정의혜(아세안국장), 이경아(공공문화외교국장) 등이 이들이다. 이들은 내가 직접 아는 사람들이고, 이들 외에도 많은 중견 여성외교관들이 중요한 보직에 있다.

이들은 그동안 남성 중심이었던 외교부에서 빠르게 입지를 넓혔다. 성취욕도 강했고 조직에서 인정받으려는 욕구도 매우 강했다. 초기에 입부했던 여성외교관들을 상관으로 모시고 일한 한 주니어 여성외교관의 코멘트를 들은 적이 있다. "남성들보다 훨씬 적극적(Aggressive)이었다. 고집과 자기주장이 강하며 사안에 대한 입장도 더 강했다. 아! 저래야 올라가는가? 이런 생각이 들었다. 여성이 남성과 체질적으로 다르기보다는 남성 위주의 조직 속에서 유리천장을 깨고 올라가려면 이래야 한다는 그런 모습으로 느껴졌다."

내가 직접 경험한 외국의 여성외교관들도 이런 경우가 많았다. 3국협력사무국(TCS) 사무총장 재직 시 사무차장으로 함께 일했던 일본 외교관 마쯔가와 루이(Matsukawa Rui)도 맹렬한 여성이었다. 동경대를 졸업하고 미국 조지타운대에서 석사 과정을 한 엘리트 여성으로 영어를 아주 잘했는데, 무엇보다 자기주장이 특별히 강했다. 때때로 의견이 달라 나와 다투기도 했다. 내가 가지고 있던 전통적인 일본 여성의 이미

지와는 많이 달랐다. 그는 일본 외무성으로 복귀한 뒤 아베 총리에게 픽업되어 정치에 뛰어들었다. 동경에서 개최된 세계여성대회 개최 실무 책임을 맡은 것이 인연이 되었다. 그리고 고향인 오사카 지역구에서 참의원 의원으로 당선되었다. 언젠가 'Life is full of Wonder(인생은 정말 모르는 것)'이라고 시작되는 장문의 안부 메일을 보내오기도 했다. 자기가 정치를 하게 될 줄은 정말 몰랐다고 했다.

내가 한중수교 초기 과장 때부터 알고 지낸 중국 외교부의 푸잉(Fu Ying)도 대단한 여성이었다. 그도 영어를 잘했다. 주니어 때는 덩샤오핑 등 중국 지도자의 영어 통역을 했다. 아주국장을 마치고 영국 등 주요국 대사를 지낸 뒤 외교부 부부장(차관)까지 올랐다. 그리고 우리의 국회 격인 전인대의 외교위원회 주임(위원장)도 했다. 지금은 중국 북경의 칭화대 국제전략안보연구센터 주임을 맡고 있다. 북경과 서울에서 자주 만났는데, 외모는 부드러웠지만 차가운 여걸이었다. 중국 외교부 후배들의 평도 비슷했다. 왕이 외교부장과 마찬가지로 일에 대한 요구 수준이 너무 높아 푸잉이 해외 출장을 갈 때는 가급적 안 따라가려 했다고 한다.

군대식 남성문화의 소멸

한국 외교부에서 여성외교관의 역할은 2017년 문재인 정부 들어 첫 외교부장관으로 강경화 씨가 임명되면서 더욱 두드러졌다. 그는 "광화문의 불 꺼지지 않는 밤"이라는 말을 유행시켰던 워커홀릭 스타일의 전임 윤병세 장관 시절(2013~2017)의 직장문화를 많이 바꾸었다. 밤늦게까지 사무실에 남아 일하던 관행이 정시에 퇴근하는 문화로 바뀌었다. 육아 문제 등에 시달리던 젊은 외교관들로부터 특히 환영을 받았음은 물론이다.

여성들이 대거 진입하면서 한국 외교부의 조직문화에도 큰 변화가 나타났다. 상명하복, 잦은 회식, 술문화 등 군대식 남성문화와 밤늦게까지 남아 일하는 라이프 스타일이 거의 사라졌다. 이러한 흐름은 남녀를 불문하고 외교부 젊은 세대의 일반적인 분위기로 자리 잡았다. 지나치게 개인주의적인 웰빙문화가 자리 잡았다는 비판도 있다.

외교부 유튜브에는 '여성, 외교관으로 산다는 것'이라는 제목의 영상이 있다. 외교부의 현직 과장으로 있는 두 명의 여성외교관이 대학생 청중들과 나눈 대화다. 청중들의 질문 중에 많았던 것이 여성외교관이어서 힘든 점이 무엇이냐? 일과 가정 사이의 균형이 가능하냐? 등이었다. 여성 과장 중의 한 사람이 "여성이라고 해서 특별히 힘든 점은 없었다. 그러나 일과 가정을 동시에 다 하려는 것은 지나친 욕심이다. 하나의 희생은 불가피하다"고 대답하는 것을 보았다. 이제 여성도 가정을 희생하고 일에 집중할 수 있는 시대가 왔다는 이야기 같기도 했다. 솔직히 놀랐다.

여성외교관의 고충
여성외교관들이 공통적으로 겪는 어려움 중의 하나가 결혼 문제다. 해외 근무를 자주 해야 하는데 결혼 파트너를 구하기가 쉽지 않은 점이다. 그래서 결혼 시장에서의 인기도가 바닥 수준이라고 자조하기도 한다. 세계적 경제학자이자 미래학자인 자크 아탈리가 '2030년이면 결혼 제도가 사라지고 90%가 동거로 바뀔 것'이라고 말했다지만 어쨌든 아직 한국에서 결혼 문제는 현실이다. 해외 근무에 있어서도 초기에는 여성외교관들을 배려해 주기도 했다. 근무 조건이 좀 나은 선진국으로 우선 배치하는 것이다. 남성외교관들이 역차별이라는 이야기를 했다. 그런데 그 후 상황이 많이 달라졌다. 여성외교관 수가 급증하면서 그런 고려를 할 수 없게 된 것이다. 지금은 여성외교관들도 아프리카 등 오지 근무가 많다.

여성외교관들의 어려움은 육아 등이 문제가 되는 결혼 초기에 특히 많이 나타난다. 2015년 내가 국립외교원에 있을 때 입부 6년 차 정도 되던 여성 사무관으로부터 아주 솔직한 이야기를 들을 기회가 있었다. "입부 다음 해에 금융회사 직원과 결혼했다. 첫 해외공관 근무는 동남아였는데 남편은 서울에 남아 직장 생활을 했다. 친정어머니가 나와 함께 생활하면서 자녀 둘의 육아를 도와주었다. … 처음 외교부에 들어올 때는 입신양명의 꿈이 있었다. 그러나 결혼하고 아기가 생기면서 생각이 점점 바뀌었다. 웰빙, 가족 중심이 되어갔다. 해외공관에 나갈 때도 아기와 같이 갈 수 있는 공관, 남편이 쉽게 올 수 있는 공관을 찾게 됐다. 과거에는 미국이나 유럽 등 선진국이 선호 공관이었으나 요즈음은 동남아가 서울에서 가깝고 육아에도 좋아 오히려 인기다. 가사도우미, 운전기사를 싼 임금에 구할 수 있고 집도 넓게 쓸 수 있기 때문이다. … 젊은 여성 직원들의 경우 가급적 아기를 키우고 나가려 하기 때문에 공관 근무를 미루는 경우가 많다. 본부는 너무 힘들어 육아휴직을 할 수밖에 없다. 아니면 아기 얼굴을 볼 수가 없으니까. … 소위 잘 나가는 과에서 근무할 기회가 생겨도 사실은 그렇게 가고 싶은 생각이 없다. 일찍 퇴근할 수 있는 국립외교원이 선호부서다."

요즈음은 남성들의 경우에도 흔해졌지만 여성외교관들의 경우에는 특히 해외 근무 시 배우자가 동반하지 않는 경우가 많다. 그래서 불가피 기러기 가족들이 많다. 반면 외국에서는 결혼 후 남편이 직장을 포기하고 외교관인 아내를 계속 따라다니는 경우를 더러 보았다. 이 경우 보통 남편이 프리랜서(화가, 작가 등)였고 육아 등을 남자 쪽에서 챙겼다. 인도 근무 시 노르웨이 여성외교관을 동반해 뉴델리로 온 남성 배우자를 만난 적이 있다. 그동안 노르웨이에서 부인과 동거하며 세 자녀를 낳아 키웠는데 인도 발령이 난 부인을 따라오려니 어쩔 수 없이 '귀찮은' 결혼을 했다고 했다. 법적 결혼을 하지 않고서는 외교관 동반 비자가 나오지 않아 그랬다고 했다. 굳이 법적 결혼을 하지 않고 동거만 해도 부부로서 아무런 문제가 없는 복지국가 노르웨이의 특별한 경우였다. 부인은 대사관에서 일하고 자기는 세 자녀 키우며 애들 챙기고 현지 노르웨이 학교에서 어린이들 풋볼 코치를 하고 있다고 했다.

외교관은 아니었지만, 남녀의 전통적인 역할을 바꾸어 생활하는 현대적 뱅커 가정을 요르단 근무 시 보았다. 캐나다 국적의 부부였는데 부인은 세계적 금융기관인 HSBC은행의 중견 간부로서 당시 요르단 암만의 지점장이었다. 부인이 상하이, 서울, 싱가포르, 런던 등으로 발령이 날 때마다 남편은 함께 옮겨 다녔다고 했다. 파티에서 지점장인 부인과 먼저 인사를 나누었고, 함께한 남편에게 무엇을 하는 분인지 물었더니 그는 약간 머뭇거리다가 자신을 풀타임 대디(Full time Daddy)라고 소개했다. 아내와는 캐나다 고등학교 시절부터 학교 커플이었고 아홉 살, 일곱 살 난 두 아들을 두고 있다고 했다. 대학 시절에는 미술을 전공했는데 결혼 후 어느 때부턴가 아내는 은행 일에 전념하고 자기는 집안에 남아 육아에 전념하고 있다고 했다. 애들이 어릴 땐 기저귀 가는 것부터 시작해 온종일 애들을 챙겼다고 한다. 애들이 초등학교에 다니고부터는 숙제 챙기는 일부터 피아노 레슨 등 방과 후 과외활동까지 책임지고 있다고 했다. 물론 아침에 애들을 학교까지 데려다주고 오후에 픽업하는 일까지도 자기가 하는데 다행히 요르단에서는 필리핀계 보모를 두고 있다고 했다.

부내 결혼을 통한 커플 외교관도 많이 탄생했는데 이 경우도 나름으로 어려움이 많은 것 같다. 같은 직장에 있다 보니 보직이나 승진, 특히 해외 근무 문제 등에서 스트레스가 가중된다고 한다. 인사 면에서는 이러한 커플 외교관들을 배려하기도 한다. 예를 들면 같은 도시에서 일할 수 있도록 하는 것이다. 커플 중 한 사람은 유엔대표부, 다른 한 사람은 뉴욕총영사관에 발령을 내어 뉴욕에서 함께 생활할 수 있도록 하는 것이다. 또 파리에 있는 우리 대사관과 주유네스코대표부에 발령을 내는 경우도 마찬가지다. 인력 규모가 큰 공관에 함께 발령 내는 경우도 있다. 내가 일했던 주인도 대사관이 그런 경우가 많았다. 소규모 공관에 부부를 함께 발령 내기는 쉽지 않다. 그런데 한국의 해외공관의 80%

이상이 외교관 5인 규모의 소규모 공관이다. 그렇다고 워싱턴이나 뉴욕 같은 선진국 공관에 함께 발령을 내면 특혜 시비가 있을 수 있다. 그래서 생활조건이 좋지 않으면서도 규모가 큰 인도 같은 곳이 제격이다. 외교관이 본부 과장급 이상 시니어가 되면 같은 공관에 근무하기가 더욱 어려워진다. 서로가 그동안 자신이 해온 전문분야를 찾아 경력 관리를 해야 하기 때문이다. 이 경우 각자 떨어져서 생활할 수밖에 없다.

'함께하는 비즈니스'에서 '혼자 하는 비즈니스'로

여성외교관이 대거 늘어나고 부부가 함께 일하는 시대로 바뀌면서 외교관이라는 직업의 파트너십도 크게 변하고 있다. 외교관이라는 직업은 전통적으로 배우자의 역할이 큰 직업이었다. 외교관의 배우자가 된다는 것은 하나의 독립된 직업을 갖는 것과 마찬가지였다. 나의 경우 아내는 힘든 외국 생활의 심리적 안전판이었다. 그리고 외교파티의 세심한 조력자이자 주재국 인사들과의 네트워킹의 동반자였다. 가족과 함께하는 네트워킹은 훨씬 친밀감을 주고 기억에도 오래 남았다.

본국을 떠나서 낯선 땅에서 3~4인의 공관원이 서로 부대끼면서 살아야 하는 외교관의 세계는 사실 어느 직업보다 가족들의 정신적 도움이 필요한 직업이다. 가족들과 함께 시간을 보내는 소소한 즐거움의 중요성은 말할 필요도 없다. 가족은 가치를 따질 수 없을 정도의 자산인 것이다. 그런데 시대가 변하면서 동반가족 없이 혼자 부임하는 예가 늘어나고 있다. 외교가 '함께하는 비즈니스'에서 '혼자 하는 비즈니스'로 바뀌고 있는 것이다. 배우자의 성격도 '외교관 부인(Diplomatic Wife)'에서 '외교관 배우자(Diplomatic Spouse)'로 바뀌다가 아예 '배우자'가 없어지고 있다. 일로서나 정신적으로서나 파트너의 도움이 중요한 외교관의 세계에서는 큰 전력상의 손실로 느껴진다.

배우자가 동반하지 않는 경우는 외국에도 많이 나타나고 있다. 최근 EU 국가들은 공관장 배우자로서 해외에 나간 경우, 국내에서 일한 것으로 인정해 주는 방안도 검토했다고 한다. 직업을 가지고 있는 공관장 배우자의 은퇴 후 연금상의 불이익을 해소해 주기 위해서라고 한다. 이러한 현상은 더욱 가속화될 가능성이 있다.

이제 여성외교관들이 외교 세계의 주력으로 등장하는 것이 대세인 시대가 되었다. 좀 더 근원적인 의미에서 그 의미를 챙기면서 여성외교관들의 등장을 보아야 할 때다. 젠더 간의 다른 특성들이 조화롭게 윈-윈(Win-Win)할 수 있는 조직문화를 만들어가야 할 것이다. 근래에 만난 한 인도네시아 여성외교관이 "여성은 덜 폭력적이어서 평화를 사랑한다. 따라서 이 세상이 여성외교관들로 덮이면 전쟁이나 싸움이 덜 일어날 것이다"라고 말하는 것을 들은 적이 있다. 재미있는 이야기다. 2018년 9월 캐나다 몬트리올에서는 처음으로 '여성외교장관회의(Women foreign minister's Meeting)'라는 것이 창설되었는데 첫 회의 주제가 '외교정책에 있어서 여성들의 시각 반영하기'였다. 여성외교관은 기본적으로 남성외교관과 다른 여성만의 특별한 관점이 있다는 이야기다. 그럴 수도 있을 것 같다. 앞으로는 남성외교장관회의도 생길 수 있다. 외교 조직에 있어서의 젠더의 급격한 변화를 어떻게 조직발전의 긍정적 동력으로 만들어가느냐 하는 문제가 중요한 아젠다다.

MZ 세대가 가져온 엄청난 변화

여성외교관의 급격한 증가와 함께 한국 외교부의 조직문화의 급변을 가져온 또 하나의 요인은 MZ 세대의 본격 등장이다. MZ 세대는 밀레니얼 세대와 Z세대(Z의 의미에 대해서는 여러 다른 해석이 있다)를 합친 것으로 1980년대 이후 태어난 20~30대의 청년계층을 말한다.

왜 MZ 세대에 집중해야 하는가? 1980년대는 '정보화 사회'의 시작이며 무한경쟁, 개인주의를 확산시킨 '신자유주의'의 시작이었다. 이 시기에 성장한 MZ 세대는 인터넷, 스마트폰, 소셜미디어 같은 신기술의 혜택을 본격적으로 누리고 살았다. 가치관이 자유롭고 개인주의 성향이 강하다. 자기만의 특별한 일을 즐긴다. 로망을 실현해야 직성이 풀린다. 욜로(YOLO, You Only Live Once) 라이프스타일이다. 조직과 국가를 위해 희생하며 살아온 베이비붐 세대 그리고 가난에서 벗어나고자 억척스럽게 살아온 부모 세대와는 확연히 구별된다. 그러나 꼭 축복받은 세대라고만은 할 수 없다. 일자리 부족, 집값 폭등으로 절망감이 크다. 미래에 대한 확신이 없으니까 결혼도 기피한다. 애를 낳지 않는 부부가 늘어나고 있다. (김난도 교수, 《트렌드 코리아 2022》)

MZ 세대의 본격적 등장은 한국 외교부의 조직문화에도 엄청난 충격을 가져왔다. MZ 세대에게 일은 생계보다 자아실현이자 일상을 행복하게 해주어야 하는 필요조건의 성격이 강하다. 치열한 생계 활동 이후

방전된 영혼을 채우는 시간을 무엇보다 중요시한다. 업무 효율과 자존감 모두를 중시한다. 괴로움을 인내하며 성장하는 것보다 현재의 행복을 찾는 세대적 특성을 가지고 있다.

그러다 보니 조직에 대한 충성을 우선시해 온 시니어 세대와 때때로 갈등을 일으키기도 한다. 최근 외교부 본부의 어느 과장은 직원들에게 일을 시켰을 때의 반응을 '스리 요(Three Yo)'라는 말로 희화화했다. '제가요? 왜요? 오늘요?'

동남아 지역 주재 대사를 지내고 귀국한 후배에게서 들은 이야기다. 자신은 부임 직후부터 주재국과의 경제 통상관계를 획기적으로 강화하기 위해 태스크포스(Task Force)를 여럿 만드는 등 의욕적으로 일을 시작했다고 한다. 그런데 어느 날 직원 5명이 단체로 면담을 신청하더니 더 이상 대사의 지시를 따르지 못하겠다고 하면서 강력히 반발했다고 한다. 이 직원들은 대사를 갑질로 본부에 신고하는 것까지 생각했으나 개인의 출세나 영달을 위해 그러는 것이 아니라고 생각해서 이런 선에서 끝내기로 했다고 한다. 이 후배 대사는 원래 워커홀릭으로 유명하기는 했으나 이런 일까지 당하리라고는 생각지 못했을 것이다. 씁쓸한 이야기였다.

꼰대와 MZ 세대

MZ 세대는 또한 극단적 격차시대에 태어나 공정을 갈망하는 특성이 있다. 불공정, 불평등을 참지 못하며 의사 표시를 분명히 한다. 권위주의적 행태, 소위 갑질, 을질 등에도 민감하다. 이에 따라 상사나 동료 직원들에 대한 다면평가에도 적극적으로 자신들의 생각을 나타낸다. 과거 자기가 모셨던 상관이나 같이 일했던 동료들에 대해서는 부정적 의견이 있더라도 가급적 표시를 하지 않았던 선배 세대와는 많이 다르다.

이에 따라 시니어 외교관 중에는 매사에 말조심을 하느라 꼭 필요한 이야기 외에는 말을 잘 하지 않는 이들도 있다고 한다. 해외공관장들도 직원들의 눈치를 보는 경우가 많아졌다. 해외공관 전체를 연결하는 인터넷 카톡방이 만들어져 정보가 교환되는 상황이니 그럴 수밖에 없다. 특히 갑질이나 을질, 성 문제 등의 구설에 오르면 치명적이다.

이러한 상황 속에서 사무실의 분위기가 훨씬 삭막해졌다고 말하는 사람들도 있다. 근래 본부 국장을 마치고 해외공관장으로 나간 한 외교관은 나에게 이런 말을 전해주었다. 그동안의 외교부 생활 중 지난 3년간의 서울 근무가 제일 재미가 없었다. 국장이 되었을 때 본부의 차관보급 선배가 불러 세 가지를 당부했다. "아랫사람에게 밥 먹자는 소리(회식) 하지 마라, 절대 야단치지 마라, 특정 직원을 칭찬하거나 편애하지 마라." 그는 본부 생활이 너무 황량했다고 말했다.

급격히 바뀌는 문화에 적응하지 못하는 시니어 외교관들 사이에는 자조 섞인 말도 나왔다. 한 전직 대사는 "감정이 전혀 없는 로봇들이 일하는 것과 뭐가 다른가?"라며 약물을 주입해서 감정이라는 것을 빼낸 인간 사회의 모습을 그린 영화를 본 적이 있다고 했다. 아무런 감정표현이 없는 인간 간의 생활 그리고 그것을 평화라고 했다는 것이다.

물론 MZ 세대라고 모두 획일적으로 평가하는 것은 곤란하다. 개개인이 큰 차이가 있을 수 있다. 다만 외교부가 과거와 같은 야성을 잃었다. 치열함을 잃었다는 비판이 있는 것은 사실이다. 일에 대한 태도와 헌신도 과거보다 못하다는 것이다. 몇몇 핵심 부서를 제외하면 칼퇴근이 당연하게 생각된다. 그렇지만 동기유발이 될 경우 엄청난 성과를 가져온다고 평가하는 사람들도 있다. 특히 MZ 세대는 IT에 능해서 때로는 짧은 시간에 놀라운 것을 만들어온다는 것이다. 어떤 방식으로 동기유발을 시키느냐가 중요하다는 지적이다.

MZ 세대는 계급, 직위 자체에 대한 존경은 없다. 존경의 기준은 '나한테 감동을 준 게 있느냐, 나의 가슴을 뛰게 한 게 있느냐'에 있다. MZ 세대가 가져온 변화에 대해서는 구세대가 적응하는 수밖에 없다. 애국심, 사명감만을 강조하던 시대는 지났다. 꼰대식은 더 이상 통하지 않는다. 일을 즐길 수 있는 문화를 만들어줘야 한다. 외교부 본부 그리고 해외공관에 MZ 세대의 세대적 특성을 이해하고 적극적으로 활용할 수 있는 리더십 역량이 절실하다.

경기고 재학 시절 수유리 맏형님 댁에서(1972). 오른쪽 두 번째가 필자, 그리고 부친과 형제들.

부모님의 서울 나들이. 퇴계로 '한국의 집'(1998). 부친은 17세에 만주땅(지금의 중국 동북 3성)으로 가서 20대의 나이에 큰 재산을 이룰 정도로 진취성과 역량을 갖춘 분이었다.

서울대 '대학신문' 학생편집장 시절
(1975). 필자는 대학 생활 첫 2년을 완
전히 학교신문에 빠져 지냈다.

노신영 전 국무총리 내외분과 함께(1997).
주니어사무관 시절 노신영 외무장관의 수행비서로 일했다.

특수정책과장 시절 러시아 외교부 방문(1993). 수히닌 한국과 차석(후에 주북한대사), 톨로라야 한국과장(후에 주한대사관 차석)과 함께.

북경 참사관 겸 총영사 시절 〈패왕별희〉를 제작한 거장 첸 카이거 감독과 함께(1997).

주샌프란시스코 부총영사 시절, 일본 총영사 관저 파티에서 다나카 히토시 일본 총영사 부부와 함께(1999).

함경도 신포 경수로원전 건설현장(2002). 미북 간 제네바핵합의(1994)에 따라 KEDO(한반도에너지개발기구)는 함경도 신포에 1000메가와트급 경수로원전 2기를 건설하고 있었다.

북한 경수로원전지원기획단 특보 당시 신포 원전 건설현장 방문(2002).

함흥시 중심가 아파트 단지의 황량하고 스산한 모습(2002).

평안북도 묘향산 입구의 향산호텔 전경(2002).
KEDO대표단은 주로 이곳에서 북한 측과 회의를 했다.

묘향산에 있는 김정일국제친선전람관 앞에서 안내원들과 함께(2002).
산을 옆으로 파고 들어간 거대한 터널 시설 내에 5만여 점의 선물이 전시되어 있었다.

평양 근교 고방산초대소 내의 숙소 모습
(2002). 김일성, 김정일 부자의 사진이 걸
려있다.

평양 능라도 '5월 1일 경기장'에서 아리랑 축전
관람(2002). 북한만이 할 수 있는 그로테스
크한 전체주의 집단공연이었다.

김일성광장 앞에서 북한 신혼여행 부부와 함께(2002).
내가 다가가자 "서울에서 왔습니까?" 하면서 먼저 반갑게 인사를 건네왔다.

외교부 공보관(대변인) 시절(2004).

이라크 김선일 사건 관련 브리핑(2004). 당시 이 사건은 엄청난 국민적 관심사였으며 외교부 기자실에는 TV 카메라들이 24시간 대기하고 있었다.

중국 마오쩌둥 주석의 유일한 손자인
마오신위 군사과학원 연구원과 함께
(2006). 북경 근교 향산의 찻집.

북경 경제공사 시절 루하오 북경시 경제부시장과
각별히 가깝게 지냈다(2007). 그는 그 후 공청단
제1서기, 흑룡강성 성장, 천연자원부장관 등으로
승진했다.

북경 경제공사 시절 자택 파티(2006). 오른쪽 두 번째 소설가 모옌(노벨문학상 수상), 세 번
째 저명작가 톄닝(중국작가협회 주석) 그리고 한국특파원 박승준(조선), 하종대(동아), 이지
운(서울), 소설가 김정현 등.

요르단 국왕에게 신임장 제정 후
왕실 의장대 사열(2007).

요르단왕국 라니아
왕비와 함께(2009).

압둘라 2세 요르단 국왕과 환담하는 필자(2010).
한국은 사상 최초로 요르단에 연구용 원자로를 수출했다.

서울 광화문 에스타워 20층에 위치한 한중일협력사무국(TCS) 개소식(2011). 왼쪽부터 마츠카와 루이 일본 측 사무차장(현 참의원 의원), 무토 마사토시 일본대사, 김성환 외교부 장관, 필자, 장신성 중국대사, 마오닝 중국 측 사무차장(현 중국 외교부 대변인).

한중일협력사무국(TCS)을 방문한 하토야마 유키오 일본 전 총리와 함께(2011).

브뤼셀에 위치한 EU 본부 방문, 고위 관계자들과 면담(2013).

TCS 사무총장 시절 왕이 중국 외교부장 면담(2013).
왕이 부장은 "우리는 20년 친구"라고 반겼다.

황병태 주중대사와 장쩌민 중국 국가주석(1993).
황 대사는 한중수교 초기 주중대사로서 중국 정부로부터 최고의 대우를 받았다.

뉴욕 맨해튼 유엔사무총장 관저에서 반기문 유엔사무총장 내외분과 함께(2012).

미국 워싱턴 국제전략문제연구소(CSIS) 방문. 빅터 차 한국석좌(조지타운대 교수), 박철희 서울대 교수(국립외교원장)와 함께(2015).

외교부 장관 특사로 남태평양의 솔로몬제도, 바누아투, 나우르 방문(2011).

서울 한남동에서 벳쇼 고로 주한 일본대사(현 일본 천황 시종장),
이와타니 시게오 한중일협력사무국(TCS) 사무총장 내외와 함께(2015).

서울 삼청동에 위치한 북한대학원대학교.
나는 이곳에서 북한학 석사와 박사학위를 받았다(2015).

북경대 교정에서(2013).
나는 주중대사관 근무 전 북경대에서 1년간(1995) 중국어 연수 과정을 거쳤다.

연세대 국제학대학원 객원교수 시절 학생들과 함께(2016).
나는 이곳에서 '한반도 국제정치', '중국 현대 국제관계론'을 강의했다.

중국 산시성 옌안 량자허 황토 토굴주택 앞(2015).
시진핑 주석이 문화대혁명 당시 17세 나이에 내려와 7년간을 보낸 곳이다.

문재인 정부 출범 직
후 중국특사단의 일원
으로 인민대회당에서
시진핑 주석과 면담.
오른쪽 두번째가 필자
(2017).

람 나트 코빈드 인도 대통령에게 신임장 제정(2018).

한국전 참전 인도 의료지원부대 방문 부대원 격려(2018).

인도 안드라프라데시(AP)주 아난타푸르에 건설된 기아차 공장 준공식 참석 축사(2019).

인도 최대의 IT 서비스기 업 TCS(타타그룹) 첸나 이 캠퍼스 모습(2019). 공상우주과학 영화에 나 오는 건축물 같다.

인도 동부 오디샤주 방문 시 공항 입구에 걸려있던 거대한 환영 간판(2019).

부처님이 첫 깨달음을
얻은 인도 비하르주
보드가야 소재 마하보
디탑 앞에서(2019).

시크교 성지인 펀자브주 암리차르의 황금사원에서 자그딥 싱 한국명예총영사 부부와 함께(2019).

몰디브 개최 인도양회의 참석 시
해리 해리스 주한미국대사와 함께(2019).

내가 찍어 페이스북에 올린 이
사진(삼성전자 이재용 회장)
으로 한바탕 소동이 있었다
(2019). - 267쪽

인도 네루 가문의 황태자 라훌 간디 의원과 함께(2019).
나는 야당지도자인 간디 의원과 보좌관들의 한국 방문을 어렵게 주선했다.

문재인 대통령의 인도 국빈 방문(2018).
인도 정부는 이례적으로 곳곳에 대형사진 입간판을 내걸 정도로 문 대통령을 환영했다.

문재인 대통령과 나렌드라 모디 인도 총리 간의 청와대 정상회의(2019).
모디 총리는 한국을 인도 경제 발전의 모델로 생각하고 한국에 엄청 공을 들였다.

필자가 3년 6개월을 보낸 뉴델리 대사 집무실
모습(2020). 책상 위에 코로나19 전파 방지용
셀룰로이드 가림막이 보인다.

코로나19 대확산 당시의
인도(2020). 대사관 영
사들은 교민 보호를 위
해 사투를 벌여야 했다.

코로나19 기간 중 개최된 인도태평양지역 공관장 화상회의 모습(2020).

주인도대사관저를 배경으로 아내와 함께(2018).
관저는 건축가 고 김수근이 설계한 무굴제국풍의 대저택으로
이범석 대사 당시인 1978년에 완공됐다.

새로 설계 건축한 주인도대사관 정문 앞에서
대사관, 한인회, 상공인회 관계자들과 함께(2019).

대사관저에서 개최된 국경일 리셉션(2019).

방배동 외교협회 청사에서 개최된 23대 한국외교협회 회장 취임식(2023).
반기문 전 유엔사무총장 등 많은 외교 원로들이 참석했다.

가족(2016).

강릉 경포대 해변에서 손주들과 함께(2022).

가족(2024).

형제들(2019).

친지들과 고향에서(2002년경).

○ 4장

특명전권대사라는 자리 。

관저와 외교파티

○ 대사관저는 대사 가족들이 거주하는 사적 공간이면서도 외교파티 등을 하는 공적 공간이다. 외교 초년병 시절, 대사관저에 대해 매우 비판적이었던 기억이 있다. 유엔대표부 근무 시절이다. 한국 대사관저는 유엔본부에서 걸어서 10분 정도의 거리에 있는 타운하우스형의 고급 저택이었다. 건물이 오래되어 매일 총무 담당 직원이 이런저런 일로 관저에 불려갔고 관리에 상당한 인력과 비용이 들어갔다.

근사한 저택을 대사관저로 가지고 있는 데 대한 뿌듯함도 있었지만 그만한 효용이 있는가 하는 의문이 머릿속을 떠나지 않았다. 대사라고 꼭 저런 집에 살아야 하나? 도대체 저기서 뭘 하는가? 세월이 가면서 나의 이런 생각은 조금씩 바뀌었다. 그렇지만 초년 외교관 때의 대사관저에 대한 기본적 의문은 내가 대사가 된 뒤에도 계속 남았다. 대사 내외가 그냥 화려하게 잘 살라고 국가가 고급 저택을 마련해 주는 게 아니다. 공적으로 잘 활용하지 못하면 비판이 나올 수밖에 없다.

해외공관 건축은 국격의 상징
내가 경험해 보니 건축으로서 해외공관과 관저는 대개 세 가지 정도의 의미가 있다. 하나는 한나라의 국력, 국격을 나타내는 상징물로서의 의미다. 플래그십 빌딩(Flagship Building)이라고 할까. 다른 하나는 외교활동 공간으로서의 의미. 그리고 마지막으로는 부동산으로서의 의미다.

첫째 국력, 국격의 상징으로서의 의미를 보자. 루이비통, 구찌, 버버리 같은 세계적 명품 기업들은 세계 주요 도시에 소위 플래그십 스토어를 연다. 브랜드의 상징으로서의 스토어다. 마찬가지로 해외공관과 관저는 한국이라는 나라를 상징하는 브랜드로서의 의미가 있다. 어느 나라나 형편이 닿는 대로 크고 화려하게 짓는다. 그 나라의 얼굴, 소울(Soul)이기 때문이다. 공관이나 관저에 가보면 그 나라의 수준과 형편을 알 수 있다. 공관이나 관저가 초라하면 방문객들이 그 나라를 초라하게 본다.

내가 근무했던 인도 뉴델리에는 각국 대사관들이 밀집해있는 외교단지 구역이 있다. 이곳 대사관 건물이나 관저는 규모도 규모지만 건축 디자인 등의 면에서 그 나라의 건축 예술 역량을 보여준다. 미국 대사관저는 워싱턴 DC 포토맥 강변의 예술 공연장인 케네디센터와 닮았다. 재클린 케네디 여사가 1962년 인도를 방문했을 때 이 관저에 반해 남편의 사후 케네디센터를 건립할 때 이 건축가(Edward Durrell Stone)를 강력히 추천했다고 한다. 스웨덴, 노르웨이, 핀란드 등 스칸디나비아 국가들은 모던하고 간결한 스칸디나비아 특유의 디자인으로 건축되어 있다. 한국 대사관과 관저도 돋보인다. 한국의 저명 건축가 고 김수근(1931~1986)이 설계한 작품으로 인도 무굴왕조의 붉은 고성(Old Fort)을 모델로 설계한 것이다.

보통 제국(Empire)을 운영해 본 역사를 가진 나라일수록 그에 걸맞은 대사관이나 관저를 가지고 있다. 예를 들어 영국이나 프랑스, 이탈리아 그리고 아시아에서는 중국, 일본 그리고 팍스 아메리카 시대의 미국이 이런 범주에 속한다. 이들의 대사관이나 관저는 우선 규모가 크다. 뉴델리에 대사로 부임해서 중국대사를 예방했을 때 관저를 가지고 이야기를 나누었다. 내가 먼저 우리 관저 정원이 커서 골프로 따지면 치핑(Chipping) 정도는 할 수 있다고 했더니 중국대사는 정색을 하며 우리 정원에서는 드라이버로 두 홀 정도는 칠 수 있다고 했던 생각이 난다. 알고 보니 중국 대사관 영내는 4만 평이 넘었다(우리는 5천 5백 평 규모이다). 그런데 나중에 보니 미국, 러시아, 영국, 프랑스 등도 중국 정도의 규모가 되거나 오히려 더 크기도 했다. 일본의 경우도 관저 정원만으로도 어림 1만 평은 되어 보였다. 잘 가꾸어진 하나의 공원이었다. 그 공원 안에는 일본 전통의 티하우스도 있었고….

서울에서 건축물로서 가장 돋보이는 대사관저는 서울 서대문구 충정로역 인근에 있는 프랑스 대사관저다. 건축가 김중업(1922~1988)이 1959년 설계하고 1962년에 완성했는데 한국 건축가들로부터 몇 차례 한국 최고의 건축물로 평가받았다. 이 관저는 근대 건축의 거장 르 코르뷔지에(Le Corbusier, 1887~1965)의 표현 기법과 한국 전통건축의 아름다움을 접목시킨 걸작으로 평가받는다.

서울 정동에 있는 미국 대사관저도 인상적인 건축물이다. 이 관저는 1973년 필립 하비브 대사 시절(1971~1974) 완공됐는데 그의 이름을 따서 하비브하우스로 불린다. 당시 미 국무부는 서구 양식으로 짓자는 의견이었으나 하비브 대사가 덕수궁 바로 뒤에 위치한 점 등을 내세우며 강하게 한옥 양식을 고집했다고 한다. 서울 한복판에 있는 최고의 현대식 한옥, 그것이 미국 대사관저다.

외교활동 공간으로서의 의미

해외공관과 관저의 두 번째 의미는 외교활동 공간으로서의 의미다. 청와대에서 의전비서관으로 일했던 T씨가 한 말이 기억에 남는다. "행사의 성패, 그 절반은 공간이 좌우한다." "한나라의 국격을 보여주는 여러 가지가 있겠지만 행사가 진행되는 공간만큼 중요한 것도 없다." 그의 말에 대단히 공감했던 기억이 있다.

내가 샌프란시스코에서 부총영사로 있었을 때의 이야기다. 일본의 총영사였던 다나카 히토시는 금문교(Golden Gate Bridge)가 내려다보이는 근사한 관저에서 자주 파티를 했다. 1백 년 된 르네상스 스타일의 대저택이었는데 할리우드 영화들이 촬영되기도 한 명소였다. 샌프란시스코 베이 일원의 닷컴 부자들, 유명 변호사, 정치인들이 자주 초대됐는데 이곳에 초대받는 것 자체를 큰 영예로 생각했다. 나는 당시 부총영사였지만 동경 근무 시절부터 알고 지냈던 다나카 총영사의 호의로 몇 차례 초대받은 적이 있다. 일본 요리, 프랑스 요리도 좋았지만, 그 저택에 초대받아 간다는 자체가 큰 기대와 설렘이었다.

나도 인도에 대사로 부임한 이래 관저를 적극적으로 활용했다. 나중에 보니 첫해인 2018년에는 87회 그리고 2019년에는 77회의 공식 행사가 있었다. 비공식적인 모임으로 사용된 것까지 합하면 연 1백 회 정도의 행사가 관저에서 있었다. 주말과 휴가 기간 등을 빼면 거의 이틀에 한 번씩 오찬, 만찬, 티미팅, 리셉션 등 크고 작은 모임이 있었던 셈이다. 주재국의 정부, 정계, 경제계, 학계, 싱크탱크, 문화계 인사 그리고 외교사절 등 다양한 인사들이 다녀갔다. 교민, 기업 주재원 등 한국인들이 모이는 장소이기도 했다. 또 서울에서 온 중요한 대표단들도 관저에 들렀다.

관저에서 행사가 많은 것은 몇 가지 이유가 있다. 우선 사람을 사귀고 인맥을 만드는 데는 관저에서 식사를 함께하며 어울리는 것만큼 좋은 방법이 없다. 외부 호텔이나 식당이 없는 것은 아니지만 누구나 관저에 초대받았다는 것을 자랑스럽게 생각했다. 기억에도 남는 이야깃거리가 된다.

경우에 따라서는 '꼭 관저에서 행사를 해야 되나? 필요하면 레스토랑이나 호텔에서 해도 되지 않는가?'라는 말이 나올 수도 있다. 근래 외교부 내부 토론망에도 그런 의견이 있었다. 아예 관저 자체가 요즈음 시대에 불필요한 제도라고 비판적인 의견을 올린 것도 보았다. 이런 주장이 일리가 없는 것은 아니지만 관저의 효용을 단순히 식사하는 공관으로 생각하는 것은 적절치 않다. 언젠가 워싱턴 주재 프랑스대사가 파이낸셜 타임스 주말판에 인터뷰한 것이 생각난다. 그는 워싱턴 파워 엘리트가 자기의 초대에 응하는 첫 번째 요인은 관저 때문이라고 했다. 튜더 스타일의 아름다운 관저와 인테리어를 보기 위해 온다는 것이다. 일리 있는 말이다. 대사의 초대에 응하는 사람들이 단순히 식사할 곳이 없어서 오는 것이 아니다.

국가에 따라서는 관저를 본국에서 오는 귀빈들의 숙소나 비상시 교민들의 대피 공간(Shelter)으로서 활용하는 경우도 있다. 비상 상황이 발생할 때 공관과 관저가 대피소 역할을 하는 것이다. 2020년 인도에서 코로나 확산이 심각했을 때 교민회에서 대사관 경내에 임시 코로나 병동을 개설해달라는 요청을 한 일이 있다. 기술적 이유로 실현은 되지 못했지만 공관이 교민 대피처가 될 수 있다는 이야기다.

여기서 잠깐 요새화되고 있는 외교 공관(Fortress Embassies)에 대한 이야기를 하고 가자. 미국은 1979년 말 주이란 대사관 인질 사건 이래 막대한 재원을 배정해서 해외공관의 안전 강화 조치를 취하기 시작했다. 그 후 1983년 레바논 베이루트 주재 미국 대사관, 1998년에는 아프리카의 케냐 및 탄자니아의 미국 대사관이 연쇄적으로 폭탄 테러를 당하자 많은 해외공관을 요새화한 형태로 짓기 시작했다. 미국 공관에 대한 테러 공격은 여타 국가들에게도 영향을 미쳤다. 한국도 마찬가지다. 주재국 국민들에게 친근감을 주고 적극적으로 개방되어야 할 해외공관이 겹겹이 안전장치(Security Bubbles)에 둘러싸여 있다는 것은 안타까운 일이 아닐 수 없다.

부동산으로서의 가치

셋째는 부동산으로서의 의미다. 내가 동경에 근무하던 1980년대 말이다. 부동산 버블이 한참이어서 일본의 땅값이 천정부지일 때였다.

동경 시내 시나가와구에 미얀마 대사관이 있었는데 꽤 넓은 부지를 차지하고 있었다. 서울과 비교하면 용산역 주변쯤 되는 곳이었다. 당시 외국의 경제제재로 어려움을 겪던 미얀마 군부가 돈이 아쉬웠던 모양이다. 대사관 부지의 반 정도를 부동산 개발업자에게 팔았는데 내 기억에 어마어마한 금액의 돈이었다. 지금 그곳엔 초고층 고급 아파트들이 들어서 있다.

1992년 한국이 중국과 수교할 때 관심을 끌었던 문제 중 하나가 당시 타이완 정부 소유였던 서울 명동의 대사관 부지였다. 명동 한가운데 있는 만큼 소위 금싸라기 땅으로 불렸다. 한국과 중국의 수교 가능성을 눈치챈 타이완 정부가 급히 이 땅을 팔려고 했는데 우여곡절을 거쳐 결국 팔지 못했다. 이 땅은 한중수교 후 중국 정부로 소유권이 넘어갔고 대사관이 신축됐다. 부동산 가치로 따지면 엄청난 금액이다.

우리나라는 1949년 주미 대사관 청사건물 매입을 시작으로 꾸준히 해외공관의 국유화 작업을 해왔다. 2020년 통계를 보니 공관 청사 85개 그리고 관저 89개가 국유화되어 있다. 해외공관이 166개 공관(2020년 현재 대사관 115, 총영사관 46, 대표부 5개)에 달하는 것을 생각하면 청사 및 관저의 국유화율이 각각 50% 이상 되는 셈이다. 그 외는 임차를 해서 쓰고 있다. 해외공관 국유화 사업은 정부 예산에 넣어 매년 몇 개 공관씩 추가로 해나가고 있으니 국유화 비율은 계속 늘어날 것이다.

특이한 것은 일본 전체 우리 공관 10개 중 9개(니가타 제외)를 재일

동포들이 지어 기부했다는 것이다. 우리나라가 매우 가난했을 때 재일 동포들이 각지에서 돈을 모아 공관을 지어 나라에 기부했다. 주일 대사 관도 사카모토 방직 창업자인 재일동포 실업가 서갑호 씨(1915~1976)가 1962년에 기증한 토지 위에 지은 것이다. 지금 부동산 가치로는 어마어마한 금액이다. 2013년 신축 완공한 새 대사관 건물 로비에 그의 흉상이 설치되어 있다.

청사와 관저 등 국유화된 재산들은 대부분 구입 당시와 비교할 수 없을 정도로 가격이 올랐다. 내가 있었던 인도 뉴델리의 한국 대사관과 관저 부지는 이범석 대사 시절인 1977년에 영구임대 형식으로 미화 1백만 불에 구입했다. 5천 5백 평 규모(1만 8천 평방미터)인데 지금의 땅값은 그때의 1백 배쯤 된다. 정부의 부동산 투자로서는 괜찮은 장사를 한 셈이다.

인도 대사관 건축과 이범석 대사의 집념

공관과 관저마다 건축과 관련한 여러 스토리가 있다. 그중에서 내가 근무한 뉴델리의 우리 대사관 컴파운드(Compound)에 대해 이야기한다. 이 대사관과 관저를 짓기까지에는 당시 인도대사로 재직했던 이범석 대사(외무장관 재직 중 1983년 버마 아웅산 테러 사건으로 순직)의 비전과 엄청난 집념이 있었다. 당시 대사관에서 행정직원으로 일했던 현동화 씨의 회고다. 그는 한국전쟁 후 포로송환 시 북한으로의 송환을 거부하고 중립국 인도로 왔던 인물이다.

당시 공관은 5 만싱로드(Mansingh Road)에 위치한 한 임차건물에 있었다. 인근에 네루대학이 있었는데 친북성향의 인도 교수가 자주 학생들을 끌고 와서 "미군 철수하라!"고 외치며 데모를 했다. 마침 인도는 뉴델리에 새로운 외교단지를 조성해 각국에 분양하고 있었다. 이범석 대사는 별도 공관 건물의 필요성을 절감하고 당시 친했던 최규하 외교부장관(후에 대통령)에게 대사관 신축을 건의했다. 그러나 예산이 없다는 회신을 받았다. 그러자 이 대사는 박정희 대통령에게 직접 편지를 썼다. 지금 부지를 확보하지 않으면 안 되는 이유를 설명하고 예산 지원을 간곡히 건의했다. 이미 미국, 중국, 일본, 러시아와 영국 등 주요 국가들은 각각 수만 평의 부지를 확보하고 있었다.

박 대통령은 부지 구입비 1백만 불을 대사관이 알아서 구해 우선 부지를 확보하면 이듬해 예산을 보내주겠다는 내용의 친서를 보내왔다. 이 대사는 이 친서를 가지고 친분이 있던 홍콩 외환은행 지점장을 찾아가 미화 1백만 불을 빌리는 데 성공했다. 그리고 약 5천 5백 평의 부지를 확보했다. 이 부지는 영구임대 방식으로 구입했으며 매년 임차료로 5루피(원화 1백 원 규모)를 지불하고 있다. 그 후 다시 건물을 지을 예산을 확보하지 못해 애가 탔던 이 대사는 공관장 회의 참석차 서울 방문 시 당시 경제기획원(지금의 기획재정부) 담당 사무관을 직접 찾아가 부탁했다. 대사가 실무자인 사무관을 찾아와 부탁한 데 감동한 담당 사무관은 열심히 뛰어 공관과 관저 건축비 예산 1백 50만 불을 확보해 적시에 송금해 주었다.

이 대사는 당시 한국에서 유명했던 건축가 김수근(1936-1981)을 섭외했다. 김수근은 3개월간 인도를 여행한 후 인도를 지배했던 무굴왕조(16~19세기 인도의 이슬람 왕조)의 고성(Old Fort)에 영감을 받아 대사관과 관저 건물을 설계했다. 인도산 붉은 사암(Red Sandstone) 벽돌이 물 흐르듯이 연결되어 성채를 이루며, 넓은 잔디 정원은 한국의 전통 정원 양식에 따라 4각 정자를 설계하여 건축했다. 착공한 지 14개월만인 1978년 5월 완공됐다. 지금의 건축 속도로 생각해도 엄청난 스피드다. 당시 대사관 총무 서기관으로서 일했던 김성엽 전 리비아대사에 의하면 이범석 대사는 건축 기간 내내 거의 현장에서 지냈다고 한다. 한 대사의 비전과 열정, 집념이 어떤 일을 만들어낼 수 있는가를 보여준 한 예다. 한국 대사관과 관저는 뉴델리 외교단지 내 최고의 건축물 중 하나로 평가된다.

나는 재임 중 인도 우리 대사관에 하나의 흔적을 남겨놓고 왔다. 대사관 정문을 새로 설계 건축한 것이다. 건축가 김수근이 설계한 원래의 정문이 있었는데 너무 작고 경비상의 문제가 있어 새로 건축해야 했다. 공모를 통해 몇 개의 건축 회사가 설계 디자인을 가지고 왔는데, 직원들의 거듭된 논의에도 마음에 든 디자인이 없었다. 너무 현대적이고 또 평범해서 경내의 건물들과 어울리지 않았다. 공관장인 나는 고민이 되어 잠이 안 올 지경이었다. 잘못 건드렸다가 대 건축가가 남긴 유산에 흠을 남길 수도 있으니…. 골똘히 생각하던 어느 날 관저 출입구의 이미지가 불현듯 떠올랐다. 무굴제국 고성의 성문 이미지다. 바로 설계 디자이너를 불러 그 부분을 대사관 정문의 이미지로 형상화해 보면 어떠하겠느냐고 제안했다. 시간이 걸린 끝에 지금까지와는 완전히 다른 새로운 설계 디자인을 받아 볼 수 있었다. 이렇게 해서 지금의 정문이 만들어져 2019년 4월 9일 낙성식을 가졌다. 디자인 건축회사 'A work' 가 관여했는데 이 정문 자체도 명작이라는 평가를 받고 있다.

다른 하나는 뉴델리 대사관저에 영창 베이비그랜드 피아노 하나를 비치해두고 온 것이다. 본부에 피아노 구입을 건의했으나 예산 사정 등을 이유로 거절당했는데 마침 지인인 구삼열 씨(전 아리랑TV 사장, 첼리스트 정명화 씨의 부군)가 김영호 일신문화재단이사장에게 연결을 시켜주었다. 결국 열렬한 예술 후원자인 김 회장의 도움으로 관저 홀에 피아노를 비치할 수 있게 됐다. 행안부 기부심사위원회의 심사 등 까다로운 절차를 거쳐야 했고 모두 1년여의 시간이 걸렸다.

외교파티의 성공 요소

인도에서 대사로 재직 시 관저에서 많은 행사를 했다. 파티를 하는 목적은 네트워킹과 인맥관리다. 주재국을 움직이는 사람들(Movers and Shakers)과 네트워크를 만들고 그 인맥을 관리하는 것이다. 그런데 수준급의 파티(Quality Party)를 개최하는 것은 쉬운 일이 아니다. 상당한 경험과 열정이 필요하다.

나의 경험으로는 외교파티가 세 가지 정도의 요소로 평가된다. 공간(Space)과 요리(Cuisine) 그리고 참석자(Guests)다. 한 나라의 유력인사, 셀럽이라고 할 만한 사람들이 대사의 초대에 응하는 것은 관저와 요리

그리고 참석하는 사람들이 누구인지에 따른다. 이 중 하나라도 갖추지 못하면 외교파티는 성공할 수가 없다. 그냥 의미 있는 선물이나 사서 전달하는 게 인맥을 만드는 데 더 도움이 될 거다.

첫째 '공간'은 보통 관저를 의미한다. 대부분의 나라가 번듯한 관저를 유지하는 것은 파티에서 공간이 차지하는 중요성이 크기 때문이다. 관저 파티에 초대받아 가는 사람들은 우선 그 공간에 대한 기대와 호기심을 가지고 간다. 관저에 가보면 그 나라의 수준을 알 수 있다. 주인도대사 관저는 붉은 사암으로 지어진 대저택인데 정말 대단한 외교 자산이다. 많은 초대 손님들이 우선 관저에 압도되곤 했고, 관저에 초대받은 것 자체를 두고두고 기억했다.

나의 경우 외교관 자택에 초대받은 경우도 대개 기억에 남았다. 처음으로 초대받은 것은 유엔대표부에서 2등 서기관으로 일할 때다. 맨해튼 동쪽 루스벨트 아일랜드 내에 있던 일본 외교관의 아파트였다. 30여 년 전의 이야기인데 오찬의 벤또 박스 모양까지 생각난다. 그때 1등 서기관이었던 이와타니 시게오는 나중에 대사가 되어 나의 후임으로 TCS(3국협력사무국) 사무총장이 되어 서울에 왔다.

반면 외부 공간을 빌려 파티를 하는 경우도 있다. 뉴욕의 주유엔대표부에서 일할 때다. 당시 김경원 대사가 유엔사무국 고위 관리와 주요 국 대사 20여 명을 뉴욕 센트럴파크 안에 있는 유명한 레스토랑 '태번 온 더 그린(Tavern on the Green)'에 저녁 초대를 했다. 그리고 이어 이들을 가까운 링컨센터 홀에서 개최된 정명훈 씨가 지휘하는 뉴욕필 저녁 공연에 초청했다. 초청자들에게 기억에 남는 파티였을 것이다.

외교파티에서의 중요한 또 다른 요소는 요리다. 솔직히 한식의 경우 프랑스 요리나 중국요리, 일식만큼 국제화된 음식이라고 할 수는 없다. 그래서 관저행사 시 메뉴를 짜는 데 신경이 많이 간다. 전채의 경우는 그래도 덜한데 주식(主食, Main Menu)의 경우가 문제다. 다행히 요즈음은 우리 해외공관에도 제대로 훈련을 받은 전문 요리사들이 배치되어 한식 요리 수준이 많이 높아졌다. 퓨전 스타일을 포함해 나름으로 다양한 메뉴가 개발되어 국제화되었다. 나는 미식가 타입은 아니지만 파티에 초대받을 때는 음식이 신경이 쓰였다. 익숙하지 않고 입맛에 맞지 않는 음식을 먹어야 하는 것도 상당한 곤욕이다. 개인적으로는 일본 외교관들의 초대를 가장 반겼다. 보통 스시, 사시미, 덴뿌라 등과 맛있는 사케가 나온다. 서울 그리고 요르단, 인도 등 여러 곳에서 현지 일본 대사관저에 초대받았는데 한 번도 실망한 적이 없다. 최고의 현지 일본 레스토랑이었다. 중국의 경우도 안심이다. 우선 중국 요리는 우리에게 익숙하다.

파티와 관련해 마지막으로 중요한 요소는 참석자다. 외교가에서는 미국, 중국, 일본 정도면 어디서나 거물급 대사다. 이들이 초대하면 웬만한 사람들은 참석한다. 인도 근무 시 월가의 거물 변호사 출신인 미국대사(Kenneth Juster)와 친하게 지냈다. 관저 파티에 가보면 내가 못 보던 인도의 재계 유력자들을 만날 수 있었다. 아무래도 한국대사보다 손님을 끄는 흡인력이 강하구나 하는 것을 느꼈다. 한국대사도 이제는 무시 못 할 지위다. 한국대사가 관저로 초대하면 대부분의 경우 초대에 응한다.

초청 손님 중에 거물급이나 인기 있는 명사를 확보하면 다른 손님들을 초대하기가 쉽다. 요르단에서 대사로 근무할 때는 압둘라 국왕의 모친인 무나왕비(Princess Muna)와 가깝게 지냈는데 무나왕비를 주빈으로 모시면 요르단의 유력 인사들(수도 암만의 시장, 경제부처장관, 은행가 등)이 쉽게 초청에 응했다. 인도에 있을 때는 라훌 간디(Rahul Gandi) 인도 제1야당 대표를 관저에 초청한 일이 있었다. 인도의 정치를 거의 한 세기간 지배해 온 네루 가문의 황태자다. 할머니(인디라 간디 총리)와 부친(라지브 간디 총리)이 모두 암살당한 역사가 있어 경호원 여러 명이 따라왔다. 그는 젊고 호기심이 많아 대화가 재미있고 즐거웠다.

파티에서는 호스트의 접대 능력도 중요하다. 어떻게 대화를 이끌어가고 손님을 편하게 해주느냐 하는 능력, 즉 가벼운 환담(Small Talk)에도 익숙해야 한다. 또 체력도 중요하다. 보통 외교파티는 시작 전 꽤 오랜 시간 칵테일 같은 것을 마시며 사전 환담을 하는 경우가 많다. 중동에서 대사를 할 때도 그랬다. 8시에 만찬을 한다고 초대받아 가면 그때부터 환담을 하다가 실제 저녁은 10시가 넘어야 시작되고 새벽 1시 2시가 되어 끝나는 경우도 있었다. 와인 한잔이면 졸림이 오는 나에게는 대단한 고역이었다. 인도 외교부의 수석 차관(Foreign Secretary) 관저에 저녁 초대를 받아 갔을 때는 저녁 7시에 만났는데 9시가 되어 음식이 서브될 때까지 2시간여를 응접실에 서서 환담해야 했다. 그때 함께 있던 헝가리대사가 나에게 해준 말이 기억난다. "외교관은 다리가 튼튼해야 한다. 말보다 오래 서 있을 수 있어야 한다."

빛을 잃어가는 외교 리셉션

외교파티 중의 하나가 리셉션이다. 리셉션은 한꺼번에 많은 사람을 초대해 간단한 식음료를 서브하고 자유스럽게 어울리는 형태의 파티다. 1년에 한 번씩 하는 국경일 리셉션이 대표적인데 그 목적은 주재국에서 자국의 존재감을 보여주고 친한 인맥들을 관리하는 것이다. 한때 미국 대사관 같은 중요한 나라의 리셉션에 초대받는 게 대단한 신분의 과시로 생각될 때도 있었다. 후진국에선 지금도 그런 면이 있다. 그러나 갈수록 상황이 달라지고 있다. 거물급 정부 인사나 재계 인사들을 리셉션에 보기 어렵다.

대사 생활을 오래 하다 보면 솔직히 리셉션 가는 것이 재미가 없다. 인도 근무 시에는 뉴델리에 160여 개의 외국 대사관이 있었다. 이들 중 예산 사정상 국경일 리셉션을 하지 않는 경우도 있었지만, 대부분은 국경일 리셉션을 했다. 그러니 일주일에도 몇 개의 초청장이 왔다. 자연히 꼭 가보아야 할 나라에만 얼굴을 내밀었다. 나머지는 공사나 참사관에게 미루고… 일종의 품앗이다. 나의 경우 호스트에게 눈도장을 찍은 뒤엔 눈에 띄지 않게 사라질 궁리부터 했다. 간혹 주재국 고위인사나 미국 중국 일본 대사 등과 조우해 본국에서 관심 가질 만한 정보를 얻거나 하면 물론 성공이다. 그러나 전문 파티꾼들이 찾아와 말을 걸고 명함을 달라고 할 때는 피곤하다. 때로는 별로 호감이 가지 않는 사람들과 흥미도 없는 이야기를 나누어야 할 때도 있다.

외교 리셉션에 손님을 모으기도 쉽지 않다. 서울에 있을 때 내가 전에 근무했던 아시아 어느 국가의 리셉션에 초대받아 간 적이 있다. 5성급 호텔의 큼직한 홀을 빌려 음식도 많이 준비했으나 손님이 너무 없었다. 내가 민망하게 느꼈을 정도였다. 그래서 리셉션을 개최할 때는 손님을 끌기 위해 자기 나라를 효과적으로 소개하는 갖가지 아이디어가 동원된다. 뉴델리 근무 시 그곳 스페인 대사관 국경일 리셉션이 특히 기억에 남는다. 마드리드의 유명한 프라도(Prado)뮤지엄이 소장한 명화(복제품)들로 정원을 장식하고 있었다. 벨라케즈, 루벤스, 고야 그림 등… 리셉션을 위해 전문 설치 미술가가 거의 6개월 전부터 준비를 했다고 말했다. 국경일 리셉션을 통해 관광문화대국으로서의 홍보효과를 노린 것 같았다.

외교단은 리셉션에서도 그룹으로 움직이는 경우가 많다. 아세안이 대표적인데 아세안의 한 국가가 리셉션을 개최하면 회원국 대사들은 100% 참석한다. 그리고 자기들끼리 연단에 올라가서 사진부터 찍으며 단결을 과시한다. 걸프국가들은 걸프끼리 모이고, 아프리카(AU), 유럽연합(EU)국가들도 마찬가지다. 한중일 세 나라는 좀 독특하다. 각자도생이다.

국경일 리셉션같이 손님을 많이 초대하는 경우, 안전 문제도 큰 문제다. 미국이 대표적이다. 초청장을 꼭 지참해야 하고 일일이 확인한다. 금속탐지기를 통과해야 하는 것은 물론이다. 일본도 리셉션 안전에는 각별히 신경을 쓰는 편이다. 1996년 말 페루 리마에서 개최된 일본 국경일 리셉션에 반정부 테러리스트들이 침입해 수백 명을 인질로 잡았고 이 인질 사태가 4개월이나 갔다. 그리고 많은 희생자가 나왔다.

2020년에는 코로나 사태로 파티 형태의 리셉션이 완전히 사라지기도 했다. 일부 유럽국가들은 국경일 리셉션을 웹(Web)상에서 했다. 웹으로 들어가 대사의 인사말, 그리고 공연 등을 보도록 했는데 실제로 몇 사람이나 들어가서 보았는지 모르겠다.

외교파티와 배우자의 역할

외교파티에서 빠질 수 없는 것이 배우자의 역할이다. 언젠가 중국 청화대 슈와츠만 칼리지 학생들이 인도를 방문해 우리 대사관저에 들른 일이 있었다. 그때 한 학생이 아내에게 외교관의 배우자로서 일하는 소감을 물은 적이 있다. 그때 아내가 웃으며 외교관의 배우자라는 직업은 '멸종되어가는 부류(Extinguishing Species)'라고 대답했다. 여성외교관이 많아지면서 배우자가 동반하지 않은 경우도 많고 또 남성외교관의 경우도 부인들이 직장 생활 등을 이유로 동반하지 않는 경우가 많아졌다는 의미의 대답이었다.

그러나 나의 경우를 생각해 보면 외교관 생활을 통틀어 아내의 역할이 매우 중요했다. 공관장이 된 뒤에는 더욱 중요해졌다. 오, 만찬 등

행사 시 파티 준비도 그렇고 또 호스티스 역할도 그렇다. 가벼운 환담 같은 것으로 분위기를 부드럽게 하는 것은 아내가 나보다 훨씬 나았다. 부인들이 가까운 경우 남편들의 관계도 훨씬 가깝게 되었다. 그래서 부부동반 모임의 경우가 파트너 없는 모임(Stag Party)보다 훨씬 기억에 남았다. 누가 나에게 네트워킹의 비밀을 이야기하라고 하면 공적 관계뿐만 아니라 사적인 인간관계를 만들라고 이야기하고 싶다. 자녀 포함 가족들에 관한 이야기도 나눌 수 있는 관계를 만들어야 한다. 그래야 서로 기억에 남고 관계가 오래 지속된다.

인도에서 대사로 재직한 2020년도에는 아내가 뉴델리 주재 공관장 배우자모임 '숌(SHoM, Spouses of Head of Missions)'의 회장으로 선출되어 일했다. 숌은 거의 대부분 국가에 있는 외교단 조직인데 한국대사 부인이 숌 회장을 맡은 것은 아주 예외적인 것이 아닌지 모르겠다. 매달 한 차례씩 각국 대사관저를 돌아가며 커피 타임 행사 등을 했고 외교단바자회 같은 봉사활동도 했다. 그러다 코로나로 대면 모임이 어려워지자 줌(Zoom)을 통한 대화 모임, 저명 문화인들을 섭외한 화상 강의 등을 하며 계속 모임을 이끌어나갔다. 직원 부인들의 도움을 받지 못하게 했던 당시 상황 속에서 아내는 누구의 도움도 없이 혼자의 힘으로 이 일을 했다. 영어 구사에 부담이 없었고 특히 컴퓨터 등을 잘 다루었던 게 비결이었을 것이다. 부인들끼리 잘 안다는 것은 외교에 큰 도움이 된다. 인도를 떠난 뒤에도 아내는 인터넷을 통해 이들과 교류하며 지내고 있다.

요리사 활용 문제

마지막으로 요리사(Chef) 문제를 이야기한다. 초창기 우리 해외공관은 대사관저에 파티가 있으면 직원 부인들이 동원되었다. 외교관 부인들이 '고급 식모'라는 소리를 들었다. 아내도 해외공관 근무 시 자주 관저에 불려가 긴 시간을 부엌에서 일하다 돌아오곤 했다. 이는 가정불화의 원인이 되기도 했다. 후에 우리나라의 형편이 나아져 정부 예산으로 요리사를 채용하게 됐지만 파티가 있으면 직원 부인들도 함께 일하는 관행은 남아있었다. 이래저래 해외공관 생활이 관저와 부인들의 문제로 편치않는 경우가 많았다.

그러다 2000년대 이후에는 점점 대학에서 한국요리 등을 전공하고 요리사자격증을 갖춘 전문 요리사들이 채용되기 시작했다. 그리고 직원 부인들이 관저에 가서 일하던 관행들도 점차 사라졌다. 이전까지 온갖 애환들이 거기서 발생했으니, 큰 변화였다. 그런데 전문 요리사들과도 이런저런 갈등이 발생했다. 공관에 따라서는 1년에 몇 차례씩 요리사가 바뀌는 경우도 있었다. 공관장 부부의 리더십 부족이 문제가 되기도 했지만 인터넷 소통망(카카오 대화방)을 가진 요리사들의 고양된 권리 의식의 영향도 있었다. 요리사 문제가 계속 부각되자 주5일 근무를 확립하고 공관장 부부에 대한 일상식 제공은 폐지하는 관저 요리사 운영지침이 제정되었다. 요리사는 공식 파티 준비만 하고 공관장 부부의 식사는 본인들이 알아서 하게 했다. 그러다 보니 파티 등 공식 행사가 많지 않은 공관의 경우에는 요리사의 일이 거의 없는 상황도 생겼다. 이에 따라 관저 요리사 제도를 아예 폐지하고 행사 시 호텔 등에서 그때그때 음식을 주문하는 외주화(Catering) 방안이 거론되기도 했다.

지금은 요리사는 원칙적으로 공식 행사 준비에만 관여한다. 공관장이 개인 식사 도움을 받으려면 적절한 금액의 식재료비와 수고비를 요리사에게 별도로 지불해야 한다. 요리사에게는 희망 시 정부 예산으로 관저 밖의 별도 숙소도 임차해 주고 있다. 그동안은 관저 내의 숙소를 이용했는데 출퇴근할 수 있도록 한 것이다. 미국, 일본 및 유럽 등 다른 선진국들의 경우와도 비교해 보았지만 요리사에 대한 복지(특히 공관장에 대한 일상식 제공 면제, 별도 숙소 임차 등)는 한국이 이들 국가보다 나은 것 같다.

인도에 부임하면서 전문대학에서 한국요리를 전공한 젊은 요리사를 공개 채용했다. 공관장 부부의 행복 여부는 요리사를 잘 만나느냐에 따라 결정된다는 이야기도 있는데 나의 경우는 운이 좋은 편이었다. 인도인 보조 요리사가 있었던 것도 도움이 되었을 것이다. 관저에서 행사가 많았는데도(평일 거의 2~3일에 한 번씩 있었다고 생각해 보라) 요리사는 불평 없이 열심히 했다. 인도에서는 채식주의자들이 많아(특정 요일에만 채식을 하는 사람들도 있다) 메뉴 짜기가 쉽지 않았다. 그래도 요리사는 아내의 조언을 받아가며 상황에 따라 다양한 메뉴들을 개발해 서브했다.

요리사에 대한 우리 부부의 리더십의 요체는 외교활동의 일익을 담당하고 있다는 자부심을 느끼게 하는 데 있었다. 단순히 대사 부부의 식사를 해주기 위해 온 것이 아니라는 나름의 전문가로서의 자존심을 가지게 하는 것이다. 파티가 끝날 때쯤에는 요리사를 불러내어 손님들에게 인사를 시켰다. 요리사는 파티가 많았지만 본인이 개발한 메뉴를 다양한 유력 인사들에게 소개할 기회로 생각하고 즐겁게 일했다. 해외 공관 요리사로서의 경험이 귀국 후 자신의 커리어 설계에도 도움이 될 것으로 생각하는 것 같았다. 파티가 없을 때는 요리사에게 완전한 자유 시간을 주었다. 그는 미리 신청을 해서 자주 여행을 다녀왔는데 인근 국가에 다녀오기도 했고 인도 내 여행지들을 찾아다니기도 했다.

외교관과 소셜미디어

○ 인터넷을 통한 소셜미디어의 영향력이 커지면서 SNS를 통한 공공외교의 중요성이 크게 부각되고 있다. 해외공관도 주재국 '정부'를 상대로 한 전통적인 외교활동 외에 주재국 '국민'을 직접 상대하는 공공외교활동에 신경을 많이 쓰고 있다.

인도를 열광시킨 한국 대사관의 SNS

인도대사로 근무할 당시의 한 사례다. 우리 대사관 문화원이 '김치 소개하기' 온라인 캠페인을 벌여 대박을 터트렸다. 중국 유튜버가 야기한 김치 종주국 논쟁이 있을 때다. 인도인들을 대상으로 김치를 주제로 한 영상, 사진 등을 자체 제작해서 뉴델리 우리 문화원 소셜미디어(인스타그램, 페이스북, 유튜브)에 게시토록 했다. 그리고 온라인 투표를 통해 가장 많은 '좋아요'를 획득한 3개 작품을 선정 시상키로 했다. 인도인 참가자가 132명이었는데 소셜미디어 조회 수가 1백만 회를 돌파했다. 1백만 회!!! 아무리 인구가 많은 인도라고 하지만 1백만 회는 적은 숫자가 아니다. 얼마 되지 않은 예산(1천 불 정도?)을 들여 폭발적인 반응을 일으킨 좋은 예였다. 그전에 대사관이 시간과 돈을 꽤 들여 한국 음식 콘텐츠를 자체 제작해(관저 요리사도 등장) 올린 일이 있었는데 막상 조회 수가 올라가지 않아 크게 실망한 적이 있었다. 이 경험을 통해서 대사관이 일방적으로 콘텐츠를 올리는 것보다 유저(User)들의 자발적 참여를 유도하는 것이 더 효과적일 수도 있다는 것을 생각하게 됐다.

2023년 초에는 뉴델리 우리 대사관이 올린 댄스 영상이 인도를 열광시킨 것을 보았다. 인도의 인기 영화 〈RRR: 라이즈 로어 리볼트(저항 포효 봉기)〉의 주제곡 '나투나투' 영상에 나오는 춤을 따라 한 것인데 소셜미디어에 업로드된 지 하루 만에 350만 조회수를 돌파했다. 영상에는 대사관, 문화원 등을 배경으로 우리 외교관들과 현지인도인 행정 직원들이 집단으로 춤을 추는 모습이 나온다. 영화 〈RRR: 라이즈 로어 리볼트〉의 주제곡 영상이 조회수 1억 회를 넘으며 화제가 되자 '우리도 춤을 한번 춰보자'는 직원들의 아이디어에서 비롯됐다고 하는데 외교부 공공외교대사를 지낸 장재복 대사와 SNS에 각별한 역량이 있는 임상우 공사가 마침 그곳에 있었기 때문에 가능했을 것으로 보였다.

SNS에 적극적인 외교관들

다른 나라의 사례를 보자. 인도 근무 시 알게 된 독일대사(Walter J. Lindner)는 매우 특이한 사람이었다. 그는 외교관이 되기 전 프로 뮤지션으로 밴드 활동을 했는데 피아노, 플루트, 색소폰, 기타, 베이스(Bass) 등에 능숙했고 오케스트라 지휘까지 한 사람이었다. 대사관저의 한 방을 개인 뮤직 스튜디오로 꾸며놓고 있었다. 머리를 길게 길러 뒤로 묶은 포니테일(Ponytail)을 한 그는 내가 관저로 찾아가자 대뜸 사진부터 찍자고 했다. 소셜미디어에 올리겠다면서 말이다.

그는 자신의 모든 활동을 SNS와 연결시키고 있었다. SNS에 올릴 만한 가치가 없는 건 외교활동의 가치가 없다고 생각하는 것 같았다. 리셉션 같은 데는 잘 나타나지도 않았다. 그는 외교가 긴 스피치 같은 것을 하는 것이 아니라면서 자신은 인도 국민과의 진정한 소통을 중요시한다고 말했다. 그에게는 공공외교가 대사 활동의 전부인 것 같았다. 그는 대사 전용의 독일산 벤츠는 차고에 넣어두고 20여 년 전에 인도에서 생산된 인도 국민차 앰배서더(Ambassador) 중고를 구입해 타고 다녔다. 그것도 빨간색으로 페인트칠을 했다. 사람들의 관심을 끌기 위한 아이디어다.

나는 부임 후 본부에 건의해 기존의 독일제 BMW 승용차를 팔고 한국 차량(제네시스 G80)을 타고 다녔는데 나와 생각이 거꾸로였다. 코로나 사태로 2020년 국경일 리셉션을 못하게 되자 그는 인도 로컬 뮤지션들과 협력한 뮤직비디오를 만들어 대사관 웹에 실었다. 독일 록그룹 스콜피온스가 1991년 발표 세계적 히트가 된 〈변화의 바람(Wind of Change)〉의 인도판 리메이크였다. 베를린 장벽이 무너질 수 있다면 코로나도 극복할 수 있다는 희망의 메시지를 담았다고 했다.

당시 뉴델리에는 또 다른 흥미로운 대사가 있었다. 멕시코의 여성 대사였는데 그의 홍보 포인트는 인도산 오토릭샤(Autorickshaw)라는 삼륜 자동차였다. 오토바이 엔진을 쓰는 서민용 택시 같은 것이다. 그는 이 차를 개인용 차로 구입해서 외면에 멕시코(Mexico)라는 글자를 조형화해 화려하게 페인트칠을 했다. 그리고 리셉션 등 공식 행사에 자주 타고 다니며 많은 사람의 호기심과 인기를 끌었다. 그는 이 오토릭샤로 인도 언론에 여러 차례 소개됐는데 그것만으로도 큰 성공이었다. 그는 인도 정부의 공식행사나 외교파티에는 인도식 전통의상인 사리를 자주 입고 나타났다.

한국은 스토리가 있는 나라

공공외교(Public Diplomacy)는 외교관들이 주재국 국민들과 직접 소통하는 일종의 PR 외교다. 자국에 대한 호감도를 높이고 매력적인 이미지를 만들어내려는 노력이다. 자국의 역사, 전통, 문화, 예술, 가치, 언어, 정책, 비전 등을 소개하고 공감대를 만든다. 경제력이나 군사력 외에 한 나라의 문화적 역량이나 매력으로 정치적 목적을 달성하려는 소프트파워 이론과 통한다.

정보화 시대에는 더 나은 스토리(Better Story)를 가진 국가가 이긴다. 한국이야말로 매력적인 스토리를 가진 나라다. 개인소득 68달러던 세계 최빈국이 반세기 만에 개인소득 3만 달러의 최선진 기술국가로 재탄생했다. 삼성, LG, 현대, 기아, 포스코 이야기가 바로 최고의 스토리다. 거기다가 세계를 매료한 K-pop, BTS, 봉준호 감독의 〈기생충〉 등 문화 열풍과 손흥민, 박세리, 김연아 같은 스포츠 스타에 이르기까지…. 매력 외교를 펼칠 만한 소재는 충분해 보인다.

정보통신기술의 발달로 인한 인터넷과 SNS 시대의 도래로 공공외교의 중요성은 더욱 커졌다. 공공외교가 외교의 핵심 영역으로 전개될 수 있는 시대적 변화와 기술적 토대가 만들어진 것이다. 해외공관이나 외교관 개개인이 페이스북, 트위터 등 다양한 소셜미디어를 통해 광범위한 대중에게 직접 다가갈 수 있게 됐다. 트위플로머시(Twiplomacy), 인스타플로머시(Instaplomacy) 등의 용어가 생겨날 정도로 SNS를 통한 정책 메시지 발신, 외교정책 관련 소통이 보편화되고 있다. 해외공관들도 자체 웹사이트나 페이스북 관리를 대단히 중요시하게 됐다. 현지 인플루언서 활용 등 콘텐츠 제작도 많이 전문화됐다. 이와 관련해 발 빠르게 움직인 정부도 있다. 스웨덴 정부는 처음으로 자국의 모든 해외공관장들에게 소셜미디어 계정을 열어 활용하도록 의무화했다.

한국의 소프트파워가 인도에서 얼마나 위력적이었나를 '한국 알기 퀴즈대회'에서 실감했다. 대사관 문화원이 주관하는 한국 알기 퀴즈대회는 매년 수만 명의 학생이 참여하는 지방 예선을 거쳐 뉴델리에서 본선을 한다. 우리 문화관광부에서 발간한 한국 소개 영어 책자인《Facts about Korea》를 가지고 테스트를 하는데 거의 책을 외우는 수준이 되어야 본선에 진출할 수 있다. 예를 들어 한국의 유명한 사찰로서 불교 경전 목판본인 팔만대장경을 보관하고 있는 사찰 이름은 무엇이냐고 (영어로 질문) 하면 바로 '해인사'라고 대답할 수 있어야 한다. 한국의 전반적 역사도 꿰뚫고 있어야 하고 인사동, 명동, 강남 등 지명도 알아야 한다. 본선 현장의 열기는 정말 대단했다. 인도에 암기 천재들이 많다는 것은 이 행사에 와보면 바로 알 수 있다. 퀴즈테스트 상위 입상자들은 한국 방문의 기회가 주어졌다.

한국외교에 공공외교 영역이 급격히 부상한 이유는 국력이다. 선진국일수록 공공외교 활동에 더욱 힘을 쏟아붓는다. 우리 정부의 공공외교 활동은 유형별로 문화공공외교(K-pop 페스티벌 등), 지식공공외교(한국학 진흥 등), 정책공공외교(한반도 세미나, 글로벌 중추국가 등) 등으로 분류할 수 있다. 2011년에는 외교부에 공공외교대사라는 직책이 신설됐고 실무 부서인 공공문화외교국의 조직도 크게 확대됐다. 외교부 청사 7층에는 '디지털 플러스 공공외교 스튜디오'도 개설됐다. 그리고 외교부 산하에는 공공외교를 뒷받침하는 한국국제교류재단(Korea Foundation)이 있다. 근래 들어서는 자국민들에게 외교정책을 소개하고 이해를 높이는 활동도 공공외교의 영역에 들어가게 됐다. 우리 재외공관장들이 페이스북 활동을 열심히 하는 것도 그런 이유다. 외교는 내치의 연장이라는 말이 있지만 우선 자국민들의 이해와 지지를 얻는 게 중요하기 때문이다.

선진국들은 진작부터 해외에 문화원이나 자국어 교육기관을 세웠는데 바로 공공외교를 위한 기관들이었다. 미국문화원, 영국문화원, 일본문화원, 프랑스의 알리앙스 프랑세즈, 독일의 쾨테 인스티튜트 같은 것들이 그것이다. 중국도 세계적 파워로 부상하면서 중국문화원과 함께 중국어 교육기관인 공자학원 등을 전 세계에 설립했다. 한국도 만만치 않다. 세계 주요 도시엔 한국문화원이 설치되어 있고 한국어 교육기관인 세종학당이 76개국 213개소에서 운영(2020년 현재)되고 있다.

중국의 늑대전사외교

요즈음에는 좀 더 전투적인 공공외교도 등장했다. 트윗 등을 활용해 자국 정부를 공격적으로 대변하는 것이다. 통상적으로 외교관들이 쓰는 완곡한 표현을 쓰지 않고 직설적 표현을 쓴다. 중국의 해외공관장들이 이런 경우가 많은데, 해외언론들은 이들을 '늑대전사(Wolf Warrior)'

로 부르기도 한다. 미국의 람보 영화를 닮은 중국의 블록버스터 영화 (2015년 상영) 타이틀에서 따온 말이다.

친강 신임 중국 외교부장도 외교부 대변인 재직 시 전투적인 발언으로 유명했던 사람이다. 그는 이러한 직설적 화법으로 중국 고위층의 눈에 들었다는 이야기도 있는데 젊은 나이에 미국대사로 발탁되었다가 다시 외교부장으로까지 고속 출세를 했다.

주한 중국대사인 싱하이밍 대사도 때때로 직설적 발언으로 우리 언론에 오르는 경우가 있는데 중국 내의 이런 분위기와 무관하지 않은 것 같다. 외교관이 쓰는 언어는 '외교언어'라고 하여 완곡한 표현을 써서 상대방을 불쾌하게 하지 않는 것이 기본인데 이런 전통이 무너지고 있다. 외교언어가 무례(Rude)해지고 있다.

이재용 삼성전자 회장 페이스북 사진 소동

근래 들어 주한 외국대사들도 SNS 활동에 적극적인 것 같다. 해리 해리스 주한 미국대사(2017~2020)와 내가 2019년 9월 몰디브에서 개최된 인도양 컨퍼런스(IOC)에 참석했을 때의 이야기다. 그는 전직 태평양 주둔미군사령관의 자격으로 인도양회의에 참석했다. 나는 그와 회의장으로 가는 보트 안에서 처음 만나 인사를 나누었다. 그는 나를 알고 있다고 말하면서 다짜고짜 사진부터 한 장 찍자고 했다. 그는 몰디브에 오기 전 한국 외교부로 초치되어 한일군사정보보호협정(GSOMIA) 문제에 대한 자신의 언론 발언에 관련해 불편한 소리를 들었다. 기분이 나빴던 그는 불만의 표시로 국내 일정을 줄줄이 취소하고 몰디브로 날아왔다. 그는 서울 출발 전 '신봉길 대사와의 만남을 고대하고 있다'는 트윗을 날렸다. 난데없이 내가 해리스 대사의 트윗에 등장한 것이다. 그는 보트에서 나와 찍은 사진을 '옛 친구를 만나니 너무 행복하다'는 코멘트와 함께 트윗에 올렸다. 파란 인도양을 배경으로 달리는 보트 속 사진. 불쾌감을 표시하고 서울을 떠난 해리스 대사의 그 후의 동정에 대해 한국 미디어들이 큰 관심을 표시하고 있을 때였다. 중앙일보는 그의 동정을 문제의 보트 속 사진과 함께 크게 기사화하기도 했다. 외교관의 트윗 정치다.

그는 나에게 서울에서 외교부와 있었던 일을 거론하며 강한 불만을 털어놓기도 했는데 자기와 폼페이오 국무장관이 굉장히 "화가 났다(Upset)"는 말을 하다가 황급히 매우 "실망했다(Disappointed)"라고 표현을 바꾸던 생각도 난다. 그는 외교관이 쓰는 언어의 뉘앙스의 차이가 주는 민감성을 알고 이야기했음에 틀림이 없었다.

나는 인도에서 대사로 근무 시 트윗 계정은 만들었지만 직접 트윗을 하지는 않았다. 주로 모디 총리 등 주요 인사들의 트윗이나 미국, 중국대사의 트윗을 살펴보는 것이 주목적이었다. 다만 페이스북은 적극적으로 했는데 주로 한국 내 페친들을 염두에 둔 것이다. 나는 그들에게 외교관이 무슨 일을 하는지 알리고 싶었다. 그러면서도 페이스북 포스팅이 바로 기사가 되지 않도록 늘 조심했다. 그래서 실제 활동을 한 후 하루 이틀 지난 뒤 페이스북에 게시물을 올리는 경우가 많았다.

그런데도 2019년 3월 인도 최대 재벌인 무케시 암바니 릴라이언스 그룹 회장 장남의 결혼식에 초청받아 올린 페이스북 사진이 문제가 됐다. 이재용 삼성전자 부회장(현 회장)과 함께 찍은 사진이었는데 조선일보가 화려한 인도 전통 복장을 입고 터번을 쓴 이 부회장의 모습을 사진으로 크게 보도한 것이다. 이 기사는 국내에서 폭발적인 관심을 끌었고 수많은 댓글이 달렸다. 당시 이 부회장은 국내에서 재판 과정에 있었고 아직 사법절차가 끝나지 않은 상황이었던 데다가 이 부회장의 동정 자체에도 관심이 있었고 또 의상이 흥미로웠던 모양이다. 당시 초청 측은 모든 참석자에게 인도 전통복장 착용을 요청했다. 뉴델리 외교단 중에는 나와 영국대사만이 결혼식 초청을 받았는데 전체 하객 중 두 사람만 양복 차림이었다. 나는 국내언론이 나의 페이스북을 들여다보고 기사를 쓸 줄 생각지 못했다. 삼성 측은 언론 보도에 당황해했는데 다행히 보도와 수많은 댓글이 모두 우호적이었다. 특히 비즈니스를 위해 그는 옷까지 저렇게 차려입고 인도에서 뛰고 있는데 정부가 도와주지는 못할망정 왜 그렇게 못살게 하느냐는 댓글들이 많았다. 이 건은 이 부회장도 이해해 주어 별문제 없이 지나갔는데 어쨌든 매우 당황스러운 경험이었다.

한국 외교관들의 SNS 활동은 아직 한계가 있는 것 같다. 대외적으로 나서는 것을 터부시하는 전통적인 한국 관료문화의 영향도 있을 것이다. 공관장의 경우도 트윗 활용은 거의 없어 보인다. 그런데 전파력 면에서는 트윗이 페이스북을 능가한다. 다만 압축된 짧은 글을 순발력 있게 날리려면 수준급의 영어 능력이 뒷받침되어야 한다.

그럼에도 불구하고 이제 우리 해외공관장들도 트윗이나 페이스북 등을 활용한 좀 더 적극적인 SNS 활동을 할 때가 되었다. 다만 SNS 활용과 관련한 외교부의 구체적 지침이 없어 콘텐츠의 내용이나 수위 등은 모두 본인의 판단과 경험으로 관리해야 하는 것은 문제다. 그래서 앞으로는 해외공관장 발령자들에게는 소셜미디어나 디지털 기기 사용 문제에 대한 전문적 교육과 훈련이 필요해 보인다. 보안이나 프라이버시 문제 등도 있는 만큼 이에 관한 가이드라인도 작성되어야 할 것이다. 공공외교의 가장 큰 무기가 된 SNS 활동은 이제 해외공관장들이 당연히 해야 할 주요 업무가 되었다.

주요르단대사 부임,
'특명전권대사'라는 자리

○ 나는 외교부에서 40년을 일하는 동안 두 차례 최고위직인 대사를 지냈다. 한번은 노무현, 이명박 정부 당시 주요르단왕국대사로 3년간(2007~2010) 일한 것이고 또 한번은 문재인 정부 당시 주인도대사(2018~2021)로 임명되어 3년 6개월간 복무한 것이다. 모든 외교관의 꿈이 대사가 되는 것이라면 나는 외교관으로서 일단 성공한 커리어다.

대사의 공식 직명은 '특명전권대사(Ambassador Extraordinary and Plenipotentiary)'다. 국가원수의 특명을 받아 주재국에서 국가대표로서 교섭에 관한 전권을 위임받았다는 의미다. 어마어마한 타이틀이다. 영연방국들 사이에서는 좀 밋밋한 고등판무관(High Commissioner)이라는 타이틀을 쓴다. 대사는 공사(Minister), 참사관(Counsellor), 1등, 2등, 3등 서기관(Secretary) 등의 타이틀을 갖는 직원들의 보좌를 받는다. 이들 타이틀은 그 이름이 말해주는 것과 같이 독립적인 직책이라기보다는 대사를 보좌하는 기능을 의미한다.

대통령의 친서, 신임장 지참
요르단왕국 부임 시 나는 노무현 대통령이 압둘라 2세 국왕에게 보내는 친서를 지참했다. 신임장(Letter of Credence)으로 불리는 이 서한에는 이렇게 쓰여있었다. '본인은 대한민국 특명전권대사로 신봉길 씨를 귀국에 파견하게 된 것을 무한한 영광으로 생각합니다. 본인은 신 대사가 높은 인격과 탁월한 능력을 갖추고 양국 간의 우의와 공동이익을 더욱 증진시키기 위하여 언제나 최선을 다할 것으로 믿습니다. 따라서 폐하께서 신 대사를 기꺼이 받아주시고 신대사가 대한민국을 대표하여 말씀드리는 바를 전적으로 신임하여 주시기 바랍니다.' 당시의 한덕수 국무총리와 송민순 외교장관이 이 문서에 함께 서명했다. 물론 이 신임장 문안은 외교문서로서 거의 정형화된 것이다. 나만을 위해서 노 대통령이 맞춤형 편지를 써준 것은 아니다. 나는 이 신임장을 처음 보았을 때를 기억한다. 편지글이 고문서를 보는 듯 약간 낯설고 신기해서 몇 차례 읽어보았다. '특명전권대사'라는 타이틀도 근사했지만 '신 대사가 하는 말을 전적으로 신임해달라'는 부탁도 특이하고 감동적이었다.

대사가 주재국에 도착해서 하는 신임장 제정은 화려한 의전 행사가 따르는 것이 보통이다. 영국, 일본, 스페인 등 왕실이 있는 국가에서는 기병이 이끄는 마차를 타고 왕궁으로 가기도 한다. 내가 요르단에 대사로 부임해서 신임장을 제정했을 때도 사막의 베두인 전통 복장 차림을 한 의장대를 사열했다. 인도에서의 신임장 제정의식도 장엄하고 화려했다. 일주일 전쯤 대통령궁에 가서 미리 예행연습을 했다. 영국 지배의 오랜 역사 속에서 정교한 의전의 전통이 남아있었다. 한국의 경우는 대단히 실무적이다. 새로 부임한 외국대사들에게는 실망스러운 일이지만 행사장도 그렇고 의장대 사열 같은 특별한 의전도 없다. 아마도 G20 국가 중 가장 감동이 없는 밋밋한 신임장 제정의식일 것이다.

장엄하고 화려한 의전 행사가 생긴 배경은 국가원수가 자신의 힘과 영향력을 과시하려는 유럽 왕가의 전통에서 나왔다는 이야기가 있다. 복잡한 신임과 부임 절차가 대사라는 직위의 격과 권위를 이야기해 준다. 과거에는 대사 부임 시 주재국 고위 인사들에 대한 화려한 선물을 지참하기도 했다. 그 흔적으로 모스크바 크렘린 궁전 안에 있는 로마노프 왕가의 보물 전시장(The Armoury)에는 유럽의 왕가들이 러시아 황제에게 보낸 값비싼 선물들이 전시되어 있다.

대사 임명은 상대국의 사전 동의를 받는 특별한 절차를 거친다. 아그레망을 받는다고 하는데 영어로 'Agreement', 즉 동의의 의미이나 전통을 존중하는 외교관례상 불어를 쓴다. 아그레망 요청이 오면 보통 현지 대사관에 그 사람의 인물과 경력에 관해 조사와 보고를 하라는 지시가 나간다. 특별한 사유가 있지 않으면 거부하는 경우는 드물다. 그러나 아그레망을 요청하기 전에 비공식적으로 상대국의 반응을 알아보는 경우도 있는데, 이때 상대국에서 비토하는 기색이 보이면 포기하기도 한다. 문재인 정부 주미대사 임명 과정에서 그런 경우가 있었다.

신임 대사는 주재국에 도착하면 우선 신임장의 사본을 외교부에 제출한다. 일단 신임장 사본을 제출하면 외교부 간부 면담이나 외교단 예방 등의 기본적인 활동은 할 수 있다. 다만 국가원수에게 신임장 정본을 제출하기 전에는 언론 인터뷰나 국경일 리셉션 개최 같은 공식적인 활동은 하지 않는 게 관례다. 국가원수에 대한 신임장 제정은 보통 부임 후 수개월이 걸린다. 대사들 부임 때마다 행사를 하기는 어렵고 몇 달씩 모아서 한꺼번에 하기 때문이다.

특명전권대사, 모든 외교관의 꿈

대사는 국가원수와 마찬가지로 주재국에서 '엑셀런시(Excellency, 각하)'라는 최대의 존칭으로 불린다. 대사는 관용차에 국기를 게양하고 다닌다. 한 나라를 대표하는 사람이 타고 있는 차량이라는 의미다. 차량에 공식적으로 국기를 게양할 수 있는 것은 내가 아는 한 국가원수와 대사밖에 없다. 하여튼 이렇게 대사라는 직위는 대단한 자리다. 이 세상에서 가장 탐나는 자리(Most coveted job in the world), 정부의 각종 보직 중 최고의 자리다. 그래서 대사직에는 총리를 지낸 사람이 가기도 한다. 주미대사로 부임한 이홍구 대사, 한덕수 대사 등이 이에 속한다.

대사라는 타이틀은 세계 어디에서나 통한다. 물러나서도 현역 때와 마찬가지로 이름 앞에 따라붙는 명예로운 타이틀이다. 우리 외교부에는 장관, 차관 등 본부에서 최고위직을 지냈지만 막상 외교관의 꽃인 대사를 하지 못해 한탄하는 사람들도 있다. 나의 경우도 그동안 대사, 총영사, 사무총장, 연구소장, 교수, 박사, 회장 등의 타이틀을 얻었지만 역시 대사라는 타이틀이 제일 편하고 듣기 좋다.

대사는 한 나라를 대표하기도 하지만 국가원수의 개인적 대표(Personal Representative)로서의 성격도 있다. 신임장에 쓰인 '내가 보낸 대사를 전적으로 신임해달라'는 말이 그냥 형식적 말이 아니다. 우리나라의 경우도 정부가 바뀌면 원칙적으로 신임을 묻는 차원에서 전원 사표를 제출한다. 보통의 경우 소위 4강대사나 정치적으로 임명된 특임공관장들은 거의 전원 교체된다고 보면 된다. 내가 요르단대사로 부임할 때, 노무현 대통령이 새로 임명된 대사들과 차담을 하면서 "여기에는 큰 공관에 부임하는 대사도 있고 그렇지 않은 대사도 있는데 큰 공관에 간다고 너무 좋아할 필요가 없다. 정권이 바뀌면 우선적으로 잘릴 테니까"라고 웃으면서 말했던 기억이 있다.

직업외교관이 대사라는 직위에 오르려면 외교부에서 최소한 20~30년의 경력이 있어야 한다. 그리고 공관장 자격심사를 통과해야 한다. 과거 함께 일했던 직원들이 이 자격심사 평가에 참여한다. 두 차례 부적격 판정을 받는 경우 공관장이 될 수 없다. 요즈음 직원들은 과거와 달리 아주 냉정한 평가를 서슴없이 한다. 이 검증과 평가 과정을 통해 대상자의 30% 정도가 탈락한다. 한때 고시 출신들은 일정 시간이 지나면 대부분 공관장이 되었는데, 이것도 이젠 옛말이다.

매년 공관장 회의라는 것이 개최되어 대사부부에게 귀국할 기회가 주어진다. 대부분의 선진국은 이런 제도가 있다. 해외에 너무 오래 나와 있으면 국내 사정에 어두워져 재교육의 기회가 필요하다. 보통 우리의 외교안보 정책에 대해 고위관계자들의 설명도 듣고 경제인들과의 만남 행사 등 한 주일을 바쁘게 보낸다. 그중 하루는 대통령이 개최하는 저녁 만찬에 초대된다. 이 자리에서는 보통 공관장 3~4명을 선정하여 대통령에게 그간의 공관 활동 등을 대표로 보고하게 한다. 2018년 말 개최된 공관장 회의에서는 인도와 중국 그리고 아프가니스탄 주재 대사가 선정되어 내가 첫 발언을 했다. 발표자로 선정된 공관장은 이 발표에 무척 신경이 쓰인다. 대통령과 정부 부처 장관, 청와대 수석들이 보는 앞에서 3분 정도의 짧은 시간 안에 인상 깊게 공관 활동을 보고해야 하기 때문이다. 대통령에 대한 덕담도 포함하는 것이 보통이다. 지나쳐도 곤란하고 부족해도 곤란하다.

교통 통신이 발달하지 않았던 과거에는 일단 해외에 대사로 부임하면 그 공관에서는 거의 왕이라고 했다. 대사는 임기 동안 누구도 손대기 어려웠다. 그래서 직원들에게는 오지를 구별하는 기준이 대사를 어떤 사람을 만나느냐 하는 것이었다. 리더십과 도덕성에 문제가 있는 대사를 만나면 그 이상의 오지가 없었다. 나는 외교부 주니어 시절에 선배들의 해외 근무 시의 애환을 많이 들었다. 지금은 세상이 많이 달라졌다. 인터넷 시대에는 해외공관장의 모든 것이 투명하게 들여다보이고 바로 서울에 알려진다. 재외공관장 근무지침(2009년 5월 시행)도 '일거수일투족이 재외국민과 공관원의 주목 대상이 됨을 유념하고 청렴성, 도덕성 등 면에서 존경을 받도록' 특별히 강조하고 있다. 본부 고위직에서 높이 평가받던 사람이 공관장으로서는 실패하는 경우가 있다. 외교를 잘하지 못해서가 아니라 리더십과 도덕성, 행정 능력에 문제가 있어서다. 엘리트 외교관들이 종종 간과하는 점이다.

대사는 한 나라를 대표하는 만큼 신변 안전이 문제가 되기도 한다. 한국외교관은 다행히 테러나 인질 사건의 대상이 된 일이 거의 없다. 1986년 초 주레바논 한국대사관 1등 서기관이던 도재승 서기관이

베이루트에서 이슬람과격단체 무장괴한 4인에게 납치되었다가 1987년 10월 풀려난 것이 거의 유일한 예다. 현재 한국대사가 방탄차를 사용하며 신변에 신경을 쓰는 곳은 이라크와 아프가니스탄 정도가 아닌가 싶다.

그렇지만 미국과 중국 등 강대국 그리고 아랍국가들과 갈등상태에 있는 이스라엘 같은 나라는 상황이 다르다. 대사의 안전에 신경을 많이 쓰는 나라들이다. 마크 리퍼트 주한 미국대사(2014~2017)가 2015년 3월 세종문화회관 조찬 행사에서 반미 인사에게 칼로 피습당한 사건이 있었다. 가장 안전한 곳으로 꼽히는 한국의 서울에서 일어난 사건이라 큰 충격을 주었다. 나는 요르단 암만에서 대사로 재직 시 로버트 비크로프트(Robert S. Beecroft) 미국대사와 가깝게 지냈다. 한번은 암만의 한국식당에서 불고기로 점심을 같이하기로 하고 내가 예약을 했다. 내가 먼저 도착하니 경호원 4명이 미리 와서 예약된 테이블부터 아래위를 살펴보며 사전 점검하고 있었다. 비크로프트 대사는 몇 분 뒤 경호 차량의 호위를 받으며 도착했는데 근접 경호원들은 우리 테이블 근처에서 대기하며 식사 시간 내내 계속 신경을 쓰고 있었다.

그곳의 이스라엘 대사도 경호에 무척 신경을 쓰기는 마찬가지였다. 리셉션 등 파티에서는 건장한 경호원이 바로 1미터쯤 뒤에서 항상 따라다녔다. 한번은 내가 이스라엘 대사관에 방문해 그를 만난 일이 있었는데 출입구 금속탐지기를 통과한 뒤에도 비서가 혹시 총기를 소지하고 있는지 다시 확인하기도 했다. 인도 근무 시의 경험인데 국경충돌

등으로 인도와 중국 관계가 원만하지 않아서인지 중국대사도 항상 근접 경호원이 따라다녔다. 그리고 차량도 BMW사에서 제작한 방탄차를 사용했다. 안전에 늘 신경을 써야 한다는 것은 정말 피곤한 일이다. 한국대사는 그런 면에서 다행이다.

일상을 뛰어넘는 아젠다 설정 능력 필요

대사는 대사관이라는 조직의 최고경영자(CEO)다. 그렇기에 대사는 별도의 자기 조직을 책임지고 운영한다(Run his or her own shop). CEO는 조직 장악과 운영 능력이 있어야 한다. 규모가 큰 대사관에는 외교부뿐만 아니라 경제부처 주재관, 무관, 정보기관원 등 다양한 인력이 함께 일한다. 우선 직원들이 사무실에 즐겁게 나올 수 있는 조직을 만들어야 한다. GWP(Great Work Place)!

그렇지만 오늘날의 대사는 17~18세기의 대사들과 같이 '특명'을 지녔다고 보기도 어렵고 '전권'을 가졌다고 보기도 어렵다. 실제 웬만한 일은 본부에 보고하고 지시를 받는다. 그래서 '고급 심부름꾼(Errand Boy)'이라고 대사를 격하하는 경우도 있다. 그렇지만 내가 막상 현지에서 일을 해보니 대사의 재량으로 할 수 있는 일이 충분히 많았다.

잠깐! 오해해서는 안 된다. 대사라는 직위가 중요하기는 하지만 대사가 이끄는 조직은 의외로 작다. 해외공관은 규모가 큰 곳도 있지만 거의 80%가 외교관 숫자가 5명 규모의 작은 조직이다. 한국인 행정직원(실무관)이나 현지인 직원들을 포함해도 20명이 안 되는 공관이 대부분이다. 기업으로 따지면 중소기업도 안 되는 규모다. 그래도 공관의 규모와 관계없이 예산, 인사, 회계, 감사, 인력관리 등 기본적인 일은 똑같다. 그래서 믿을 수 있는 직원 1~2명은 꼭 있어야 한다. 그렇지 않은 경우 때로는 대사가 직접 보고서(전보)도 쓰고 온갖 일을 챙겨야 한다.

업무에서 대사관은 민간기업 조직과는 많이 다르다. 활동을 계량적으로 평가하기가 쉽지 않다. 온갖 일을 다 하는 것 같기도 하고 아무것도 안 하는 것 같기도 하다. 그렇지만 업무 범위는 사실상 모든 것을 포함한다. 주재국과의 각종 교섭, 정세보고, 주재국 방문 대표단 지원, 우리 기업지원, 교민 및 한국 여행객 보호, 문화교류, 공공외교 등 일일이 열거하기도 쉽지 않다.

지금부터는 특명전권대사가 무슨 일을 하는지 알아보자. 전형적인 대사의 일과다. 출근 전에는 보통 인터넷을 통해 한국 내 상황을 점검한다. 외교는 국내정치의 연장이다. 국내 상황에 대해 감을 가지고 있어야 한다. 출근 후에는 주재국 주요 신문과 뉴욕타임스 등을 주의 깊게 읽는다. 우선 주재국 사정에 통달해야 한다. 로컬 신문에 많은 것이 있다. 그리고 간밤에 들어온 전문을 읽고, 본부의 지시사항 등을 챙긴다. 이어서 주재국 외교부 등과 약속, 다른 나라 외교관, 언론인, 교민 등과의 각종 면담, 행사 참석 등의 일정을 소화한다. 일과 종료 전 본부에 전문 보고서를 보내고 저녁에는 각종 만찬, 리셉션 등이 따른다.

내 생각으로는 대사는 일상 업무를 뛰어넘는 아젠다 설정 능력이 있어야 한다. 조직의 비전과 아젠다를 창출하고 구체적 성과와 실적을 만들어내야 한다. 이것이 일반 직원들과의 차이다. 이명박 대통령은 언젠가 공관장 회의에서 "어떤 대사는 같은 지역에 가도 가치 있는 일을 만들어내는 사람이 있고 아무것도 안 보이는 사람도 있다"고 말한 일이 있었다. 크게 동감한다. 통상, 투자, 대규모 프로젝트 수주, 방산수출 등 경제 이슈가 핵심 아젠다가 될 수도 있고 북핵 문제, 남북한 관계, 한일 간의 과거사 이슈 등 정무적 문제를 생각할 수도 있을 것이다. 또 교민, 주재원들의 숙원 사업 해결, 공관국유화 사업(대사관, 관저 건축) 등도 훌륭한 아젠다다.

공관장이 일에 접근하는 방식은 보통 공격적 유형과 방어적 유형의 두 가지가 있다. 초임 공관장이 보통 공격적 유형이 많은데 젊고 의욕이 앞서기 때문이다. 적극적이고 일을 찾아서 한다고 해서 꼭 좋은 것은 아니다. 부하 직원들 고생만 시키고 실제로는 별다른 성과를 못 낼 수도 있다. 재임 공관장쯤 되면 공관장이 할 수 있는 일의 한계를 안다. 그리고 좀 더 신중해진다.

요르단 부임과 연구용원자로 사상 첫 수출
주중 대사관 경제공사로서 북경에서 3년 근무 후 2007년 중동의 요르단왕국에 대사로 부임했다. 초임대사로 요르단을 희망한 것은 뭔가 할 일이 있을 것 같아서였다. 유럽의 몇 개 작은 공관들을 포함해 요르단이 선택지로 나왔을 때 요르단을 우선적으로 희망한 것도 일 때문이었다. 물론 매력적인 왕실이 있는 것에도 마음이 끌렸다.

알고 지내던 미국 외교관의 조언도 도움이 되었다. 그는 정색을 하며 요르단은 무척 중요한 자리라는 코멘트를 했다. 암만의 자기네 대사관은 직원들도 수백 명이 된다고 했다. 그때 감이 왔다. 요르단이다. 현지에 부임해 보니 미국 대사관은 현지직원을 포함해 9백 명이 일하는 무척 큰 공관이었다. 나중에 알았지만 미 국무성에서는 우리의 중동국에 해당하는 부서(Near Eastern Affairs bureau)가 최고 엘리트들이 일하는 부서였다. 이스라엘, 요르단, 이란, 이라크, 사우디, UAE, 카타르, 터키 등을 담당하는 곳이다. 미 국무성 최고 리더십에게 배달되는 해외공관 전문 보고서의 가장 많은 양이 중동 문제에 관한 것이라는 것도 나중에 알았다.

나는 부임 전까지 한 번도 요르단을 방문한 적이 없었다. 그래도 설레는 마음과 자신감으로 부임했던 것은 30여 년의 외교 경험이 있었기 때문이다. 외교관이 무엇을 하는지, 무엇을 해야 할지에 대한 감이 있었다. 우선 틈틈이 먼저 부임한 외국대사들을 찾아 인사를 했다. 보통 예방(Courtesy Call)이라고 하는 것이다. 우리 주변 4강이라고 할 수 있는 미국, 중국, 일본, 러시아 대사는 기본이다. 그리고 그다음은 나라에 따라 사정이 다르지만 한때 제국(Empire)을 이루었던 나라의 대사를 우선 찾아가서 만났다. 그들은 아직 영향력이 있고, 정보가 있고, 품격이 있다. 영국, 프랑스, 이탈리아, 터키 등이 그런 나라다. 그리고 지역의 맹주라고 할 만한 나라들, 아시아에서는 인도, 유럽의 독일, 중동의 사우디, UAE 등… 좀 귀찮고 시간이 걸리긴 하지만 한국대사가 인사차 찾아가면 다 좋아한다. 그들의 호의를 사놓으면 언젠가 도움이 될 때가 있다.

나는 요르단 부임 후 뭔가 큰 경제 아젠다를 발굴하여 눈에 띄는 성과를 만들고 싶었다. 중국 북경에서 경제공사를 3년이나 한 탓에 경제 업무에 대한 자신감도 있었다. 매일 아침 30분 정도 요르단 일간지를 읽는 것으로 하루를 시작했는데 일거리와 만날 사람에 대한 아이디어를 얻는 것이 주목적이었다. 그러던 중 일간지 기사를 통해 요르단이 원전 건설에 관심이 있다는 것을 알게 됐다. 그 기사를 읽고는 정신이 번쩍 들었다. 그리고는 한국형 원전의 최초 해외 수출이라는 아젠다에 빠져들었다. 과거 북한 신포에 경수로원전을 짓던 KEDO 사업에 관여한 경험이 있어 원전에 대한 지식도 있었다.

대형 프로젝트 수주에 올인한 기업 CEO 같이 일했다. 우선 발주처가 될 요르단 정부 관계자들을 수도 없이 만나 관련 정보를 서울에 보고했다. 요르단원자력위원회 토칸 위원장(미국 MIT 원자력공학박사)은 3년 동안 아마도 1백 번쯤은 만났을 것이다. 나의 의욕적 활동에 대해 우리 외교부 간부는 맨땅에 헤딩하는 것 같았다고 말했다. 역시나 중동 작은 공관의 대사의 힘에는 한계가 있었다. 사업 시행사인 한전 대표단의 요르단 방문을 설득하기조차 쉽지 않았다. 산유국이 아니라며 무시를 당하기 일쑤였다. 그래도 수많은 전문 보고서와 건의서를 서울에 보냈다. 여러 경로를 통해 서울을 설득했다. 그 결과 요르단 압둘라 국왕의 방한과 한승수 총리, 김형오 국회의장의 요르단 방문까지 성사시켰다. 지금 생각해 보니 당시 조그마한 공관에서 내가 어떻게 그 많은 일을 했는지 실감이 나질 않는다. 직원들이 고생을 많이 했다.

그런데 요르단의 국력으로 원전 건설이 역부족이었다. 거기다가 미국, 프랑스, 일본 등과 치열한 경쟁을 했던 UAE 원전 수출을 한국이 따내면서 요르단 프로젝트는 관심 밖으로 밀려났다. 어려울 것으로 생각했던 UAE가 막상 타결되자 개인적으로는 큰 좌절감을 느꼈다. 이렇게 열심히 했는데 UAE에 가려지는구나. 실망이 컸다. 그런데 정말 생각지도 못한 반전이 일어났다. 요르단 정부가 힘에 부치던 원전 건설을 뒤로 미루고 5메가와트급 연구용원자로 우선 건설로 방향을 튼 것이다. 연구용원자로 프로젝트에는 한국 외에 중국, 러시아, 아르헨티나 4개국이 경쟁했는데 결국 우리가 수주(1억 6천만 달러 프로젝트)했다. 사상 최초의 연구용원자로 해외 수출이었다. 특히 설계, 건설, 시운전까지 100% 순수 한국 기술(한국원자력연구원과 대우건설)을 사용한 것이어서 더욱 그 의미가 컸다. 그간의 원전 관련 교섭에서 요르단 정부가 한국에 대해 큰 신뢰를 가지게 된 것이 크게 도움이 되었다. 나는 수주 과정에서 민감한 정보들까지 입수하여 보고할 수 있었다. 중국은 터무니없을 정도의 저가를 써내었으나 요르단 측의 신뢰를 받지 못했고, 연구용원자로의 강자였던 아르헨티나는 전직 고관을 로비스트로 고용해서 뛰었으나 수주에 실패했다. 연구용원자로는 요르단 북부 이르비드시의 요르단과학기술대학교(JUST) 캠퍼스 내에 건설되어 2015년 10월 준공되었다. 내가 요르단을 떠난 지 5년이나 되었지만 요르단 측은 잊지 않고 나를 준공식에 초청해 주었다.

　나는 이때의 경험으로 뭔가 열심히 하다 보면 꼭 그것이 안 되더라도 다른 데서 기회가 올 수도 있다는 교훈을 얻었다. 나는 이 일로 요르단에 재직 중이었던 2009년 말 우리 정부로부터 홍조근정훈장을 받았다. 1년 뒤에는 과학기술부에서도 훈장을 상신하겠다고 연락이 왔다. 나는 외교부 추천으로 이미 훈장을 받았다고 설명하고 대신 당시 함께 일했던 참사관을 추천했다. 후에 이 직원은 근정포장을 받았다. 공직자가 재임 중에 훈장을 받기는 정말 어렵다. 이런 큰일을 할 때는 공관장의 활동을 뒷받침하는 역량 있는 직원의 도움이 절실하다. 당시 함께 일했던 임갑수 참사관(현 주루마니아대사), 후임인 이철 참사관(현 국제기구협력관) 그리고 주정훈 서기관이 나에게 큰 도움을 주었다.

대사는 기본적으로 부임지인 주재국에 대해 애착을 가져야 한다. 거기에서 일에 대한 열정도 나온다. 그러나 주재국을 자신의 고용주같이 생각하게 되는 현상(영어로 'Clientitis'라고 말한다)은 조심해야 한다. 주재국 내에서 상당한 대우를 받고 고위층들과 가까이 지내다 보면 자기도 모르게 주재국 입장에서 일을 생각할 수도 있다.

나는 당시 원전, 홍해-사해 대수로 사업 등 한국이 관심을 가질 만한 사업을 전 방위적으로 추진하고 있었다. 그때 한국에서 한승수 총리가 대표단을 이끌고 방문했다. 한 총리는 영국에서 박사학위를 받은 후 첫 직장 생활을 요르단에서 해서 요르단과는 특별한 인연이 있었다. 또 중동 정치에 대한 관심도 커서 영화 〈아라비아의 로렌스〉의 주인공인 영국 장교 T.E. 로렌스에 관한 서적 등을 많이 수집해놓고 있었다. 한 총리가 요르단 정부 요인들을 만났을 때 요르단 측은 나를 자기들 대사라고 말했다. 서울에 대사관이 없는 요르단을 대신해서 자기들 대사같이 열심히 뛰어준다는 이야기였다. 한 총리는 자신도 그렇게 생각한다고 말했다. 서로 덕담을 주고받은 것이었지만 나중에 생각해 보니 혹시 내가 요르단에 지나치게 빠져있었던 것은 아니었던지 모르겠다. 본국과 주재국과의 관계에서 균형감을 잃으면 곤란하다.

요르단 왕실과의 특별한 인맥구축

여기서 요르단 왕실과 맺었던 특별한 관계에 대해서도 이야기해 보자. 요르단 왕실(Hasemite 왕가라고 부름)은 이슬람의 창시자인 무함마드의 직계후손으로 알려져 있다. 산유국이라 할 수 없어 나라가 돈은 없지만 중동의 왕실 중 가장 교육을 잘 받은 세련된 가문이다. 나는 요르단 근무 중 압둘라 국왕(1962~) 등 왕실 인사들과 개인적으로 아주 가깝게 지냈다. 국왕 비서실에서 나를 '왕실에서 가장 좋아하는 대사(Favorite Ambassador of the Royal Court)'라고 부르곤 했다. 그 배경은 첫째 일과 관련해서다. 원전 수출, 방산수출 등 큰 프로젝트에 올인하면서 국왕과 자주 대면할 기회가 있었다. 그러면서 인간적인 신뢰감도 생겨났다. 두 번째는 사적인 것이었다. 나는 요르단 부임 때부터 요르단 왕실에 대한 관심과 호기심이 컸다. 왕실 가족으로 처음 만난 사람은 국왕의 모친이었던 무나 왕비(Princess Muna)였다. 영국 출신으로 요르단 사막 와디 럼에서 촬영된 영화 〈아라비아의 로렌스〉 제작 스텝으로 왔다가 국왕의 부친인 후세인 국왕과 만나 결혼한 사람이다. 아내와 함께 첫 예방 시 당초 예정된 20분 면담을 훨씬 넘어 거의 한 시간 동안 대화를 나누었다. 그 이후 자주 만났다. 우리가 초대한 관저 만찬에 몇 번이나 참석하기도 했다.

국왕의 삼촌인 하산 왕자(Prince Hassan)와도 그의 저택과 우리 관저에서 만찬을 함께하며 자주 어울렸다. '중동의 현인'으로 불리던 분이다. 세계적 셀럽이었던 미국 프린스턴대 출신인 누르 왕비(Queen Noor, 전임 후세인 국왕의 네 번째 부인)와도 몇 차례 누르 왕비의 저택에서 만났다. 왕실인사들은 모두 미국이나 유럽에서 교육을 받은 대단한 엘리트들이었다.

왕실과의 인맥이 크게 도움이 된 일이 있다. 2008년 서울에서 한국-아랍 소사이어티(Korea-Arab Society)가 창설되었다. 아랍권과의 관계 강화를 위해 다양한 협력의 창구역할을 할 민간 조직을 만든 것이다. 이 창립 행사에 아랍국가의 왕실인사를 초청하라는 긴급 지시가 아랍 주재 우리 공관들에게 떨어졌다. 그러나 2주일여 시간을 주고 갑자기 왕실 인사를 초청한다는 게 쉬운 일이 아니다. 나는 평소 자주 교류했던 국왕의 삼촌 하산 왕자를 첫 타깃으로 찾아갔으나 1주일쯤 지난 뒤 참석이 어렵다는 연락을 보내왔다. 그다음 부랴부랴 국왕의 바로 아래 동생 파이살 왕자(IOC위원)를 찾아갔으나 며칠 검토 뒤 또 참석이 어렵다고 연락이 왔다. 마지막에 미레드 알 후세인 왕자(유엔 지뢰제거위원회 위원장)를 찾아갔을 때, 마침내 성공했다. 제네바 유엔 회의 참석차 가는 길에 서울 경유 형식으로 방한키로 했다. 결국 요르단 왕자와 쿠웨이트 공주 한 분이 이 행사에 참석했다. 외교부 본부에서는 평소 현지 대사의 인맥 역량 등을 이때 알아본다. 당시 본부 아중동국장이던 마영삼 국장(후에 주이스라엘대사)이 크게 인상 깊어 하던 것이 생각난다.

2010년 8월, 3년 임기를 끝내고 귀국을 앞두고 있을 때 뜻밖에 국왕 비서실에서 연락이 왔다. 압둘라 국왕을 30분 정도 만났다. 국왕이 떠나는 대사를 별도로 불러 만나는 것은 극히 이례적인 일이다. 보통 외교장관을 만나고 오기도 어렵다. 국왕은 원전사업, 연구용 원자로사업 등을 거론했다. 대규모 프로젝트를 추진해 보면 관료의 벽으로 일이 진전되지 않는 경우가 대부분인데 드문 추진력을 보여주었다고 치하했다. 역대 한국대사 중 가장 효율적이고 능력 있는 대사였다고 평가해 주었다(The most efficient and competent ambassador). 그리고 요르단의 외교 분야 최고훈장을 직접 수여했다. 그동안의 노고에 대한 작은 기념품 (Souvenir)으로 받아달라고 말했다. 훈장을 '작은 기념품'이라고 말한 그의 위트가 머릿속에 생생하다. 요르단 정부는 그해 처음으로 서울에 상주 공관도 신설했다. 상주 공관을 새로 설치한다는 것은 요르단 규모의 국가에게는 국가재정상 큰 부담이 가는 것이다. 국왕이 몇 곳의 대사관 문을 닫더라도 서울에 대사관을 개설하라고 지시했다고 한다.

왕세자와 친구가 된 막내

막내아들인 주호가 국왕이 세운 아랍 기숙학교인 '킹스아카데미 (King's Academy)'에 입학해서 국왕의 장남과 친구가 된 것도 요르단 근무가 가져다준 특별한 행운이었다. 원래 막내는 미국 대사관 부속의 아메리칸스쿨에 다녔는데 우연히 타임지 기사를 보고 이 학교를 방문한 뒤 설립한 지 1년밖에 안 된 이 학교로 옮기는 모험을 선택했다. 킹스아카데미는 미국 매사추세츠주의 사립 기숙학교인 디어필드 아카데미 (Deerfield Academy)를 졸업한 국왕이 차세대 중동 리더들을 배출한다는 비전하에 디어필드를 모델로 세운 학교였다. 이 학교에는 요르단뿐만 아니라 인근 사우디, 쿠웨이트에서 온 학생들도 있었는데 아시아인으로서는 막내가 첫 입학생이었다.

막내는 아랍 학생들 사이에서 처음에는 잘 어울리지 못해 힘들어했다. 멀뚱멀뚱 쳐다만 볼 뿐 선뜻 자기를 받아주지 않는다고 했다. 그런데 운동(배구)을 하면서 조금씩 친구가 만들어졌고 특히 공부에 두각을 나타내면서 주목받는 학생이 됐다. 이 학교는 아랍어가 필수 과목이었는데 막내는 아랍어를 열심히 했다. 그리고 기숙사 생활을 하면서 중동과 아랍이라는 완전히 새로운 세계를 경험하기 시작했다.

내가 요르단 임기 3년을 마치고 귀국할 때 막내가 고교 1년 과정이었는데 고민이 많았다. 서울에 데려오는 것도 생각했는데 막내가 이 학교를 무척 좋아했고 또 아랍학교에서의 공부 기회를 살리는 게 좋을 것 같아 혼자 남게 됐다. 막내는 국왕의 장남인 후세인 압둘라 군(현 요르단 왕세자)과도 같은 기숙사 바로 옆방 친구로서 가깝게 지냈다. 후세인 군이 막내에게 나중에 한국대사가 되어 요르단에 오라고 하기도 했다. 압둘라 국왕은 내가 귀국 전 예방했을 때 막내 주호는 자기가 잘 챙길 테니 걱정하지 말라고 하고 두 차례의 한국 공식 방문 때는 막내를 자신의 전용기에 태워 서울에 데려왔다. 그리고 청와대 행사에도 데려갔고 우리 가족도 만나게 해주었다.

막내는 킹스 졸업 후 미국 동부의 프린스턴대학에 진학했다. 그런데 1학년을 마친 후 아무래도 군대부터 가야겠다면서 귀국했다. 막내는 자기동기부여(Self-Motivation)가 아주 강했다. 특전사를 가고 싶어 했는데 (미국에서도 Special Force 출신은 알아준다고 했다) 우선 서류심사를 통과하기 위해 서울에서 자동차운전면허증도 따고 한글워드프로세서 등급도 땄다. 체력테스트를 하고 와서는 팔굽혀펴기를 2분 동안에 102회 했다고 자랑하기도 했다. 내가 특전사 가면 낙하산 타야 한다는데 "너 그거 무섭지 않느냐?"고 물었을 때 "아니요, 아버지. 나 진짜 그거 꼬옥 해보고 싶어요!" 하던 생각이 난다. 막내는 남한산성 앞 거여동의 특전사령부에 배치되었는데 초기 내무반 생활을 제일 힘들어했다. 해외에서 자유분방하게 살던 외교관 자녀로서 충분히 그랬을 것이다. 우리가 할 수 있는 일은 주말에 면회를 가주는 일이었다. 막내는 낙하산 강하 등의 훈련은 오히려 좋아했다. 낙하산 타고 내려올 때의 그 기분은 정말 말로 다할 수 없다고 했다. 막내는 아랍어 특기로 한동안 레바논에 있는 유엔평화유지군인 동명부대에 통역병으로 파견되기도 했다.

군복무 후 복학한 막내는 학부를 졸업한 뒤 중국 칭화대 슈워츠만 칼리지(Schwarzman College)에서 석사 과정을 했다. 미국, 중국과 전 세계에서 모인 학생들 속에서 완전히 글로벌리스트(Globalist)가 되어가고 있었다. 막내는 늘 국내에 친구들이 별로 없는 것을 아쉬워했는데 국제적으로는 많은 친구를 사귀었다. 그 후 막내는 뉴욕 투자은행을 거쳐 월가의 사모펀드에서 일하고 있다.

세계의 주요 문명과 종교 현장 체험

나는 요르단에서 3년 근무를 마치고 귀국했다. 일을 하는 과정에서 보람도 있었지만 주변 국가를 돌아보는 즐거움도 컸다. 특히 세계적 문명과 종교의 현장을 직접 체험한 것은 세상과 역사를 보는 나의 시야에 큰 영향을 주었다. 요르단, 이스라엘, 이집트, 시리아, 레바논 등이 그런 곳이었다. 요르단과 이스라엘은 자동차로 지척의 거리에 있었다. 기독교, 유대교와 이슬람교 공히 성지인 예루살렘 그리고 예수가 생전에 살아 움직였던 장소 등은 여러 차례 직접 방문할 기회가 있었다. 이웃 시리아를 방문, 다마스커스, 알레포, 팔미라 등을 여행한 것도 특별한 경험이었다. 수도 다마스커스에는 기독교와 이슬람 역사의 흔적이 공존했다. 우리와는 미수교국이지만 오랜 역사와 자랑할 문화를 가진 대단한 나라였다. 이집트도 서너 차례 방문했다. 클레오파트라의 도시, 알렉산드리아가 특히 기억에 남아있다.

나는 이슬람국가인 요르단에 근무하는 동안 한줄기에서 시작된 세 가지 종교(유대교, 기독교, 이슬람교)에 대해 좀 더 깊이 생각할 기회를 가졌다. 이슬람교의 경전인 코란(펭귄 출판사 번역본)도 두어 차례 읽었다. 성경의 가르침과 비교해 보기도 했다. 세계적 종교학자 카렌 암스트롱 여사의 《A History of God》(1993년 출간) 등 종교 관련 서적도 많이 읽었다. 이 과정에서 미국 하버드대 새뮤얼 헌팅턴 교수의 저서 《문명의 충돌》(1996년 출간)에도 많이 공감했다. 후에 내가 인도에서 대사로 근무하면서 힌두문명을 경험하고 불교의 성지들을 순례하며 붓다의 가르침을 공부한 것을 생각하면 세계의 주요 문명과 종교들을 모두 현장에서 직접 섭

렵한 셈이다. 이 시기의 나의 경험이 외교관으로서 국제정치를 보는 나의 시각에 큰 영향을 미쳤다.

장 모네의 꿈을 좇아,
한중일협력사무국(TCS) 창설

○ '4년제 대학을 졸업했나요? 업무용 소프트웨어는 잘 다루시나요? 영어로 의사소통하는 데 문제가 없나요? 운전 면허증은 있어요? 빨리 오세요. 국제기구입니다. 배용준과 이영애, 송혜교, 이준기, 김현중, 비의 고향인 한국에 만들어져요.' 2011년 가을 서울에 한중일협력사무국(TCS)이 창설되어 첫 직원들을 모집할 때 중국 외교부가 SNS 플랫폼 웨이보에 올린 채용 안내글이다.

한중일협력사무국 TCS(Trilateral Cooperation Secretariat)는 한중일 세 나라 정부의 합의에 의해 2011년 가을 서울에 설립된 정부간국제기구다. 3국 간의 협력을 좀 더 체계화, 조직화하기 위한 목적이다. 단순 비교하는 것은 좀 무리가 있지만 아세안 10개국이 인도네시아 수도 자카르타에 아세안사무국을 두고 있는 것과 마찬가지다.

한국에 국제기구를 유치한다는 것의 의미는 국가위상을 높이고 양질의 고용, 관광, 서비스산업을 유치한다는 것을 의미한다. 국가브랜드를 높일 수 있는 효과적인 수단이다. 국제기구 설립 및 유치는 이명박 정부(2008~2013)가 가장 적극적이었다. 이 시기에 한-아세안센터, 글로벌녹색성장기구, 3국협력사무국, 녹색기후기금 등 4개의 중요한 국제기구가 한국에 설립됐다.

민간기업으로의 전직 제안

나는 2011년 5월, 이 기구(TCS)의 초대 사무총장으로 임명됐는데 임명 전 있었던 약간의 우여곡절부터 이야기해 보려 한다. 2010년 여름, 요르단대사 3년 임기를 마치고 귀국할 때 나는 동북아역사재단 사무총장직을 제안받았다. 당시로는 괜찮은 보직으로 알려져 있었지만 외교부 울타리 밖으로 파견 나가는 것이 싫어 이 제의를 거절했다.

그 후 본부에서 다시 국제경제협력대사직을 제안해서 이를 받아들였다. 정부조직법상의 직책은 아니었고 외교부장관의 임무부여 발령이었다. 해외 근무 6년 만의 귀국이었다. 사무실은 외교부 본청이 아닌 광화문 세종문화회관 뒤에 있던 대우빌딩 내에 있었다. 외교부가 빌딩 일부를 임차해 사무실로 쓰고 있던 곳이었다. 일주일에 한 번씩 김종훈 통상교섭본부장이 주재하던 통상 관련 간부회의에 나갔지만 특별한 역할이 있는 게 아니었다. 당시 우리 정부가 G-20 정상 회의 서울 개최를 준비하고 있어서 G-20 관련 세미나 등에 나가곤 했다.

국제경제협력대사라는 타이틀로 시간을 보내고 있을 때 나는 뜻밖에 리쿠르트(채용) 회사로부터 민간기업으로의 전직 제의를 받았다. 어느 날 행정고시(국제통상직) 2차 시험 합격자들에 대한 면접시험위원 제안이 와서 수락했는데 이것이 계기가 되었다. 면접위원은 3명으로 구성되었는데 중간에 앉은 나(고위 공무원)와 교수 1명 그리고 리쿠르트 회사의 임원 1명이었다. 면접이 끝나고 일주일쯤 뒤 함께 면접을 보았던 리쿠르트 회사의 임원이 만나자고 연락을 해왔다. 그는 민간기업으로 옮겨서 일해보지 않겠느냐는 뜻밖의 제의를 했다. 전혀 생각지도 않은 일이라 좀 황당했는데 그는 매우 진지하게 나를 설득했다.

대상 회사는 누구나 아는 글로벌 IT 기업으로 한국 법인의 고문으로서 이 회사의 대외활동을 지원하는 게 주 업무라고 했다. 사무실과 비서 그리고 운전기사가 딸린 차량을 제공하고 직원 3~4명으로 팀을 만들어 나의 활동을 지원한다고 했다. 보수는 당시 1급 공무원이었던 나의 보수의 3배 정도의 금액이었다. 나는 왜 갑자기 나에게 이런 제안을 하는지 궁금했는데 그의 말은 행정고시 면접위원으로 함께 일하면서 나를 유심히 관찰했고 적임자로 보았다는 것이다. 그는 자신이 인재 채용 분야에서 20년이나 일을 해서 사람을 보면 바로 판단이 간다고 했다.

그는 내가 민간기업에 가서도 통할 수 있을 것이라 확신했다. 나의 이력 등은 이미 확인했으며 해당 기업으로부터도 긍정적 반응을 받았다고 말했다. 그는 내가 민간에서 일정 기간 경험을 쌓은 후 그것을 바탕으로 다시 공직을 맡을 수도 있지 않느냐며 자못 진지하게 권했다. 그는 일주일 정도 시간을 주며 가족과도 의논해 보고 다시 연락하자고 했다. 나는 집으로 돌아와 아내와 재미있는 화젯거리로 이야기를 나누기는 했지만 그 이상 심각하게 생각하지 않았다. 큰 모험을 할 만큼 메리트를 느끼지도 못했다. 다만 50대 중반의 나에게 이런 뜻밖의 제안도 있구나 하는 약간의 스릴을 느끼긴 했다. 그렇게 그 일은 하나의 에피소드 정도로 끝났다.

차관 후보 탈락

그러던 중 2011년 초 어느 날 외교부 인사팀 직원이 급히 광화문 대우빌딩에 있던 내 조그만 사무실로 찾아왔다. 청와대에서 정무직 인사검증 동의 요청이 있었다는 것이다. 중국통 차관 후보를 찾으면서 나를 검토하는 모양이었다. 수십 페이지의 검증 자료가 메일로 날아왔고 일주일 이상의 시간이 걸렸다. 그 후 민정수석실 쪽에서 연락이 왔다. 검증에는 별문제가 없었고 인사수석실로 넘겼는데 정무적 판단만 남았다고 했다. 나중에 알려진 일이지만 제일 윗선 대통령 최종 결재 과정에서 채택되지 않았다고 한다.

내가 탈락한 배경은 그 직후 개최된 재외공관장 회의 석상에서 이명박 대통령이 직접 고위직 인사 철학을 이야기한 내용을 통해 어느 정도 짐작할 수 있었다. 자신은 소위 일류학교 나온 사람을 좋아하지 않는다면서 그 자리에 있었던 외교안보수석 등 고위직의 발탁 배경을 학교와 관련해서 설명한 것이다. 그게 나의 탈락과 직접 관련되는지는 알 수 없지만 어쨌든 인사란 여러 요인이 작용하는 것이다. 특히 정무직 인사는 누가 뭐라 할 수 있는 문제가 아니다.

그런 일이 있고 좀 시간이 지났을 때 또 다른 기회가 왔다. '한중일 협력사무국(TCS)'이라는 국제기구를 창설하는 일이 나에게 맡겨진 것이다. 이 사무국은 한 해 전 제주도에서 개최된 3국정상회의 시 합의 서명된 '3국협력사무국설립협정'에 따른 국제기구였다.

3국협력사무국(TCS) 초대 사무총장 임명

한국이 사무국을 유치한 뒤 우리 정부에서는 이 신생 조직의 창설 작업과 초대 사무총장(Secretary General)을 맡을 사람에 대한 인선을 고심했다. 여러 희망자가 있었던 것 같은데 김성환 장관은 마침 외교차관 후보로 올랐다가 낙마한 나에게 기회를 주었다. 중국과 일본에서 오래 일한 경력도 명분이 되었을 것이다. 나는 우리 정부의 추천에 의해 2011년 5월 한중일 외교장관들이 공동으로 서명한 임명장을 받았다. 마침 일본 동경에서 개최된 3국정상회의를 수행 중이던 세 나라 외교장관들이 직접 임명장에 서명했다고 한다. 한중일 세 나라가 공동으로 특정 인사를 공직에 임명한 역사상 최초의 사례일 것이다.

나는 이 작은 국제기구(초기에 20명으로 시작했다)의 첫 수장으로 임명된 것이 차관이 된 것보다 더 좋았다. 차관은 수많은 차관 중의 한 사람이지만 국제기구의 초대 사무총장은 영원한 초대 사무총장이었다. 어떤 고위관계자는 나보고 "참 운이 좋은 사람이다. 3국협력은 미래 아젠다 아닌가?"하고 말했다. 그러고 보니 나는 늘 미래 아젠다를 찾아다녔다. 비록 작은 규모의 조직이지만 직접 국제기구를 만들고 운영할 도전적인 기회가 생긴 것이다. 아무것도 없는 데서 무언가를 이루어내는 재미.

당시 나는 오랜 해외 근무(주중공사, 주요르단대사 등 6년) 후 본부로 돌아와 TCS 태동을 잘 모르고 있었다. 그래서 그 배경과 경과 등을 직원들을 찾아다니며 귀동냥해야 했다. 그 과정에서 동북아 지역협력의 배경이 된 EU, ASEAN 등을 공부하게 됐고 지역협력과 통합이라는 국제정치의 아젠다에 크게 공감했다. 우리 외교에 이런 새로운 영역이 등장하고 여기에 내가 파이오니어로서 참가하게 되다니…. 나는 이 일에 엄청난 자부심을 가지고 매달렸다.

동북아 지역협력 구상

그런데 어떻게 역사적으로 오랜 갈등 관계에 있었던 한중일 세 나라가 지역협력이라는 아젠다에 관심을 두게 되었는가? 요즈음에는 좀 감이 안 올 수도 있는데, 한동안은 전 세계적으로 지역협력이나 지역통합 움직임이 활발하게 전개됐다. EU의 유럽통합이 큰 인스프레이션이 되었던 것 같다. 나는 이러한 흐름에 크게 매료되어 많은 책을 읽었는데 그중 흥미로웠던 것은 소련 해체 전 미하일 고르바초프 대통령이 '유럽 공동의 집(A common European home)'이라는 비전에 집착했다는 이야기다. 오랜 기간(1962~1986) 주미대사를 지낸 소련의 아나톨리 도브리닌(Anatoly Dobrynin) 대사의 회고록에 나온다.

'유럽의 모든 국가가 콘도미니엄 아파트에 평화롭게 같이 살고, 미국과 캐나다도 같은 아파트나 아니면 같은 거리에 사는 새로운 유럽의 질서'다. 이를 위해 우선 냉전의 산물인 나토(NATO)와 바르샤바(Warsaw) 조약기구를 해체하고 유럽 전체를 담을 수 있는 새로운 안보기구를 만든다. 동서독으로 분단된 독일의 통일 문제는 이러한 사전 정지작업을 마친 뒤 해결한다는 구상이었다. 물론 고르바초프의 이러한 비전은 뜻대로 이루어지지 않았다. 소련은 곧 해체됐고 동독이 서독에 흡수되어 독일 통일이 이루어졌다. 비록 이 구상은 실현되지 않았지만 한동안 세계의 반을 움직이던 소련의 최고 지도자가 이런 구상을 했다는 것 자체가 나에게는 큰 감동으로 다가왔다. 동북아에도 비슷한 비전이 있었다. 일본 동경대의 와다 하루키 교수와 강상중 교수 등이 제시한 '동북아시아 공동의 집' 구상이 그것이다. TCS의 출범을 이해하는 데 조금은 도움이 될 것이다.

여기서 TCS 출범의 배경이 된 3국정상회의에 관해 이야기해 보자. 1999년 11월 필리핀 마닐라에서 개최된 ASEAN+3 정상 회의에 참가한 세 나라 정상들(김대중 대통령, 주룽지 총리, 오부치 총리)이 조찬 모임을 가졌다. 여기까지 왔는데 우리끼리도 한번 만나자고 해서 첫 만남을 가졌다. 이 만남 후 세 나라 정상은 ASEAN+3 정상 회의에 참석할 때마다 따로 모임을 가졌다. 비록 3개국밖에 안 되는 모임이었지만 동북아 트리오의 위상을 생각할 때 상당한 잠재력을 가진 회합이었다.

세 나라는 2008년부터는 독자적으로 3국정상회담을 개최하기로 합의했다. 동북아에서 균형자 역할을 자임했던 참여정부의 노무현 대통령이 주도적 역할을 했다. 노무현 대통령은 3국 간 사이버사무국 설치도 제안해 합의를 끌어냈다. 그리고 2010년 5월에는 한국 제주도에서 정상 회의가 개최되었는데, 이때 이명박 대통령이 전격적으로 한중일 3국 간의 협력을 뒷받침할 상설사무국 설치를 제안했다. 당시 외교부 통상교섭본부장이었던 김종훈 전 의원의 회고에 의하면 자신이 정상 회의 사전 대책회의에서 상설사무국 설치 아이디어를 냈다고 한다.

뭔가 정상 회의 성과로 내세울 만한 아이디어를 찾고 있던 참이었다고 했다.

상설사무국 아이디어는 동아시아공동체에 큰 관심을 가지고 있던 하토야마 유키오 일본 총리가 적극 동조하면서 합의가 됐다. 정상들의 합의에 의한 톱다운(Top-Down)식 결정이었다. 나의 후임으로 제2대 사무총장으로 부임한 일본의 이와타니 시게오 대사(전 주오스트리아대사)는 톱다운식으로 설립되지 않고 관료들에 맡겼다면 사무국 설립에 최소 5년은 걸렸을 것이라고 말했다. 사무국이 신속하게 설립된 데는 당시 정상급 리더들의 '정치적 의지(Political Will)'가 크게 작용했음을 의미한다.

그 후 사무국을 어디에 두느냐의 문제를 두고 3국 간에 미묘한 경쟁이 있었는데 결국 서울에 두기로 합의됐다. 일본이 도쿄 유치를 희망하고 있었는데 이에 부정적이었던 중국이 외교 채널을 통해 내밀하게 한국 정부를 움직였다. 중국도 사무국을 베이징에 유치하고 싶은 생각이 있었는데, 이 경우 일본이 반대할 것으로 생각했다고 한다. 미 국무성도 한중일 간 지역협력 강화 추이에 큰 관심을 보였다. 한중일 3각 협력체제 출범을 의식해서인지 당시 커트 캠벨 미 국무성 동아태담당 차관보는 한미일 3국도 사이버 사무국이라도 설립하자는 제안을 하기도 했다.

상설사무국 창설 작업

2011년 5월, 초대 사무총장 임명장을 받았으나 직원도 예산도 사무실도 없었다. 구체적인 어떤 지침도 없었다. 그냥 내가 알아서 그해 안으로 사무국을 출범시켜야 했다. 외교부 동북아국에 동북아협력팀이 라는 과 단위의 조직이 있었는데 팀의 직원 한두 명이 도움을 주는 정 도였다. 그때까지 나는 국제경제협력대사라는 타이틀로 광화문 대우빌 딩 내에 있는 조그마한 사무실에 혼자 있었다. 마침 동경 근무 중이던 최광진 1등 서기관(현 주 앙골라대사)이 귀국을 자원해 나를 도와 사무국 창설 임무를 맡게 됐다. 최 서기관은 실무를 잘 알고 있었고 개인적으 로도 지역협력에 큰 열정을 가지고 있어서 많은 도움이 되었다.

　　제일 먼저 해야 했던 일은 예산 확보였다. 사무국 운영비는 협정상 세 나라가 똑같이 1/3씩 부담하기로 되어있었다. 우선 각국이 외교 채 널을 통해 협의해서 첫 한 해는 총 2백만 불을 모아 운영경비로 쓰기로 했다. 문제는 사무실 임차 비용이었다. 국제기구를 유치한 국가가 사무 공간을 제공하는 것이 국제관례다. 사무실 임차 예산을 따기 위해 과천 에 있는 기재부 예산실 책임자들을 찾아다녔다. 상설사무국 설치 합의 가 우리 정부 예산이 확정된 뒤에 결정되어 별도로 추가경정예산을 만 들어야 했다. 그래서 더욱 까다로웠다. 상상되는 일이지만 이런 경우 철 저히 을(乙)의 입장이 될 수밖에 없다.

　　명색이 3국의 정상들이 합의한 사업이었지만 예산 관련해서는 공 무원들의 분위기가 남의 일 보는 듯했다. 기재부 측은 사무국의 성격을 애써 연락사무소(Liaison office)로 격하하면서 사무실 인력과 공간을 최소 화하려 했다. 담당 심의관과 과장을 만나기도 힘들었다. 당시 예산실장은 김동연(후에 기재부장관, 현 경기도지사)실장이었는데 무작정 사무실로 찾아가 기다리다가 엘리베이터에서 몇 마디 애로사항을 하소연하는 정도로 만족해야 했다. 외교관들의 통상 이 부임 시기에 맞추어 그해 9월 사무국 오픈을 계획하고 있던 나로서는 하루하루가 초조한 날들이었다.

사무국의 격과 위상 문제

더욱 신경 쓰이게 하던 것은 사무실의 격과 품위 문제였다. 나는 가급적 서울 중심의 상징적인 건물에 사무실을 구하고 싶었다. 우리 정부가 유치한 만큼 중국, 일본 정부에 대한 체면도 있고 또 동북아 지역협력 국제기구로서 격에 맞는 공간을 만들고 싶었다. 사무국이 시작부터 초라한 모습을 보이는 것은 정말 싫었다. 서대문 쪽 등에 저렴한 빌딩을 찾아보는 게 어떻겠느냐는 이야기가 나왔을 때는 사무총장을 사임하고 싶었다. 3국협력사무국(TCS)보다 조금 앞서 출범한 글로벌녹색성장기구(GGGI)는 이미 덕수궁 옆 정동에 근사한 사무실을 마련해놓고 있었다. 청와대에서 직접 챙긴다고 했다. 그러나 TCS는 챙겨주는 사람이 없어 어쩌다 보니 나 혼자만의 아젠다가 되어있었다. 명색이 한중일 지역협력을 관장하는 국제기구를 유치해놓고는 처음부터 이류기구로 만들려고 하는 것이 아닌지 좌절감이 컸다.

광화문 새문안교회 맞은편에 위치한 에스(S)타워가 제일 마음에 들어 임차 계약을 맺었다. 도심에서 벗어나면 우리가 희망했던 정도의 좀 더 넓은 공간 확보가 가능했지만 공간의 크기보다 위치가 더 중요하다고 생각했다. 부족한 공간은 세월이 가면 더 확보할 수 있을 것으로 생각했다. 위치의 상징성도 생각했다. 에스타워 20층에서는 중국과 일본, 러시아, 미국 등이 각축했던 구한말 조선의 왕궁 덕수궁이 눈 아래로 내려다보였다.

사무실 인테리어에도 신경을 썼다. 앞으로 중국과 일본 대표단이 드나들 공간이다. 여러 디자인 건축 회사의 제안을 받아보고 글로벌녹색성장기구(GGGI)를 설계 인테리어한 '민 건축사무소'에 맡겼다. 제일 견적이 비싼 곳이었다. 자작나무를 사용해 사무실 전체를 밝으면서 품격 있게 만들었다. 글로벌 기업이나 로펌 사무실 같은 인상을 준다.

그다음은 직원 채용 문제였다. 세 나라는 최초 사무국을 20명 수준에서 시작하기로 합의했다. 나의 기대와 욕심에는 미치지 못했지만 유럽연합(EU)의 모체였던 유럽석탄철강공동체(ECSC)가 1952년 처음 발족했을 때 여섯 회원국에서 온 9명의 직원으로 룩셈부르크에서 첫 업무를 시작한 사실에 위로를 받았다. 사무총장과 2명의 사무차장 그리고 세 나라에서 파견되어온 외교관들이 4개 부서의 팀장이 되었다. 이들을 제외한 13명의 인력을 공개 채용했다. 3국 외교부를 통해 각기 지원자를 받았는데 중국 1천 1백여 명, 한국 1백 20명, 일본 15명이 지원했다. 세 나라는 예산 부담을 같이하는 만큼 국적별 채용 인원도 똑같이 해야한다는 입장이었다. 그렇게 국적별로 4명 정도를 채용했다.

이력서를 가지고 우선 3배수를 뽑았다. 중국의 후보자들은 너무 많아 중국 외교부에게 3배수를 뽑아 추천해 주도록 요청했다. 이들을 자비로 서울로 오도록 했는데 중국의 경우는 베이징, 상하이 이외에도 영국 런던과 미국 등지에서도 왔다. 이때 중국 젊은이들의 적극성을 보고 놀랐다. 사무총장인 나와 두 사무차장 등 세 사람이 TCS 사무실에서 영어 필기시험과 면접을 통해 직원들을 최종 선발했다. 사무국의 실무 언어(Working Language)가 영어인 만큼 특히 영어능력이 중요했다. 뛰어난 이력을 갖춘 인재들이 너무 많아 직원을 선발하는 데 어려움을 겪었다. 작은 기구였지만 초기에 큰 관심을 끄는 데 성공했다.

사무국 출범의 뜻밖의 복병은 사무총장과 사무차장의 보수 문제였다. 일반적으로 국제기구의 보수는 참여한 국가 중 가장 보수 수준이 높은 국가의 공직자 보수에 맞추는 것이 국제관례다. 3국협력사무국의 경우 이 관례에 따르면 일본 공직자 보수 수준에 맞추어야 했다. 사무차장을 파견한 일본 외무성 측이 사무차장의 보수 수준을 제시했다. 일본 정부 규정에 의하면 일본 측 수준에 맞는 보수를 국제기구에서 주지 않을 경우에는 차액을 정부가 보전해 주어야 했다.

이에 관한 일본 측의 입장이 워낙 강해서 일단 사무차장 보수를 정한 뒤 사무총장 보수를 정해야 했다. 그런데 우리 외교부 몇몇 고위 간부가 크게 반대했다. 사무총장과 차장의 보수가 너무 높다는 것이었다. 사무국 출범 시간은 다가오고 있어 더 이상 이 문제로 시간을 끌 수가 없었다. 나는 사무국의 성공적인 출범이 관심이었지 나의 보수는 관심사가 아니었다. 사무총장의 연봉을 사무차장과 거의 동일하게 책정한 연봉안을 제시해 우리 외교부의 승낙을 겨우 얻었다. 중국, 일본 측이 황당해 했지만 차기 사무총장(일본 그리고 중국의 순으로 순환)부터는 보수를 현실화해 준다는 양해하에 동의를 얻었다.

　이런 우여곡절을 겪으면서 사무총장 임명을 받은 후 3개월여 뒤인 2011년 9월 사무국 출범식을 TCS에서 개최했다. 출범식에는 한국의 김성환 외교장관, 중국의 장신성 주한대사, 일본의 무또 마사요시 주한대사 등과 많은 귀빈이 참석하여 축하해 주었다. 언론도 크게 관심을 표했다. 나는 국내외 언론에 이 기구를 홍보하는 데 많은 공을 들였다. TCS를 자주 언론에 노출시켜 초기에 이 기구의 존재감을 만들어놓아야 한다는 생각이었다. 나의 외교부 공보관(대변인)으로서의 경험과 인맥이 크게 도움이 되었다. 특히 조선일보, 중앙일보, 동아일보가 경쟁적으로 특별 인터뷰 기사 등을 통해 사무국 출범을 소개했다. 새로운 아젠다를 서로 선점하려는 듯한 모습이었다. 메이저 언론사들의 치열함 같은 게 보였다. 외국 언론과 싱크탱크들도 한중일이라는 동북아의 쉽지 않은 관계의 세 나라가 상설사무국을 출범시킨 데 대해 관심과 호기심이 컸다.

사무국, 무슨 일을 해야 하는가?

　사무국 업무 초기에는 업무 규정 등 기본 인프라를 만드느라 바빴다. 시간에 쫓기며 서둘러 사무국을 개설하느라 사무국 운영 규정 같은 게 아무것도 없었다. 게다가 실제로 해야 할 업무는 백지에 그림을 그리는 것이나 마찬가지였다. 우선 3자가 합의해서 3국협력포럼(IFTC)을 연례적으로 개최하기로 했다. 2011년 11월 신라호텔 영빈관에서 개최한 첫 포럼에는 한국의 이홍구 전 총리, 일본의 하토야마 전 총리, 중국의 탕쟈쉔 전 국무위원(전 외교부장)이 참석했고, 각각 기조연설을 했다. 참석자의 면면 때문인지 포럼은 큰 관심을 끌었다. 하토야마 전 총리와 탕쟈쉔 전 국무위원은 포럼 참석 전 사무국을 방문했는데, 이때 나는 사무총장으로서 이들을 맞았다.

2012년에도 신라호텔 영빈관에서 포럼이 개최되었다. 사무국 출범 1주년 기념 포럼 형식으로 개최되었는데 포럼 후 개최된 축하 리셉션에는 당시 대선후보였던 박근혜 후보와 안철수 후보도 참석해 축하 연설을 했다. 문재인 후보는 당시 다른 선약으로 인해 참석지 못했다. 포럼에서는 특히 일본 대표로 참석한 나카가와 마사하루 중의원(민주당, 전 문부과학대신)의 기조연설이 기억에 남는다. 그는 "한국의 젊은이들이 서울, 도쿄, 베이징 중 어디서 취직할까 고민하고, 중국 기업들이 상하이, 부산, 아이치 중 어디에 투자할까 고민하며, 일본인들이 가루이자와, 제주도, 하이난도 중 어디에 별장을 지을까 고민할 때 비로소 공동체가 현실로 다가오는 것"이라고 말했다. 나는 이 구절이 마음에 들어 그 후 특강 등에서 자주 인용했다.

그런데 시간이 가면서 좀 더 근본적인 문제에 부딪혔다. '과연 사무국이 어떤 역할을 해야 하는가'라는 아주 실존적인 문제였다. 국제 포럼 같은 행사나 하고 손님들이나 맞으면 되는가 하는 회의와 이에 따른 불안감이었다. 사무국 설립협정에는 사무국의 기능 및 활동을 다섯 가지 항목으로 나누어 규정하고 있었다. 3국정상회의 등 3국 협의 메커니즘 참석과 업무 지원, 여타 국제기구 및 동아시아 협력체와의 협력, 잠재적 협력사업 발굴 시행, 데이터베이스 구축, 연구 및 홍보활동이 그것이다. 표면적으론 매우 광범위한 역할이 주어진 것 같은데 막상 일을 해보면 그렇지도 않았다. 특히 세 나라의 외교부 관련 부서와 어떤 의미에서는 경쟁하는 측면도 있었다. 이들 부서는 중요하다고 생각하는 일들은 직접 하고 사무국을 은연중 견제했다.

이런 상황에서 나름의 독자적인 일들을 찾아야 했기 때문에 고민이 많았다. 그러던 중 중국 측에서 3국협력 관련 정부 간 회의 기록을 사무국에서 만들면 어떻겠느냐는 아이디어를 냈다. 나는 그 순간 뛸 듯이 기뻤다. 그동안 3국 간에는 정상 회의 이외에도 외교장관 회의, 환경장관 회의 등 15개의 장관급 회의 메커니즘이 있었지만 회의가 끝나고 나면 그것으로 끝이었다. 공통적인 회의 기록이 없었다. 각자 자기 나름대로 기록이 있을 뿐이었다. 중국의 제안을 3국이 모두 동의했다.

이렇게 해서 TCS 직원들이 3국 간 중요 회의에 참석하고 영어로 된 회의 요약 기록(Summary Record)을 만드는 관례가 만들어졌다. TCS가 만든 기록 초안은 세 나라의 관계 부서에 보내져 확인과 수정을 받은 뒤 회의 공식 기록으로 보존한다. 이 일은 지금 아주 잘 이어지고 있다. 3국 정부 간 각종 중요 회의 기록이 사무국의 관여로 중립적 언어인 영어로 작성되어 보존되는 것이다. 3국 간 제반 중요 회의의 기관 메모리(Institutional Memory)다. 이런 기본적 일이 확보되면서 사무국은 점점 안정을 찾아가기 시작했다. 그리고 잠재적 협력 사업을 적극적으로 발굴하기 시작했다. 지금은 사무국이 3국 간 경제, 문화, 언론, 청년세대 교류를 포함한 많은 일을 자체적으로 발굴, 시행하고 있다.

3국 정부의 사무총장에 대한 대우

한편으론 갓 출범한 사무국이 3국 정부로부터 어떤 대우를 받느냐 하는 것은 앞으로의 사무국의 위상을 위해서도 굉장히 중요한 것이었다. 특히 나는 초대 사무총장으로서 첫발을 잘 내디뎌야 했다. 사무국에 대한 시각과 대우는 3국협력에 대한 이해관계에 따라 차이가 있었다.

내가 2012년 4월 일본 동경을 방문했을 때는 겐바 고이치로 외상이 30분 가까이 나를 만나주었다. 외상이 상당 시간 따로 만나주었다는 것은 대단한 대우였다. 벳쇼 고로 정무담당 외무심의관(후에 주한대사, 주유엔대사 역임), 니시미야 신이치 경제담당 외무심의관과 스기야마 신스케 아주국장(후에 사무차관, 주미대사 역임) 등 외무성 고위 관료들도 각각 별도로 만났고 마에하라 세이지 자민당 의원과 다나카 히토시 일본총합연구소 이사장과도 만났다. 그들은 세 나라가 양자로 만날 때는 복잡하고 민감한 문제로 어려움을 겪지만 한자리에 모이면 미래지향적인 협력을 위한 논의를 할 수 있다고 3국협력의 의의를 말했다. 또 아세안사무국과 비교하면서 3국협력사무국은 관료조직이 아닌 실질적인 성과를 내는 사무국이 되어야 한다고 강조했다. 니시미야 외무심의관은 북경에서 공사로서 함께 근무하면서 친하게 지낸 사이였다. 2012년 9월 11일 주중대사로 발령을 받아 나에게 긴 이메일로 소식을 전하면서 북경에서 다시 함께 일했으면 좋겠다고 했다. 그리고 이틀 뒤 출근길에 갑자기 쓰러져 사망했다는 동경발 기사를 접했다. 평소에도 워커홀릭이라는 평을 받고 있었는데 일종의 과로사였다는 생각이 든다. 안타깝기 짝이 없었다.

중국 측은 사무국 발족 초기부터 사무국에 대해 호의적이었고 힘을 실어주려는 모습이 보였다. 중국은 ASEAN과 상하이협력기구(SCO) 등 중국을 둘러싼 주변 지역협력 기구들을 중시했는데, 그와 같은 차원에서 3국협력사무국을 보는 것 같았다. 사무총장이 된 후 처음 참석한 3국정상회의(2012년 5월 베이징 인민대회당)에서도 중국 측이 사무국을 대우하는 모습을 볼 수 있었다. 첫 발언에 나선 주최국 중국의 원자바오 총리가 발언을 시작하면서 "신봉길 사무총장의 참석을 환영하며 앞으로 중국은 3국협력사무국의 발전을 위해 모든 노력을 아끼지 않겠다"는 말을 했다. 나는 원자바오 총리가 내 이름을 불렀을 때 사실 깜짝 놀랐다. 전혀 예기치 못했던 일이기 때문이다. 그 후 노다 일본 총리와 이명박 대통령도 발언 시작 시 "신봉길 총장의 참석을 환영하고 사무국 활동을 지지한다"는 말을 했다. 원래 원고에 있었는지는 모르겠으나 중국이 그렇게 시작하니 뒤늦게 연설 원고에 넣었을 수도 있을 것이다.

2013년 4월 내가 북경을 방문했을 때는 왕이 외교부장과 40여 분을 별도로 면담할 수 있었다. 왕이 부장은 나를 보자마자 "우리는 20년 친구"라고 반가워하며 뤄자오후이 아주국장(후에 주인도대사가 되어 다시 만남) 등이 배석한 자리에서 특별한 친밀감을 표시했다. 내가 참사관으로 북경에 근무할 때부터 알고 지낸 오랜 인연이 있긴 했지만, 의식적으로 사무국을 높이 대우하는 제스처로 느껴졌다.

　TCS 사무총장에 대한 대우는 ASEAN도 각별했다. ASEAN 사무국은 TCS 설립 초기에는 약간의 경계심이 있었던 것 같다. 일종의 견제심리. 그러나 점차 같은 지역협력 기구로서 TCS의 위상을 높이려고 노력했다. 사실 ASEAN 사무국 규모(직원 3백여 명)에 비하면 TCS는 아직 걸음마 단계의 조직이었다. 내가 떠난 뒤인 일본 사무총장 시절 처음으로 ASEAN 사무국이 ASEAN+3 정상 회의에 TCS 사무총장을 초청했다. 이 때부터 TCS 사무총장의 좌석을 13개국 정상들과 같이 라운드 테이블 전면에 배치하는 파격적 대우를 했다. ASEAN 사무총장이 평소 정상들과 동열에 배치되는 관례를 따른 것이었다. 각국 외교장관들은 정상들이 앉은 라운드 테이블 뒤에 배석했다. TCS 사무총장에게 각국 외교장관보다 더 높은 의전 대우를 하는 것이다.

EU에서 배우자
　나는 사무국의 출범 초기인 만큼 기존의 지역협력 기구에서 뭔가 배우고 영감을 얻고 싶었다. 그 하나로 ASEAN 사무국이 있는 인도네시아 자카르타, EU가 위치한 벨기에의 브뤼셀 그리고 걸프협력회의(GCC) 사무국이 있는 사우디의 리야드 등을 방문했다. 특히 2013년 3월 브뤼셀의 EU 본부 방문이 기억에 남는다. 주한 EU대사가 적극적으로 방문을 권했고 일정을 주선해 주었다.

　EU는 각종 기구에 수만 명이 근무하는 엄청난 조직이다. EU 이사회사무국, EU 집행위원회, EU 대외관계청 등 핵심기구를 방문하고 사무총장 등 고위 인사들과 면담했다. EU 측은 동북아에서 갓 창설된 우리 대표단을 크게 환영했다. EU와는 비교할 수 없을 정도의 사이즈였지만 한국과 중국, 일본이라는 동북아의 강국들이 지역협력 기구를 발족시킨 것 자체가 흥미로운 듯했다. 이들은 EU의 발전 경험과 각 기관의 기능, 역할 등을 성의 있게 설명해 주었다. 출장 기회에 유럽통합의 두 주역으로서 후에 지역통합론자들에게 큰 인스프레이션을 주었던 장 모네(Jean Monnet, 1888~1979)의 파리 근교 저택(현재 박물관)과 로베르 쉬망(Robert Schuman, 1886~1963) 프랑스 전 외교장관의 룩셈부르크 생가(현 기념관)를 방문하기도 했다. EU 본부를 방문하고 귀국했을 때 유럽통합 관련 주제로 영국에서 박사학위를 받은 한승수 전 총리의 격려는 특히 기억에 남는다. 한 총리는 나에게 앞으로 한중일협력, 동북아통합 문제를 필생의 아젠다로 삼을 것을 권했다. 그는 TCS 초대 사무총장이라는 자리와 역할이 장 모네와 로베르 쉬망의 중간쯤에 있다고 격려해 주기까지 했다. 물론 덕담이었지만 나에겐 크게 감동적인 울림으로 다가왔다.

TCS의 미래

한중일 세 나라에서 파견된 외교관들이 한 지붕 아래서 일한다는 것은 사실 쉬운 일이 아니었다. 일을 하는 스타일과 관행이 서로가 많이 달랐다. 3국 중에는 일일이 자국 외교부에 조그마한 일까지 보고를 하고 지침을 받는 경우도 있었다. 사무국 설립 협정상 주요 의사결정은 사무총장과 두 사람의 사무차장으로 구성된 3인의 협의이사회에서 콘센서스로 하게 되어있다. 이 같은 3자 간 콘센서스에 의한 조직 운영은 그중 한 사람이라도 반대하면 진행할 수 없다는 한계가 있었다. 더군다나 한중일이라는 쉽지 않은 관계의 세 나라가 동거하는 조직의 초기 운영은 어려움이 더할 수밖에 없었다. 세 사람 간 의견이 달라 사무국 운영을 두고 크게 논쟁을 벌인 적도 많았다.

나는 초대 사무총장으로서 외부 초청 스피치를 할 때 안중근 의사의 동양평화론을 인용하기도 했다. 안 의사는 1백여 년 전 이미 한중일 3국 간 상설 사무국을 중국 대련에 설치할 것을 제안한 적이 있다. 그러나 인터뷰나 스피치에 안중근 의사를 거론하는 것에 대해 일본 사무차장이 크게 반대해 결국 그만두었다. 나는 TCS 사무총장 자리가 "이 세상에서 제일 힘든 자리(The most impossible job!)"라고 불만을 터뜨리기도 했다. 그래도 국적이 다른 남녀 직원들이 어떤 공동 목표를 위하여 함께 일한다는 것은 대단한 일이다. 특기할 것은 외교관들이 아닌 일반 직원들은 특정 국가의 이익을 위하여 일한다는 관념이 희박했다는 점이었는데, 이들은 그저 동북아 시민들로서 자기 일을 하는 것 같았다.

중국과 일본에서 파견되어온 두 사무차장은 모두 여성외교관들이었는데 자국 외교부의 에이스들이었다. 영어도 출중했다. 일본 측 사무차장이었던 마츠가와 루이는 TCS 파견 후 일본 외무성에 복귀했다. 그 후 여성지위 향상에 관한 국제 회의가 동경에서 개최되었을 때 실무 책임을 맡았다가 당시 아베 총리에게 발탁되어 정치에 뛰어들었다. 일본 참의원(지역구 오사카)으로서 방위성차관을 지내기도 했는데 지난 선거에서 재선됐다. 아직 젊은 데다 희소성이 있는 여성 정치인으로서 앞으로 크게 성장할 것으로 기대된다. 때때로 나를 "보스(Boss)"라고 부르던 그는 내가 인도대사로 재직 시 뉴델리를 방문해 나를 찾아오기도 했다. 마오닝 중국 측 사무차장은 워싱턴으로 임지를 옮겼다가 외교부 아주국 부국장 등을 거친 뒤 지난해 중국 외교부 여성대변인으로 임명되었다. 이들은 이제 전 세계 미디어에 얼굴이 나오는 유명인사가 되었다. 두 사람 모두 50을 갓 넘긴 젊은 인재들이어서 앞으로도 계속 발전할 것으로 보인다.

앞으로 동북아에서의 지역협력과 TCS의 미래는 어떻게 될 것인가? 아직은 한중일 간의 느슨한 결사체이지만 이 3자 플랫폼이 중심을 잡으면 여기서 무궁무진한 다자협력 그물망이 만들어질 수 있다. 내가 초대 사무총장으로 재직할 당시(2011~2013) 주한 러시아대사가 두어 차례 찾아와 러시아의 3국협력 회의 참여 가능성을 비공식적으로 타진했다. 정상 회의에 바로 가지 못할 경우 그 하부조직인 각종 장관급 회의에 참여하는 문제도 이야기했다. 몽골 대통령 외교안보보좌관도 여러 차례 몽골의 참여 가능성을 타진했다. 미국도 참가하지 못할 이유가 없다. 그리고 궁극적으로는 북한을 이 메커니즘에 참여시키는 것이다. 동북아 핵심 국가 모두가 참여하는 다자 회의로 발전시킬 수 있다.

나는 중장기적으로는 북한을 이 지역협력 메커니즘에 포함시키는 구상을 하기도 했다. 내가 2017년 서울에서 개최된 한반도 평화 관련 국제세미나에서 발표한 '동북아 신평화지도구상'이 그것이다. 3국협력을 확대시켜 북한까지 포함하는 지역협력으로 발전시키자는 구상이다. 마침 코로나 사태가 계기가 되어 2020년 말 한국의 주도로 한, 중, 일, 러시아, 몽골, 미국 6개국이 참가한 '동북아 방역 보건 협력체'가 출범했다. 2020년 9월 문재인 대통령의 유엔총회 기조연설(화상)이 계기가 되었다. 정부 관계자 및 민간이 함께 참여하는 트랙 1.5의 실무 화상 회의 형식으로 시작했다. 이 6개국에다 북한을 포함시키는 것이 바로 '동북아 신평화지도구상'의 동북아 지역협력체다.

동북아에서의 지역협력을 위해서는 3국이 역사 문제를 극복하는 것이 우선 과제다. 세 나라는 3국협력 10주년 기념 공동성명(2009년 10월 베이징)에서 '과거를 직시하고 미래를 지향한다(In the spirit of facing history squarely and advancing towards the future)'는 원칙적인 입장을 발표했다. 과거를 직시하는 것도 중요하지만 이제 과거를 넘어 미래를 지향할 때가 됐다. 미래에 방점이 찍혀야 한다.

그러나 한동안 대세로 보이던 지역통합의 흐름이 가라앉고 있는 것은 안타까운 일이다. 유럽에서 난민 문제가 불거지고 또 전 세계적으로 코로나 사태까지 발생하면서 국경 없는 통합이라는 이상이 큰 장벽을 만난 것이다. 동북아에서도 마찬가지다. 한중일 세 나라 모두 민족주의적 경향이 강해지면서 TCS 같은 기구의 입지가 약해졌다.

그러나 동북아 지역협력으로서의 한중일 협력의 대의는 약화되어서는 안된다. 그리고 세 나라가 갈등을 보이면 보일수록 더욱 TCS의 역할이 강화되어야 할 것이다. 동북아의 지역협력 기구를 서울에 유치한 한국 정부는 특히 3국협력사무국(TCS)의 위상을 강화하기 위해 노력해야 한다. 사무국이 좀 더 실질적인 일을 할 수 있도록 일을 주어야 하고 예산 배정 등에서도 중국, 일본보다 더 적극적이어야 한다. 사무총장도 아세안사무총장과 같이 장관급 정도의 중량감을 가진 인사로 임명해야 한다. 한국에 둥지를 튼 국제기구를 잘 대우해 주는 것은 한국의 국익에 도움이 된다. 특히 동북아지역 정세의 불확실성을 생각하면 한중일 협력 같은 지역협력과 다자주의를 강화해나가는 것이 우리 외교가 관심을 가져야 할 핵심적 사안이다.

외교부 싱크탱크(IFANS) 소장이 되어

○ 나는 외교부에서의 마지막 보직을 국립외교원의 외교안보연구소(IFANS) 소장으로 끝냈다. 외교안보연구소는 우리 정부의 외교안보정책을 연구하는 국립외교원 산하 국책연구소다. 한국 내 외교안보 분야 싱크탱크 랭킹 1위를 놓친 적이 없는 권위 있는 연구기관이다.

IFANS를 거쳐 간 인재들이 많다. 대학 등으로 옮겼다가 정부에서 일하는 뛰어난 전문가들을 많이 배출했다. 윤석열 정부에서 발탁된 김성한 전 국가안보실장, 윤덕민 주일대사, 김태효 안보실 1차장, 박철희 국립외교원장 등이 IFANS 출신이다.

유럽 주재 대사직 포기

내가 IFANS 소장으로 가게 된 데는 약간의 우여곡절이 있었다. 한중일협력사무국 사무총장 임기를 마치고 나니 60세 정년까지 시간이 얼마 남지 않았다. 외교부 본부에서는 일단 임무 부여 형식으로 동북아협력대사라는 타이틀을 주었다. 그리고 정기 공관장 인사 시 중부 유럽의 어느 대사 자리를 제안했다. 내가 오래 부대끼던 아시아 지역에 괜찮은 자리가 나기는 했는데 그동안 본부 요직에서 오래 고생했던 후배가 유력하게 거론되고 있었다.

나는 외교부를 물러난 뒤 학계나 아카데믹 서클에서 활동하는 삶을 생각하고 있었다. 그동안의 중국, 일본, 북한 관련 경험 그리고 한중일협력사무국 초대사무총장의 경험을 살려 대학에서 강의도 하고 세미나에도 참여하고 기회가 되면 칼럼, 책도 쓰는 삶이었다. 나는 지식인이나 저명인사들의 토론 모임에 참가하여 새로운 사람들을 사귀는 것을 즐겼다. 독일의 저명한 공익재단인 쾨르버(Korber)재단의 베르게도르프 라운드테이블(Bergedorf Roundtable)이 대표적이다. 회의 주최자는 바이츠제커 전 독일 대통령이었다. 나는 이 미팅에 여러 차례 초대받았는데 유서 깊은 호텔에서 세계적 학자, 저명인사들과 어울리고 담소하는 즐거움은 어디에도 비할 수 없었다. 거기다 초청 측에서 왕복 비즈니스 항공료와 체재비 등 모든 비용을 부담했다.

또 잘츠부르크 글로벌 세미나(Salzburg Global Seminar)도 크게 기억에 남는다. 뮤지컬 영화의 고전 〈사운드 오브 뮤직〉(1965)의 트랩 대령 가족이 살던 호숫가의 대저택에서 매년 개최된다. 나는 중국의 남단 하이난도에서 개최되는 보아오포럼(Boao Forum)에도 초청받아 참석했다. 그러고 보니 세계적으로 유명한 싱크탱크도 거의 방문했다. 미국은 너무 많아 헤아릴 수 없고 중국, 일본은 물론이고 영국, 이탈리아까지….

이같이 외교부를 떠난 후 아카데믹 서클에서의 생활을 꿈꾸고 있던 나에게는 은퇴 후 커리어에 도움이 될 것 같지 않은 중부 유럽 어느 대사 자리는 아닌 것 같았다. 거기서 몇 년을 보내고 오는 건 동북아 지역 커리어를 주로 쌓아왔던 나에겐 이도 저도 아닐 것 같았다. 좌절감이 컸다. 아! 나의 외교관 커리어가 결국 주요 지역 공관장 한번 못 해

보고 끝나는구나…. 여러 생각으로 머리가 복잡했다. 여기서 나는 나름 중요한 결심을 했다. '서울에 남자. 그리고 외교부를 떠난 후의 미래에 대비하자.' 주요 지역 공관장 한번 못 해본 게 아쉽고 또 앞으로 계획하는 미래가 불안하지 않은 것은 아니었지만 새로운 도전을 하기로 했다. 며칠 고민 끝에 마음을 정했다.

외교안보연구소(IFANS) 소장 임명

나는 윤병세 장관과 만났다. 유럽 대사직은 포기하겠으니 가능하면 국립외교원 외교안보연구소(IFANS) 소장으로 일하고 싶다고 했다. 윤 장관은 잘한 판단 같다고 했다. 그동안 동북아 지역에서 전문성을 쌓았는데 지금 유럽 공관장으로 가는 게 무슨 큰 의미가 있겠느냐고 했다. 자신의 경우를 이야기하면서 사람에게 기회라는 것은 또 어떻게 올지 모른다고 말했다. 나는 지금도 윤 장관의 관심과 사려 깊은 조언을 고맙게 생각하고 있다. 마침 당시 연구소 소장을 맡고 있던 H 대사는 해외공관장 보임을 기다리던 상황이었다. 그는 유럽 공관장 자리를 반겼다. 그래서 내가 연구소장으로 가고, 그는 대사로 나갔다.

나는 연구소장 자리를 매우 즐겼다. 당시 국립외교원장은 교수 출신의 윤덕민 원장(현 주일대사)이었는데 인격적으로 아주 점잖은 분이었다. 내가 하는 모든 일을 아주 적극적으로 도와주었다. 나는 처음 연구소 소속 교수들과 만났을 때 "우리는 냉전 시 미국외교관 조지 케넌이 제안한 '봉쇄정책' 같은 큰 담론을 만들어낼 수 없겠느냐"고 말하기도 했다. 또 스웨덴의 '스톡홀름 국제평화연구소(SIPRI)'가 매년 발간하는

'SIPRI 연감'같이 국제적으로 크게 인용되는 'IFANS 한반도평화지표' 같은 것을 만들 수 없는지 생각해 보기도 했다. 그런데 막상 해보려니 모두 쉽지 않은 일들이었다.

연구소 소장이 되니 한국경제신문이 매년 발표하는 우리나라 싱크탱크 순위(IFANS는 외교안보 분야에서 매년 1위를 유지하고 있다)나 미국 펜실베니아대 연구소가 발표하는 세계 싱크탱크 순위에도 신경이 쓰였다. 2015년 이탈리아에서 개최된 세계 싱크탱크 회의에 갔을 때 싱가포르대 리콴유공공정책연구소 소장이 비슷한 고민을 털어놓았다. 부르킹스, 전략국제문제연구소(CSIS), 채텀하우스 등 세계적 싱크탱크 가운데 자기네 연구소가 7위로 랭크 된 것만 해도 과분하다고 생각하는데 연구소 이사회에서는 더 순위를 끌어올리라고 한다면서 한탄했다.

각국 싱크탱크와의 교류

외교안보연구소장 재직 중 미국, 중국, 일본의 싱크탱크와의 활발한 교류를 가졌다. 미국의 CSIS, 부르킹스연구소, 스탠포드대학의 아태연구소(APARC) 같은 기관들이다. 또 북경의 중국국제문제연구소, 일본외무성 산하의 일본국제문제연구소와도 교류했다. 미국, 중국, 일본 등의 소위 한반도통이라는 이름 있는 사람들은 이때 다 만났다. 그 외에도 세계의 많은 유력 싱크탱크와 교류하며 저명한 학자들과 어울렸다. 어느 교수는 "세미나 참석을 저렇게 좋아하는 사람 처음 보았다"고 나를 평하기도 했다.

특별히 기억에 남는 일은 2015년 7월 시베리아 횡단철도여행을 한 것이다. 광복 70주년과 한소수교 25주년을 맞아 우리 정부가 마련한 '유라시아친선특급' 행사의 일환이었다. 나는 연구소장을 하면서 우리 외교의 4강국가 중 러시아와는 교류 기회가 적어 늘 아쉽게 생각하고 있었는데 이 여행은 러시아라는 나라를 몸으로 체험할 좋은 기회였다. 여름 여행이어서 시베리아의 혹독한 추위와 얼어붙은 대지의 이미지를 느끼지 못한 것이 아쉬웠지만 바이칼 호반의 이르쿠츠크에서 시작해 모스크바까지 광활한 대지를 일주일 여나 달린 잊을 수 없는 여행이었다. 특히 틈틈이 열차 내에서 들은 러시아 전공 교수들의 특강은 나에게 러시아의 역사와 문화에 대한 강렬한 인상을 남겨주었다.

강의 내용 중 몇 가지 기억에 남는 것이 있다. 러시아 국민들은 자신들이 인류를 세 번 구했다는 이야기를 한다고 했다. 한번은 몽골군의 유럽 침입을 우크라이나 키예프 공국에서 막은 것이고, 다음은 나폴레옹의 모스크바 침공을 격퇴시킨 것이며, 마지막으로 히틀러의 러시아 침공을 막아 유럽과 세계를 구했다는 것이다. 그 과정에서 수많은 러시아 인민이 희생됐다. 〈백학〉의 노래를 들으며 러시아의 슬픈 역사를 생각했다.

톨스토이의 대작 소설 《전쟁과 평화》(영문판, 펭귄북)을 들고 열차에 올랐는데 7백여 페이지 중 4백 페이지 정도를 읽었을 때 모스크바에 도착했다. 러시아라는 나라의 자존심, 소울, 남다른 고난의 역경, 역사를 느끼게 된 것이 가장 큰 소득이었다. 이 열차 여행 경험은 나에게 러시아라는 나라를 깊이 인식하는 계기가 됐다.

외교정책과 전략의 세계

외교는 국내정치의 연장이라고 하듯이 외교정책은 당시 집권세력의 생각이 반영되어 만들어지는 것이다. 정권이 바뀔 때마다 외교정책과 전략을 수립하는 주체들이 새롭게 등장한다. 그리고 새로운 정책 비전이 나온다. 노태우 정부의 북방정책, 김대중 정부의 햇볕정책, 노무현 정부의 동북아균형자론, 이명박 정부의 비핵개방 3000, 박근혜 정부의 동북아평화협력구상, 문재인 정부의 신남방정책과 신북방정책 그리고 윤석열 정부의 인도태평양전략이 그런 것이다.

한국의 외교정책과 전략 수립은 갈수록 대통령실에 의해 주도되는 현상이 나타나고 있다. 당시 집권한 정부의 통치철학을 효과적으로 뒷받침하기 위해서는 불가피한 일로 보이기도 한다. 역대 정부는 남북한 관계, 북핵 문제 등 고도의 정치적 판단이 필요한 문제는 대통령의 국정 철학을 잘 알고 충성심이 강한 핵심 참모들이 정책을 주도해야 한다는 논리를 폈다. 선출된 권력이 관료사회를 못 믿어서 나타나는 현상이다. 그럼에도 불구하고 때때로 정책 마인드가 강한 외교부장관이 등장했을 때는 외교부가 외교정책 수립과 집행에 주도적 역할을 하기도 했다. 노무현 정부 말기 송민순 장관과 박근혜 정부 당시의 윤병세 장관이 그런 케이스였다. 또 천영우, 위성락 등 한반도본부장들도 직업외교관으로서는 쉽지 않은 전략가들이었다. 이들을 기억하는 외교부 직원들은 전략적 문제에 대해 고민하고 논쟁하는 DNA가 외교부에 있었다고 말했다. 그런데 그 뒤 웰빙이 강조되면서 그러한 DNA가 많이 사라졌다고 비판하는 사람들이 있다.

관료로서의 외교관 집단은 끊임없이 변화하는 집권 세력의 외교비전을 이해하고 거기에 발맞추어야 했다. 외교정책을 둘러싸고 때때로 외교부 내부에서도 갈등 양상이 나타났다. 한국 외교의 초창기에는 따로 대미정책이란 게 있을 수 없었다. 한미동맹이 근간이 된 우리의 안보정책을 생각하면 친미는 당연하였다. 좀 과장해서 말하면 그냥 미국이 하자는 대로 하면 됐다. 미 국무부와의 정책 조율도 조율이라기보다는 미국 생각을 듣고 읽어내는 것이었다. 그런데 냉전이 종식되면서 한미관계도 많이 바뀌기 시작했다. 리버럴 정권인 노무현 정부 때의 소위 자주파, 동맹파 갈등 등이 그것이다. 그 후 이라크파병, 용산기지 이전, 방위비분담협상 등에서도 한미 간 갈등이 만만치 않게 나타났다.

이와 함께 중국이 신흥 슈퍼파워로 급부상하면서 한국이 미국과 중국 사이에서 고민해야 하는 상황이 나타나기 시작했다. 김영삼 정부 때인 1994년 재외공관장 회의에서 주중대사였던 황병태 대사가 미중 간 등거리외교를 주장하다가 한승수 주미대사와 논쟁을 벌였다. 황 대사는 북핵 문제도 미국과 마찬가지로 중국과도 사전협의를 할 필요가 있다는 주장을 펴다가 국내 보수언론 등으로부터 공격을 받았다. 한미관계는 동맹관계고 한중관계와는 질적으로 다르다는 논리에서였다. 이러한 한국의 대중 외교는 중국이 덩샤오핑 이래의 도광양회(韜光養晦, 재능과 명성을 드러내지 않고 참고 기다린다) 정책을 유지할 때는 큰 문제가 없었다. 그러나 시진핑 시대의 출범과 함께 중국이 '중화 민족의 위대한 부흥'이라는 차이나 드림(China Dream)을 적극적으로 추구하면서 상황이 달라졌다.

그동안 한국의 외교정책에 있어서 가장 핵심적인 문제는 북한이었다. 북한 문제는 민족 내부의 문제이기도 했지만 국제 문제이기도 했다. 그런데 대북정책은 정권이 보수와 진보를 오갈 때마다 큰 진폭으로 바뀌었다. 정권이 바뀐 뒤 첫 해외재외공관장 회의에 참석한 외교관들은 새 정부 엘리트들의 정책 철학을 이해하고 거기에 적응하는 것이 대단히 중요했다. 이명박 정부(2008~2013) 출범 후 첫 재외공관장 회의에서 당시 청와대 외교안보수석이었던 K 수석이 '대북 퍼주기 정책'을 맹비난해 분위기가 싸늘했던 기억이 난다. 어제까지 햇볕정책을 홍보해 왔던 외교관들은 지탄받아야 할 정권에서 부역한 것 같은 느낌이었다. 보수정권 2기를 거쳐 문재인 정부(2017~2022)로 바뀌었을 때는 그 반대 현상이 나타났다. 외교관들은 평화정착에 중점을 둔 새 정부의 대북정책 기조를 공부해야 했다.

변혁의 외교(Transformational Diplomacy)

다음은 외교전략에 관한 이야기다. 나에게 특별히 기억에 남아 있는 외교 전략의 하나는 아들 부시 행정부 당시 국무장관이었던 콘돌리자 라이스가 2006년 1월 미국 조지타운 대학 연설에서 밝힌 'Transformational Diplomacy'다. 번역이 쉽지 않은데 '근본적 변혁을 추구하는 외교'라고 하자. 부시 대통령 2기의 미국 외교정책의 비전을 미국적 가치의 증진(폭정 종식, 민주주의 증진)에 두고 이를 위한 외교망 및 인력 재편 등의 구상을 밝힌 것이다. 나는 도덕주의에 근거한 이러한 정책 목표에는 찬성하지 않는다. 다만 당시 외교망 재편 등의 구상은 지금도 유효한 의미 있는 전략이라고 생각한다. 그는 유럽 등 전통적인 우방국들에 많은 외교관이 있을 필요가 없다고 주장하며 파리나 빈 근무가 미국 외교관들의 선망이 되어서는 곤란하다고 했다. 또 인구 8천 2백만의 독일과 인구 10억이 넘는 인도에 거의 같은 수의 국무부 직원이 근무하고 있는 것은 적절치 않다고 했다.

그는 외교 인력의 전면적 재배치 계획을 밝히면서 우선 워싱턴과 유럽에 있는 상당수 인력을 21세기의 떠오르는 국가들인 중국, 인도, 나이지리아, 레바논 등으로 재배치하겠다고 밝혔다. 또 지역 전문가의 중요성을 강조했다. 2개 이상의 언어 구사능력이 없거나 2개 이상의 지역에 대한 전문성이 없는 외교관에겐 승진 등에 불이익을 줄 것이라고도 했다. 아랍어, 중국어 그리고 기타 특수 언어(한국어도 여기에 들어간다)의 중요성을 이야기하며 집중적으로 양성(Critical Language Initiative)하겠다고 했다. 인터넷 화상 오피스(Virtual Presence Post)를 창설하여 미국 외교관들이 물리적으로 다 커버할 수 없는 지역은 인터넷을 통해 현지인들과 접촉하도록 하겠다고도 했다.

비록 미국의 외교전략과 관련된 이야기지만 외교망과 외교인력 재배치 계획 같은 것은 우리에게도 시사하는 바가 큰 것 같다.

국익이란 무엇인가?

다음은 국익에 관한 이야기다. 외교부에 들어간 후 '국익(國益, National Interest)'이라는 이야기를 수도 없이 들었다. 장관이나 차관이 새로 취임하면 취임사에서 거의 예외 없이 국익 이야기를 했다. '외교관은 국익을 위해 일하는 사람이다!' '국익을 대외적으로 수호하는 최전방은 외교부이고 재외공관이다.' '외교관 행동의 정당성은 언제나 국익이란 잣대에 따라 판단되어야 한다.' 재외공관장 근무지침 첫째 항목도 '우리나라의 국익을 수호하고 신장하여야 한다'고 규정하고 있다. 너무 자주 들으니까 때론 진부하게 들리기도 했다. 우리가 너무 쉽게 국익, 국익 하는구나 하는 생각이 들 때도 있었다.

그런데 누군가 이 국익이 구체적으로 무엇이냐 물으면 선뜻 설명하기가 쉽지 않다. 외교관 교육 과정에서도 특별히 배우지도 않았고 토의해 본 적도 없다. 아마도 이건 너무 명백하고 쉬운 개념이어서 따로 교육할 필요도 없다고 생각하는지 모르겠다. 국익을 위해 일해야 한다는 것은 개인의 사익을 위해 일하면 안 된다는 이야기 같기도 했다. 또는 민간의 영역을 넘어서는 어떤 훨씬 더 중요한 일을 한다는 자부심을 고취시키는 말 같기도 했다. 요컨대 애국심을 강조하는 말로 이해도 됐다.

도대체 국익이 무엇인가? 또 그 국익이 있다면 그것을 규정하는 것은 누구인가? 나는 이 문제에 대해 이론적 갈증이 많아 국제정치학 서적을 구입해서 줄을 그어가며 읽기도 했다. 사실 국익의 개념을 자세하게 쓴 국제정치학 서적을 찾기도 쉽지 않았다. 내가 이해한 것은 대체로 이런 것이었다. "국가는 하나의 행위자(Actor)로서 그 자체의 '국가이성(Raison d'Etat, Reason of state)'을 가지고 있는 존재다. 그러므로 국가는 인간과 마찬가지로 국가안보, 영토보전, 복지, 프레스티지(National Prestige) 등 타협할 수 없는 분명한 자체적 이익이 있다. 그리고 이 국가의 이익은 국가를 구성하는 개인, 정당, 노동조합 또는 기타 특정 집단의 이익보다 상위에 있는 이익이다." 그렇다면 국익의 개념이 좀 더 명확해진다. 정권의 여하를 떠나 국가가 양보하거나 타협할 수 없는 어떤 가치다. 그리고 다른 어떤 조직의 이익보다 앞서는 이익이다. 보편적 관점에서 볼 때 대한민국의 국익은 국가의 안전보장, 영토보전, 경제적 번영, 민족 통일 같은 것을 상정할 수 있을 것이다. 다만 요즈음 들어서는 통일을 이루는 것이 꼭 국익이냐고 반문하는 경우도 있는 것 같다.

그런데 국익과 관련한 논쟁의 문제점은 국익이란 개념이 매우 추상적이어서 국가이익과 어떤 특정 이해집단의 이익(Sectional Interests)을 구별하기가 쉽지 않다는 점이다. 특정 이해집단이 어떤 정책이나 행동을 정당화하기 위해 국익이란 이름으로 포장할 소지도 있다. 말하자면 그때그때의 국익을 당시의 집권 세력이 자의적으로 판단하고 규정할 수도 있다는 것이다. 더 큰 문제점은 국익을 누구도 감히 손댈 수 없는 어떤 신성한 것으로 간주해서 국익이란 이름으로 모든 정치적 논쟁을 무력화시키기도 한다는 점이다.

도움이 되는 예가 될지 모르겠다. 2012년 8월 이명박 대통령이 한국의 현직 대통령으로는 최초로 독도를 방문했다. 그동안 외교부는 독도 문제를 크게 이슈화하지 않는 것이 우리의 국익에 맞는 일이라는 입장을 견지하고 있었다. 독도는 한국이 실효적으로 지배하고 있는 땅인데 불필요하게 일본을 자극하여 시끄럽게 할 필요가 없다는 입장이었다. 그런데 이 대통령의 전격적인 독도방문은 이러한 외교부의 판단과는 다른 정치적 결정이었다. 국내정치적 고려가 컸던 것으로 보였다. 한동안 국민들에게 카타르시스 효과를 주었지만 결과적으로 비교적 조용하던 독도 문제를 국제적 이슈로 만들었다. 그 후 한국외교는 독도이슈 방어를 위해 엄청난 자원과 인력을 도모해 일본과 싸워야 했다. 어느 것이 국익에 도움이 되는 일이었는지는 지금도 논란이 있다. 이같이 국익이란 말은 쉬워도 실제로는 정말 어려운 이야기다.

한국 외교정책의 금후 방향

앞으로 한국의 외교정책은 어떤 방향으로 나아가야 할 것인가? 첫째로 나는 한국 외교정책의 기조가 현실주의(Realism)에 굳건히 기반을 두어야 한다고 생각한다. 대표적인 현실주의 국제정치학자인 시카고대학의 한스 모겐소우(1904~1980, Hans Morgenthau) 교수는 의도가 좋은 것과 긍정적 결과와는 별 관계가 없다고 보았다. 절대적 선을 추구하기보다 차선을 추구하는 것이 더 나은 정책이라고 주장했다. 그는 국민의 인기에 영합하려는 것은 합리적 외교정책 수립을 방해한다고 말했다. 우리의 대북 정책이나 이웃 국가 정책에 참고할 만한 이야기다. 이상주의(Idealism)에 기초한 대외정책은 명분은 근사해 보이는데 실제 국제정치 현실과는 맞지 않은 경우가 많다. 외교정책을 도덕적 우월성, 선과 악의 관점에서 접근하는 것의 문제점은 이미 수많은 국제정치 현장이 증명해 주고 있다.

둘째로 외교정책 수립에서 과도한 국민정서, 대중적 인기에 영합하는 것을 조심해야 한다. 지나친 애국주의적(Patriotism), 민족주의적(Nationalism) 접근을 경계해야 한다. 근년 들어 한중일 세 나라 사이에 이러한 정서가 크게 표출되고 있는 것은 안타깝다. 세 나라 모두 정치 지도자들이 국내정치, 즉 국내적 지지를 얻는 데 더 신경을 쓰는 것 같다.

셋째로 유화지도자 콤플렉스를 유의해야 한다. 너도나도 강한 지도자라는 인상을 남기려 한다. 동서고금을 막론하고 유화주의자(Pacifist)란 말은 어느 나라나 정책수립자들이 가장 금기시하는 언어가 되었다. 미국이 베트남 전쟁의 수렁으로 계속 끌려들어 간 것도 유화주의 콤플렉스가 작용했다. 미국의 정책 결정권자들은 누구나 공산주의자에 대해 강경한 지도자로서의 모습을 보이고 싶어 했다. 협상은 약한 지도자의 모습이었다. 한국도 유화정책 콤플렉스가 있다. 대북정책에서는 일단 강경해야 했다. 유연성이 때때로 유화론으로 몰릴 수 있다.

마지막으로 '한국적 외교정책' 수립의 필요성을 이야기하고 싶다. 《강대국의 흥망》을 쓴 미국 예일대학의 폴 케네디 교수(1945~)는 2007년 매일경제와의 인터뷰에서 한국 특유의 외교 필요성을 이야기했다. 그는 "지정학적 문제와 인구, 영토 크기 때문에 한국은 초강대국이 될 수 없다. 17세기 해양강국이던 네덜란드가 모델이 될 수 있다. 한국은 효과적인 중간규모의 파워로서 입지를 유지해야 한다. 한국은 다극체제에 놓여있어 협상을 잘해야 하고 그러기 위해서는 일류외교관을 키워야 한다."고 언급했다. 한국 특유의 외교란 무엇인가? 한국적 외교정책이란 게 가능한가? 앞으로 우리 정책 수립자들이 고민해야 할 문제다.

외교 일선 복귀, 주인도특임대사

○ 외교부에서 정년퇴직 후 2년 동안 대학 강의를 했던 나는 2017년 새로 출범한 문재인 정부에서 픽업되어 주인도특임대사로 발령받는 행운을 가졌다. 인생에는 때때로 이런 예기치 못한 일도 일어난다.

인도대사로 임명되기 전인 2017년 5월 말에는 중국 특사단의 일원으로 북경을 방문했다. 이해찬 전 총리(단장), 심재철 국회외교통일위원장, 김태년 민주당 정책위의장(원내대표), 서주석 교수(후에 국방차관, 국가안보실차장)와 함께 시진핑 주석을 예방했고 양제츠 국무위원, 왕이 외교부장, 쑹타오 공산당 대외연락부장 등을 면담했다. 중국의 외교, 안보 핵심 라인이 총출동한 느낌이었다. 중국이 우리 정부 특사단에 이렇게 관심을 가지다니 정말 놀라웠다.

미국의 사드(THAAD, 고고도미사일방어체계) 한반도 배치 문제가 중국 측의 압도적 관심사였다. 우리 측은 졸지에 사드 문제 해결을 위해 방중한 사드대표단이 된 것 같은 느낌이었다. 왕이 외교부장(현 당정치국원)과는 오찬을 겸해 몇 시간 회담했는데, 역시 거의 사드 문제에 관한 것이었다. 왕이 부장은 사드의 X-밴드레이더가 탐지거리 1,800~2,000킬로에 달해 중국의 연해뿐만 아니라 중심까지 들여다볼 정도로 심각하고 직접적인 피해를 준다고 강조했다. 시진핑 주석도 40분 정도의 면담 시간 중 상당 부분 사드 문제를 거론했다. 시 주석이 문재인 대통령에 대해 "널리 내다보는 안목과 배짱을 가진 분으로 알고 있다"고 말하면서 큰 기대를 표했던 기억이 난다. 중국 측은 특사단 방문을 계기로 어떻게든 사드 문제에 관해 새 정부의 우호적 협조를 얻어내려는 것 같았다.

정치적 임명 대사직

여기서 잠깐 각국의 정치적 임명 공관장(Political Appointee) 제도에 대해 알아보기로 한다. 정권이 바뀌면 해외공관장 자리에 외부 인사들이 임명되는 경우가 있다. 한국에서는 이를 특임공관장이라고 한다. 보통 대통령과 특별한 관계가 있거나 정권 출범에 기여한 사람들이 발탁되는 경우가 많다.

이같이 직업외교관(Career Diplomat)이 아닌 사람을 대사로 임명하는 대표적인 나라가 미국이다. 미국의 경우 대사의 1/3은 정치적 임용으로 채우는 게 관례가 되었다. 그래서 대통령 선거가 끝나면 연례행사처럼 1~2천 명의 사람들이 대사 자리를 희망하며 기웃거린다. 대부분 대선에서 거액을 기부한 사람들이다. 이들은 주로 큰 현안이 없는 서유럽과 카리브해 지역에 배치된다고 한다. 대신 일이 고된 아시아, 아프리카, 중남미 등은 직업외교관들이 차지한다.

정치적 임명은 트럼프 행정부에서 특히 많았다. 딥스테이트(Deep State, 선출되지 않은 관료들이 물밑에서 미국 정부를 컨트롤하고 있다는 음모론) 이론에

경도되어 있던 트럼프 대통령(2017~2021)은 국무성과 직업외교관들을 노골적으로 불신했다. 국무성의 차관보급 이상 고위직을 거의 전부 외부 인사로 갈아치웠다. 해외공관 166개 대사직의 45%를 정치적 임명직(Political Appointee)으로 채웠다. 외교정책 수립도 백악관에서 했고 국무성은 거의 힘을 쓰지 못했다. 2021년 바이든 정부 출범 이후에도 상황은 비슷했다. 대사직을 희망하는 거액 기부 민주당 후원자들이 줄을 섰다. 오죽하면 뉴욕타임스가 '부자들이 대사직을 돈으로 사지 못하게 해야 한다(Stop letting rich people buy ambassadorships)'(N.Y.Times, 2021년 3월 18일자)는 사설까지 실었을까?

미국 국무부는 산하기관을 포함할 경우 직원 수가 7만 5천 명이나 되는 거대 조직이다. 그중 우리가 보통 외교직(Foreign Service Officer)이라고 부르는 직원 수는 8천여 명 정도다. 여기서 대사가 된다는 것은 정말 어렵다. 그런데 평생 그 일에 종사한 사람을 배제하고 선거에 돈 많이 기부한 사람들을 대사로 임명하다니… 국무부의 사기가 땅에 떨어지는 것은 당연한 일이다. 이에 따라 한때 미국외교협회(AFSA)에서는 정치적 임명을 10% 이내로 제한할 것을 건의하기도 했다. 그러나 이러한 제안이 실현될 것으로 생각하는 국무성 직원들은 없는 것 같다.

미국이 정치적 임명 대사가 많은 것은 그럴 만한 인프라가 갖추어져 있기 때문이다. 공관의 인력규모가 워낙 큰 데다 정무직 대사가 임명된 경우는 보통 공관의 서열 두 번째인 공관차석(DCM, Deputy Chief of Mission)이 직업외교관으로서 웬만한 실무는 알아서 처리한다. 공관 차석의 역할이 그만큼 중요하다. 미 국무성에서는 공관차석 인사 시 공관장이 자기 밑에서 일할 사람을 직접 고르게 한다. 실무는 차석이 거의 챙기고 대사는 보통 주재국의 유력인사들과 교류하며 대외활동에 주력한다.

주한 EU대사로부터 들은 이야기다. "내가 2000년대 스위스에서 대사로 일할 때 현지 미국대사는 부동산업자 출신으로 대선 시 적지 않은 기부를 한 사람이었다. 그가 하는 일은 대사관저에 최고급 와인을 구입해놓고 수시로 스위스의 정계 또는 국제스포츠계 거물들을 초청해서 파티를 하는 것이었다. 대사관 예산이 부족하면 자기 개인 돈을 쓰기도 했다. 실무는 거의 모르기 때문에 외국대사들은 업무상 협의할 일이 있으면 직업외교관인 공관 차석과 주로 연락했다."

정치적 임명이라고 해서 아무렇게나 대사들을 보내는 것은 아니다. 나름의 전통과 관례가 있다. 일본에는 은퇴한 정계 거물을 대사로 보내는 전통이 있었다. 먼데일 전 부통령 같은 거물들이다. 오바마 대통령 당시에는 존 F. 케네디 전 미국 대통령의 딸 캐럴라인 케네디를 주일대사(2013~2017)로 보냈다. 세계적 명사, 즉 셀럽을 보낸 케이스다. 케네디 대사가 아키히토 일본 천황에게 신임장을 제정하기 위해 왕실 마차를 타고 왕궁에 도착하는 장면은 일본 TV 방송을 통해 전국에 생중계됐다.

미국은 주중대사에도 중량감을 갖춘 정치인 출신을 많이 보냈다.

그들은 중국과 상당한 인연이 있고 중국어가 능통한 사람들이었다. 예를 들어 클라크 랜트 대사(2001~2008)는 조지 W. 부시 대통령의 예일대학 친구이자 중국어가 유창한 오랜 중국통이었다. 존 헌츠먼 대사(2009~2011)는 유타주지사 출신인데 타이베이에서 모르몬 선교사로 활동하여 중국어가 유창했다. 그 후임인 게리 로크 대사(2011~2014)는 워싱턴 주지사와 상무장관을 지낸 중국이민 후손이다.

미국은 한국에는 직업외교관 출신의 실무형 대사를 주로 보냈다. 한국은 워낙 현안이 많은 지역이라 상징적 인물보다 실무에 밝은 외교관이 필요했던 셈이다. 토머스 허바드, 크리스토퍼 힐, 알렉산더 버시바우, 캐슬린 스티븐스, 성김 대사와 현 필립 골드버그 대사(2022~) 등이 모두 이런 경우다. 과거 경력만으로는 최근 한국대사를 지낸 해리 해리스 대사(Harry Harris, 2018~2021)가 최고 거물급이다. 그는 태평양함대사령관, 태평양주둔미군사령관을 지낸 4성 장군 출신이다.

한국의 특임대사 임명

해외공관장에 외부 인사들을 임명하는 관례는 한국에도 있다. 외무공무원법 4조는 '외교관으로서 자질과 능력을 갖춘 사람을 특임공관장으로 임용할 수 있다'고 규정하고 있다. 외교부 관료가 아니더라도 공관장으로 임용할 수 있는 법적 근거다. 역대 정부마다 20% 정도를 외부인사로 임명했다. 외부 인사들을 공관장으로 임명할 때 내세우는 명분이 있었는데, 보통 대통령의 국정철학과 정책기조에 대한 이해, 과감한 정무적 판단과 실천 능력, 또 새로운 시각으로 공관 업무를 혁신할 수 있다는 점이다.

문재인 정부 들어서도 직업외교관 출신이 아닌 사람들이 다수 공관장에 임명됐다. 그런데 초기에 임명된 특임공관장(대사, 총영사) 중 상당수가 이런저런 이유로 2년을 넘기지 못하고 자리를 떠났다. 도중 하차한 경우가 많았다는 것은 외교의 세계가 만만치 않다는 것을 보여준 것이다. 대사관 업무 파악, 언어 문제, 조직 장악, 리더십, 도덕성 문제 등을 막상 해보니 외교관이 상당한 트레이닝이 필요한 직업이라는 것이 드러난 것이다.

내가 직업외교관 출신이어서인지 모르겠지만 결과적으로 역대 우리의 정치적 임명대사들이 기대만큼 못한 경우가 많았다. 아웃소싱 제도(특임 외교관 제도) 자체가 잘못된 게 아니라 적임자를 보내지 못했다는 이야기다. 능력 있는 외부 인사를 찾았다 하더라도 까다로운 고위공직 검증을 통과하기가 만만치 않은 현실적 문제도 있다.

나는 직업외교관으로서 60세 정년이 되어 공직을 떠난 뒤 다시 정무직 특임대사(주인도대사)로 일하게 된 특이한 경우다. 나의 장점은 다른 정무직 대사들과 같은 사전 수습시간이 필요 없었다는 점이다. 그간의 충분한 경험이 있었기 때문에 인구 14억 대국에 대사로 파견됐지만 바로 자신감 있게 일을 할 수 있었다. 그리고 정무직으로 발탁되니 또 다른 장점이 있었다. 외교부 안팎에서 힘 있는 대사로 인정해 준 점이다. 그래서 공관 장악이나 교민 사회, 현지 한국기업들과의 관계에서도 일하기가 편했다. 만 62세에 특임대사로 부임했는데 나이가 있다는 게 유리하다는 생각을 많이 했다. 지금은 옛날과 달리 체력적으로도 60세는 은퇴할 나이가 아니다. 사물을 보는 눈이나 판단력에도 훨씬 여유가 생겼다.

4강대사 임명과 관련한 논란

우리의 경우 특히 소위 4강대사라고 불리는 미국, 중국, 일본, 러시아에 특임대사들이 많이 임명되었다. 가장 큰 명분은 정부와 통치 철학, 즉 코드가 맞는 사람을 보내야 한다는 것이었다. 직업외교관들의 충성심에 대한 신뢰 부족이 원인일 수도 있다. 또 하나는 뭔가 중량감 있는 인사를 보내야 한다는 선입견이다. 그런데 공직의 반 이상을 해외에서 보내고 국내에서 인지도 제로에 가까운 직업외교관들에게 중량감을 기대한다는 것은 무리다.

반기문 전 유엔사무총장은 2017년 10월 싱크탱크 주최 강연에서 문재인 정부의 한반도 주변 4강대사 인선을 비판한 일이 있다. 그는 4강 대사 자리가 "아무나 보내도 되는 자리가 아니다"라고 말하고 "미국처럼 국력이 뒷받침되는 강대국은 부동산업자가 대사로 나가도 문제가 될 게 없지만, 한국은 사정이 다르다"고 비판했다. 당시 기용된 4강대사들은 외교경험이 없는 정치인 출신들이거나 대선 캠프에서 일한 교수들이었다. 그는 또 대사가 영어나 현지어 가운데 하나는 반드시 해야 하며 현지어를 하더라도 주재국에서 열리는 국제 회의에 참석하기 위해서는 영어능력이 필요하다는 점을 강조했다. 실제로 직업외교관들은 해외공관장(대사, 총영사)이 될 때 다시 한번 영어 능력 검증을 받는다. 일정 등급 이상의 영어 성적이 있어야 한다. 그래서 본부 국장급 이상을 지낸 시니어 외교관들도 공관장 발령을 앞두고 영어 등급을 받기 위해 사무관급 주니어 직원들과 함께 시험장에 나타난다. 당시 반 총장의 발언은 상당한 파문을 일으켰다.

주중대사 임명의 문제점

내가 중국 북경에서 오래 근무해서인지 중국의 예가 특히 눈에 띈다. 한국이 직업외교관이 아닌 외부 인사를 대사로 보내는 가장 대표적인 곳이 중국이다. 역대 한국 정부는 주중대사직을 정치적 보상의 자리로 많이 활용했다. 실무보다는 대통령 주변 측근에 대한 배려 차원이다. 선거 등에 공이 크거나 청와대에서 고생한 데 대한 보상이다. 자리의 중량감과 명예도 있고 해서 국내에서 정치적 재기를 노리는 인사들이 선호하는 자리가 되었다.

그렇지만 종종 오해가 있었다. 주중대사는 외국어를 못해도 가능하다는 착각이다. 중국어 통역을 쓰면 되지 않느냐고 쉽게 생각한다. 그래서 정치권 인사들이 쉽게 주중대사를 희망한다. 그러나 실제는 많이 다르다. 중국에서도 일상적 외교활동(외교리셉션, 오만찬, 타국 대사들과의 면담)은 거의 영어로 이루어진다. 영어가 안 되면 외톨이가 된다. 통역을 데리고 가 중국 사람들을 만나는 일 이외에는 할 수 있는 일이 없다. 서울에서 오는 한국 인사들을 만나 열심히 외교가 아닌 내교만 하다 돌아올 수도 있다.

정부에서는 주중대사로 '중량급' 인사들을 보냈을 때 이들이 중국 정부로부터 상응한 대접을 받을 줄 알았다. 그러나 우리 정부의 기대와 달리 특별한 배려가 없었다는 점이 공통적 의견이다. 한 커리어 외교관의 증언이다. "한 중량급 대사는 한국에서 장관급을 했으니 중국에서도 상응한 인사를 업무 파트너로 만날 수 있을 거라고 기대했으나 전혀 현실과 달랐다. 부임 후 이전에 자신이 일했던 부처의 중국 측 장관 예방을 신청했으나 성사되지 못했다. 그 중국부처에서는 오랫동안 답이 없다가 과거 대사가 장관 시절 만난 일이 있는 퇴직한 전 장관과의 오찬 면담을 주선해 주었다."

북경에서 특파원으로 오랫동안 일했던 중앙일보의 유상철 기자는 정무직으로 임명된 주중대사직은 실제로는 '비통한 자리'라고 말하기도 했다. 그간의 경력에 걸맞은 대우를 못 받는다는 이야기다. 정치적 임명 대사들의 장점은 서울 집권층에 영향력과 네트워크가 있는 점이었다. 이 점은 공관의 애로사항들을 해결하는 데 도움이 됐다. 반면 아쉬운 점은 대외활동이 약했다는 것이다. 평소 해외에 아는 사람이 많지 않은 데다 언어도 불편하니 본인들도 답답했을 것이다.

정치적 임명 대사로 가장 존재감이 있었던 대사는 김영삼 정부 당시의 황병태 대사(1993~1995)였다. 당시는 아직 중국의 위상이 지금 같지 않았기도 했고 또 중국이 황 대사 개인의 경력과 역량을 높이 평가했기 때문으로 보인다. 그는 한중경협 초기 단계에 대사로 부임해 양국관계를 급진전시키는 데 크게 기여했다. 황 대사는 개혁 개방 초기 경제 발전에 몰두하던 중국이 좋아할 모든 것을 갖춘 대사였다. 그는 박정희 대통령의 총애를 받았던 경제 관료였다. 또 중국인이 좋아하는 미국 하버드대학과 버클리대학에서 석사와 박사학위를 받은 학자적 경력도 있었다. 대학총장(한국외대)을 지내기도 했다. 정치에 뛰어들어 국회의원을 하면서는 김영삼 대통령의 측근으로서 상당한 정치적 역량을 발휘한 분이었다.

그는 주중대사 재직 시 최고의 대우를 받았다. 장쩌민 국가주석이 시성 이백(李白)의 시 〈조발백제성(早發白濟城)〉을 화선지 전지에 휘호로 써 황 대사에게 선물하기도 했다. 그는 북한 핵 문제 해결 방안으로 미-중 간의 '등거리 외교'를 주장하다가 언론의 공격을 받기도 했다. 그가 서울로 돌아온 뒤에도 탕자선 국무위원 등 거물급 인사들의 방한 시 사적으로 황 대사와의 별도 만남을 요청하곤 했다. 이런 대우를 받던 시대는 지난 것 같다. 물론 시대 환경도 그때와는 많이 달라졌다.

"Right time, Right place", 인도에서 무엇을 할 것인가?

2018년 1월 인도에 특임대사로 부임한 직후 인도 외교부의 자이샨카르수석차관(현 외교장관)이 하던 말이 생각난다. "Right time, Right place!" 인도가 크게 부상하고 있는 이때 딱 맞는 자리를 찾아왔다는 이야기였다. 사실 인도에 부임하기 전까지 나는 인도에 대한 특별한 전문성은 없었다. 인도 최대의 도시 뭄바이에서 열렸던 국제 회의에 출장차 한 번 다녀온 것이 인도 경험의 전부였다. 이 거대한 나라의 수도(뉴델리)에조차 다녀온 일이 없는 사람이 대사로 부임하다니? 실제로 인도에 부임하면서 나는 뉴델리가 공기와 물이 좋지 않으니 조심해야 한다는 정도의 상식만 가지고 도착했다. 그렇지만 나는 큰 부담을 느끼지 않았다. 외교관을 직업으로 삼십수 년을 보내고 나니, 앞으로 이곳에서 벌어질 일들이 대략으로 머릿속에 그려졌다.

요르단에 초임대사로 부임했을 때와 똑같이 나는 무엇을 해야 할 것인가를 고민했다. 나만의 큰 아젠다를 만들어 눈에 보이는 결과를 만들어내고 싶었다. 우선 부임하자마자 대통령의 인도 방문을 준비해야 했다. 정상의 방문 자체가 큰 파급력을 가진 외교 아젠다다. 재임 기간 중 세 차례의 국빈급 방문을 성사시켰다. 2018년 7월 문재인 대통령의 인도 국빈 방문, 11월의 김정숙 여사의 인도 최대 축제인 디왈리 축제 주빈 참석 그리고 다음 해 2월 모디 총리의 한국 국빈 방문이다. 문 대통령 방문은 내가 부임 시 이미 예정되어 있던 일이었으나 모디 총리의 한국 방문은 대사관이 적극적으로 움직여 만들어낸 일이었다. 7개월여 사이에 세 차례의 국빈방문 행사가 이뤄진 것은 아마도 우리 외교에서 매우 드문 일일 것이다.

제조업 대국 한국, 매력적 국가

나는 한국 기업의 인도 진출을 위해서 나름으로 열심히 뛰어다녔다. 대사의 비전으로는 너무 크다는 생각도 했지만 '한국 경제의 새 성장 동력을 인도에서 찾겠다'는 큰 꿈을 가졌다. 한국 기업의 요청이 있으면 최우선적으로 그곳부터 뛰어갔다.

2019년 초 인도 철강부에 초치되어 한-인도 합작 일관제철소 건설 제안을 받았다. 인도 측은 모디 총리의 직접 지시라고 하면서 단시일 내에 사업을 진전시키기를 원했다. 만성 적자에 시달리던 인도 대형 국영제철소에 충격을 주고 세계 최고의 경쟁력을 가진 한국의 철강회사를 끌어들여 경영을 획기적으로 개선하려는 의도가 있는 것으로 보였다. 나는 요르단 연구용원자로사업을 성사시켰을 때가 생각나며 갑자기 의욕이 넘치는 것을 느꼈다. 특히 포스코(POSCO)가 인도 동부 해안 오디샤주에 일관제철소를 건설하려고 10여 년을 뛰어다니다 결국 뜻을 이루지 못하고 물러선 일도 있고 해서 더욱 관심이 갔다. 그 뒤의 일이지만 2020년 내가 대사로서 한국기업 대표단을 이끌고 오디샤주를 방문했을 때는 공항 입구에 나의 사진이 박힌 거대한 환영 간판이 걸려있었던 것도 생각난다. 포스코의 제철소 건설 제안을 승인하지 않았던 오디샤주가 뒤늦게나마 당시의 결정을 후회하며 한국 기업 유치를 위해 애쓰는 모습이었다.

나는 인도 측 제안을 받자마자 뉴델리에 주재하고 있던 포철과 현대제철소 관계자들과 함께 인도 측이 합작을 제안한 안드라프라데쉬(AP)주 비샤크파트남국영제철소를 방문했다. 2만여 명이 일하는 엄청난 규모의 제철소였다. 회사 의장대를 사열하기도 했다. 2019년 2월 공관장 회의 참석차 귀국했을 때는 마침 인도 철강부와 업계대표단이 방한했는데 이들과 함께 포스코 광양제철소와 현대제철의 당진 공장을 방문했다. 현지 대사가 기업 투자에 어느 정도 역할을 해야 하는지, 또 할 수 있는지는 논쟁 거리가 될 수 있다. 어쨌든 나는 양측을 엮어주기 위해 최선을 다했다.

　하지만 워낙 대형 프로젝트인 데다 계속된 코로나 사태로 진전이
늦었는데 인도 측이 합작을 제안한 제철소를 방문했던 포스코대표단이
노조원들에 둘러싸여 어려움을 당했다는 소식도 들었다. 그 후 2022년
초 포스코와 인도 재벌인 아다니그룹 간에 서부 구자라트주에 일관제
철소를 건설하는 포괄적 협력 양해각서가 체결되었다는 뉴스를 보았
다. 실제 진전 여부는 좀 더 두고 보아야겠지만 어쨌든 포스코의 일관
제철소 프로젝트가 계속 진전되고 있는 것 같아 다행이다.

　재임 중 가장 성공적인 한국 기업 인도 진출 사례는 안드라프라데
시(AP)주에 진출한 기아자동차. 나는 기아 측(심국현 현지법인장) 지원 요
청이 있으면 만사를 제치고 비행기로 3시간여 거리인 기아자동차 공장
으로 향했다. AP주 총리와 관련 장관들을 수시로 만났다. 공장 준공식,
신차 출시 행사 등에도 참석했다. 인도 시장에 신규로 뛰어든 기아는
도요타, 혼다 등 기존 업체들을 제치고 불과 2~3년 만에 인도 시장 점
유율 4위의 큰 성공을 거두었다. 2018년 기아가 막 공장 건설을 시작했
을 때 인도 부동의 1위 자동차 업체인 마루티 스즈키사의 회장이 나에
게 한 말이 기억에 난다. "자동차 산업이 그렇게 간단한 게 아니다. 공장
과 딜러들만 확보했다고 되는 것도 아니다. 브랜드가 자리를 잡으려면
상당한 시간이 걸린다. 우리는 기아를 경쟁 상대로 생각하지 않는다."
그 회장은 지금쯤 무척 놀라고 있을 것이다.

나의 재임 기간 중 삼성전자도 델리 인근 노이다의 스마트폰 공장을 세계 최대 규모로 확장했고 이제 시장점유율에서 중국과 1, 2위 경쟁을 하고 있다. 인도 가전 시장에서도 삼성과 LG가 점유율의 거의 과반을 차지하고 있다. 대사도 운이 좋아야 한다. 내가 재임 중 인도에서 한국 기업들이 크게 약진한 것은 어찌 되었든 현지 공관장으로서는 자부심을 가질 일이다.

"한국 후보와는 국제기구 선거에서 붙지 마라!"

외교관이 하는 일상적인 일 중 하나는 주재국과의 각종 교섭 업무다. 그중에는 국제기구 입후보자에 대한 지지교섭도 있다. 본부에서 지시가 떨어지면 해당 공관은 주재국 외교부와 지지교섭에 들어간다.

가장 대표적 성공 사례는 2006년 반기문 외교장관의 유엔사무총장 출마와 당선이었다. 나는 인도 재직 시 셀럽 정치인이자 베스트셀러 작가인 샤시 타루르(1956~, Shashi Tharoor) 의원과 친하게 지냈는데 그가 나에게 한 말이 기억에 남아있다. "한국 후보와는 국제기구 선거에서 절대 붙지 마라!" 한국은 여하튼 지독하다는 이야기였다. 그는 유엔 사무차장 재직 시 사무총장선거에 출마해서 반기문 후보와 경합한 일이 있었다. 그는 여타 후보가 뉴욕에서 선거운동을 할 때 반기문 후보는 정부의 지원을 받으며 아프리카 중남미 등 안보리이사국 15개국 모두를 직접 찾아다녔다고 말했다.

2020년 유명희 통상교섭본부장의 세계무역기구(WTO) 사무총장 출마 시는 범정부적인 선거 지원이 있었다. 외교부 본부에서 끊임없이 대사관으로 교섭지시가 내려왔다. 인도에는 문 대통령의 서한부터 국회의장, 부총리, 외교장관, 국회 외교통일위원장 또 후보 본인 명의까지 온갖 지지요청 서한이 쏟아졌다. 코로나 상황으로 대면접촉이 쉽지 않은 상황에서 현지 공관은 무척 고생을 했다. 그런데 명분(개발도상국, 아프리카)과 인물론(국제적 인지도, 경륜, 정치적 중량감)에서 나이지리아의 응고지 오콘조이웨알라 후보와 차이가 났다. 한국은 우월한 국력을 배경으로 기적을 만들어보려 했으나 처음부터 힘든 게임이었다.

나는 요르단대사로 재직 시 우리 후보가 유엔세계관광기구(UNWTO) 사무총장 선거에 출마했던 상황도 기억하고 있다. 마침 관광이 주요 산업인 요르단 정부도 후보를 냈는데 경력 및 국제적 인지도 면에서 우리 후보보다 많이 앞섰다. 그럼에도 요르단 정부는 한국의 입후보에 굉장히 신경을 썼다. 정확히는 우리 후보가 아니라 한국이라는 나라의 힘을 두려워했다. 외교부 간부가 나에게 유엔 사무총장을 배출한 한국이 이런 기구 사무총장까지 해야 하겠느냐며 볼멘소리를 하던 기억이 난다. 결국 요르단 후보가 사무총장이 됐다. 앞의 세 가지 입후보의 예에서 보았지만 국제기구의 장을 배출하는 것이 쉬운 일은 아니다. 그리고 본부에서 냉정히 판단해 주어야 한다. 그렇지 않으면 해외공관이 무척 고생한다. 그러는 과정에서 국제사회로부터 인심을 잃을 수도 있다.

26개 주 방문과 네트워킹

재임 중 지방 출장도 적극적으로 했다. 대사는 자기 관할 지역을 하나의 지역선거구로 생각해야 한다. 수시로 방문하고 관리해야 한다. 나는 재임 중 인도 대부분의 지방을 방문하고 싶은 꿈이 있었다. 2020년 코로나 사태로 약간의 차질이 생겼지만 그래도 재임 중 26개 주를 방문했다. 인도는 연방국가로 30개 주(28+2)가 있는데 주(State) 하나의 면적이나 인구가 한국과 비슷할 정도다. 그렇게 생각하면 26개 국가를 방문한 셈이다. 아마도 대사 중에서도 거의 기록일 것이다. 많은 출장이 지방 정부의 초청에 의한 행사 참석이었다. 대사관에서 오래 근무한 인도 현지 직원은 역대 대사 중에 내가 출장을 가장 좋아하는 대사였다고 말했다.

각 지방 정부들은 외국 기업의 투자를 끌어들이고 관광산업을 육성하기에 유력한 국가의 대사들을 적극 초청했다. 경제 강국 한국대사는 늘 인기 있는 초청대상이었다. 대사의 힘은 자기가 대표하는 국가의 힘에서 나온다. 한국대사라는 모자를 쓰고 못할 일이 거의 없다. 어느 인도 재계 인사가 나에게 해준 말이 있다. "2백 년 동안 인도를 지배했던 영국 기업들의 존재감을 모두 합해도 인도에서 한국의 삼성, LG, 현대자동차 세 기업의 존재감보다 못하다." 삼성, LG, 현대자동차 등은 전 세계 어디에나 통하는 브랜드다. 거기에서 대사의 힘이 나온다.

지방 출장은 나름으로 의미가 컸다. 첫째 한국의 존재감을 보여주는 데 이보다 나은 방법이 없었다. 돈 안 들이는 홍보다. 둘째 네트워킹의 좋은 기회였다. 보통 행사장에서 한꺼번에 지방정부의 총리나 주요 장관을 만나 명함을 교환할 수 있었다. 셋째 비용도 적게 들었다. 체재비를 초청 측이 부담하는 경우가 많았기 때문이다. 국내 항공료만 있으면 됐다. 마지막으로 기분 전환의 기회, 보통 새로운 아이디어와 일거리를 가지고 돌아올 수 있었다.

인도에서 대사로 일하면서도 많은 사람을 사귀었다. 그중 특별히 기억에 남는 네트워킹은 야당의 유력 정치인 두 사람을 사귄 일이다. 사실 현지 대사가 여당이 아닌 야당의 유력 인사들과 가깝게 지내는 것은 조심스럽고 신경이 쓰이는 일이다. 한 사람은 인도를 거의 한 세기간 통치해 온 네루 가문의 황태자인 라훌 간디(Rahul Gandhi) 제1야당 대표였고 또 한 사람은 유엔사무차장을 지낸 샤시 타루르(Shashi Tharoor) 의원이었다.

두 사람 모두 수백만 명의 SNS 팔로워를 가진 셀럽 정치인들이었다. 두 사람은 내가 대사관저에 초청해 여러 차례 오, 만찬도 했다. 특히 라훌 간디 의원에겐 2019년 총선에서 모디 총리의 집권당에 크게 패해 어려운 상황에 있을 때 측근 보좌관 4명과 함께 한국을 일주일간 방문할 수 있도록 주선했다. 어려울 때의 도움이 기억에 더 남는 법이다. 지인인 이근 국제교류재단(Korea Foundation) 이사장(서울대 국제대학원 교수)이 방한 초청 비용 문제와 관련해 적극적으로 도와주었다.

정상외교의 정치학
해외에서 공관장으로 근무하게 되면 많은 손님을 맞게 되지만 대통령의 방문만큼 신경 쓰이는 게 없다. 물론 총리나 국회의장 등 다른

3부 요인들의 방문도 중요하지만 그 규모나 의전의 까다로움에서 대통령 행사와는 비교할 수가 없다. 최소한 몇 달 동안 해외공관이 초비상에 들어간다. 잘 끝나면 다행이지만 뭔가 문제라도 생기면 크게 낭패를 볼 수도 있다. 거물급 직업외교관이었던 공로명 전 장관도 주일대사 시절 김영삼 대통령의 일본 방문(1994)이 끝나고 특별기가 떠나는 것을 보며 어린아이같이 좋아하더라는 이야기를 들은 적이 있다. VIP 행사가 별 탈 없이 끝났을 때의 안도감과 해방감은 겪어본 사람만이 알 수 있다.

각국 정상들도 골치 아픈 국내를 벗어나 화려한 의전이 따르는 정상 회의 참석을 즐긴다. 한국의 대통령 중에는 취임 초기 외교부에 대해서 아주 비판적이다가 해외 순방을 몇 차례 다녀온 뒤 외교관에 대한 인식이 바뀌는 경우가 많았다. 정상들도 해외여행을 하면서 배운다. 거기서 인스프레이션을 받는다. 그런 영감이 국가정책에 영향을 끼친다.

정상외교의 반은 의전(Protocol)이고 나머지 반이 실질 문제(Substance)다. 의전은 정치적 상징(Political Symbolism)을 만드는 작업이다. 언론에 어필할 좋은 그림을 만드는 것이다. 나의 인도 근무 당시인 2020년 2월, 트럼프 대통령이 인도를 방문했다. 방문 종료 후 미국 대사관이 방문 결과 설명회를 가졌다. 방문의 의미를 한마디로 '정치적 상징 만들기(Political Symbolism)'라고 정리했다. 양국 정상 간, 양국 국민 간의 각별한 관계를 연출하는 것이 그런 것이다.

정상 간 유대 쌓기 위주의 정상 회의도 있다. 국제적으로 활발한 외교활동을 펼치는 모디 인도 총리가 개발한 비공식 정상 회의(Informal Summit)가 그런 것이다. 이런 정상 회의는 첫째 의전을 거의 배제한다. 공항 도착, 출발 등에 영접 행사가 별도로 없다. 둘째 정상 간의 1대1 대화다. 외교장관 등 많은 사람이 따라가지만 회담 전후에 조언만 하고, 오직 통역만 배석한다. 셋째 미리 결정된 아젠다(의제)가 없다. 역사, 문화, 세계정세 등 자유롭게 의견을 나눈다. 넷째 통상 수도가 아닌 곳에서 개최한다. 문화유적 도시, 리조트 등이다.

모디, 시진핑 회담은 중국의 우한(2018) 그리고 인도의 타밀나두주 고대 유적 도시인 마말라푸람(2019)에서 개최됐다. 모디 총리와 푸틴 러시아 대통령의 비공식 정상 회의(2018)는 흑해 연안의 소치에서 개최됐다. 옷차림도 와이셔츠 등 캐주얼한 차림이다. 정상들만의 특별한 시간을 통해 인간적 친밀함과 유대감을 만들어내는 것이 주목적이다.

문재인 대통령의 인도 국빈 방문

2018년 7월, 3박 4일간 문재인 대통령이 인도를 국빈 방문했다. 당초 우리 정부에서는 3~4월 방문을 희망했으나 인도 측 정상 일정이 이미 꽉 차있어서 도저히 시간을 만들 수 없었다. 뉴델리는 외국정상들이 방문하지 않는 날이 거의 없어 보였다. 그해 상반기 6개월 동안에만 50개국 정상이 방문했다. 상상이 되는가?

대사관은 과거 우리 대통령들의 인도 방문과 다른 차별성 있는 일정을 만들려고 무척 고심했다. 그해 상반기에 방문한 다른 나라 정상들의 일정도 면밀히 조사, 검토했다. 대부분이 수도인 뉴델리 이외에 한두 개 도시를 더 방문하고 있었다. 나는 인도 제1의 경제도시인 뭄바이를 방문해서 현지 조사를 한 뒤에 뉴델리와 뭄바이를 엮은 일정안을 본부에 보고했다. 중국에 대입해 보면 북경과 상해를 엮어 방문하는 식이다. 뉴델리 인근의 아그라를 들르는 것도 포함했다. 아그라에서는 한국전 참전부대를 방문한 뒤 타지마할을 들르는 일정이었다. 결과적으로 이 안은 채택되지 않았고 뉴델리에서만 3박 4일을 보내게 됐다. 공관장이 열정을 가지고 열심히 뛰어 제안한 일정안이 받아들여지지 않을 때는 큰 스트레스를 받는다. 나도 큰 좌절감을 느꼈다.

그중에서 타지마할 방문은 인도 측이 꼭 일정에 넣어주기를 희망했던 곳이다. 트럼프, 마크롱, 트뤼도 등 많은 외국정상이 그곳을 방문했다. 공관장으로서 내가 고심했던 것은 언론 보도 문제였다. 인도 언론들은 웬만한 정상들의 방문은 아예 보도도 하지 않았다. 나로서는 우리 대통령 방문 시 인도 언론이 어느 정도 기사화해 줄지도 사실 걱정이었다. 언론이 거의 보도하지 않는다면? 그것은 대사인 나에게는 끔찍한 일이 될 수밖에 없었다. 그런데 인도 언론은 외국정상들의 타지마할 방문은 늘 사진 기사로 보도했다. 그런 점도 내가 타지마할 방문 일정을 본부에 건의한 하나의 이유였다.

결국 뉴델리 체재만으로 결정되면서 3박 4일의 뉴델리 일정 만드는 작업에 돌입했다. 대사관에서는 갖가지 아이디어를 생각했다. 양측 모두 두 정상 간의 개인적 친교일정을 만드는 것에 관심이 컸다. 모디 총리 관저에서 두 정상이 조찬 후 함께 정원에서 요가를 하는 아이디어도 생각해 보았다. 심지어 대사관에서는 한국의 크리켓 대표팀(2013년 결성되어 국제경기에도 나간 경험이 있다고 함)을 인도에 초청해 인도의 마이너팀(소외계층 젊은이들로 구성)과 시범 친선 경기를 하는 안도 생각했다. 우리 대통령과 모디 총리가 참석해서 시구하는 것이다. 인도 사람들이 크리켓이라고 하면 미칠 정도로 열광하는 점을 감안한 것이었다.

평소 크리켓을 후원하던 LG 인도 법인의 김기완 부사장이 적극적으로 나왔다. 관중을 동원할 자신도 있다고 했다. LG 홍보 모델이던 인도 크리켓의 영웅 사친 텐둘카(Sachin Tendulka)를 인도팀 감독으로 초청하면 사람들이 그를 보러 온다는 것이다. 소액의 입장료를 받아 모두 인도의 불우 이웃을 위해 기증한다는 안도 제시했다. 본부에 보고도 했는데 막상 인도 외교부에서 난색을 표했다. 너무 리스크가 크다는 이야기였다. 크리켓 스타디움 예약, 관중 동원 문제, 당일 비가 올 가능성 또 경호 문제 등…. 정상행사를 그렇게 많은 불확실성 속에서 할 수는 없다고 해서 결국 포기했다.

결과적으로 언론, 특히 한국 언론의 가장 큰 스포트라이트를 받은 것은 삼성전자 방문 행사였다. 뉴델리 인근 노이다 공단에서 열린 삼성전자 신공장 준공식(단일 공장으로는 세계 최대의 스마트폰 생산 공장)에 양국 정상이 함께 참석하는 행사였다. 문 대통령 참석도 어렵게 결정되었는데 막상 모디 총리를 참석시키는 데 적지 않은 어려움이 있었다. 인도 측은 모디 총리가 외국기업 테이프 커팅 행사에 참석한 예가 없다면서 난색을 표해 어렵게 설득했다. 삼성 측도 이 행사에 큰 관심을 가지고 김원경 부사장 등 고위대표단이 사전에 뉴델리를 방문하기도 했다.

이 행사가 국내언론의 큰 주목을 받은 것은 새로 취임한 문재인 대통령과 재판 등으로 국내에서 어려움에 처해있던 당시 삼성전자 이재용 부회장이 처음으로 만난 것과 관련이 있다. 청와대 의전팀은 하루 전날까지 행사장에서 이 부회장의 좌석을 어디에 배치하느냐를 두고 고민하고 있었다. 한심한 것은 대통령과 모디 총리가 착석한 행사 연단에 현지 대사는 빼고 업무와 별 관계가 없는 장관, 청와대 관계자들을 쭉 앉힌 것이다. 외교 의전이 아닌 내부정치가 작용한 것 같았다. 인도 정부가 현지 대사를 어떻게 생각할까 부끄러웠다. 어쨌든 이 행사는 국내언론의 큰 관심을 끌었다. 양국 정상과 이재용 부회장이 함께하는 사진을 거의 1면 머리기사로 다루었다. 특히 문 대통령과 이 부회장 간의 조우는 장면 하나하나를 디테일하게 스케치할 정도로 자세하게 다루었다.

행사장에 가는 과정도 드라마틱했다. 당초 계획에는 차량 모터게이트 편으로 가는 것이다. 그런데 인도 측이 행사 직전에 지하철을 타고 가는 것으로 변경한 내용을 우리 측에 사전에 알려주지 않은 것이다. 청와대 수행 경호팀은 당황했다. 그러나 나는 오히려 잘됐다고 생각했다. 이 지하철 구간은 삼성물산이 건설에 참여했고 현대로템이 전동차량을 공급한 곳이었다. 두 정상이 옆자리에 앉아 11개 구간을 담소를 나누며 갔다. 두 정상의 동행 장면은 실시간으로 SNS로 중계되었고, 차량이 정차할 때마다 플랫폼의 인도 사람들이 열광했다. 이 장면은 한국 언론에서도 큰 화제였다.

정상회담의 핵심적 사항은 공식수행원 전원이 참석하는 공식 정상회담 전에 개최되는 소규모 정상회담에서 논의되는 경우가 많다. 문 대통령이 회담 전 혼자 소파에 앉아 열심히 공부하던 모습이 생각난다. 우리 쪽에서는 강경화 장관과 나 그리고 남관표 국가안보실차장만이 배석했는데 배석자는 경청하고 기록하는 것 외에는 특별한 역할이 없었다. 이 자리에서 방위산업 분야 협력 등 민감한 사안들이 협의되었는데 모디 총리는 11월 개최되는 인도 디왈리 축제에 한국에서 최고위급 대표단을 보내줄 것을 요청하기도 했다(나중에 김정숙 여사가 주빈으로 참석했다).

놀라운 것은 인도 정부가 문재인 대통령을 그간의 다른 정상들과는 비교할 수 없을 정도로 극진한 대접을 한 것이었다. 확실한 임팩트를 주려는 모디 총리의 의중이 들어간 게 틀림이 없었다. 공항에서 숙소로 가는 곳곳에 문 대통령의 대형 사진과 환영 플래카드가 걸렸다. 상반기 50여 개국 국가원수의 인도 방문 중 처음 있는 일이었다. 나도 인도 측의 이런 준비 상황을 사전에 모르고 있었기에 무척 놀랐다(나중에 정상방문을 앞둔 중앙아시아의 어느 대사가 이전에 없던 대형입간판 등을 어떻게 교섭해서 걸게 했는지 나한테 찾아와서 물었다).

물론 정상회담 성공, 실패의 가장 큰 판정자는 바로 정상 자신이다. 대통령은 아주 흡족한 기분으로 인도를 떠났다. 청와대 참모들도 지금까지 문 대통령의 해외방문 중 가장 성공적인 방문이었다고 코멘트했다. 문 대통령은 귀국 후 국무회의에서 "인도가 멀지 않은 시기에 G-3로 도약할 것으로 본다"고 말하고 "한국이 그동안 인도에 너무 소홀했다"는 소감을 이야기했다고 한다.

하여튼 해외공관장에게는 정상 행사는 엄청난 긴장의 시간이다. 행사가 무사히 끝났을 때의 안도감과 희열은 말로 다할 수 없다. 나는 큰 행사별로 참사관급 책임자를 지정하고 세부사항은 완전히 믿고 맡겼다. 대신 나는 큰 그림에 신경을 쓰고 전체 상황을 챙기는 역할을 했다. 결과적으로 그게 훨씬 효율적이었다. 동기 부여를 받은 직원들도 각자 최선을 다했다. 모든 직원이 열심히 잘해주었지만, 전반적 의전 책임을 맡았던 대사관 정무팀 유창호 공사참사관과 유소영 서기관이 특히 수고했다. 뛰어난 직원들이었다.

이후 한-인도 양국관계는 전반적으로 크게 발전했다. 인도 정부는 2018년, 사상 처음으로 인도 고교 역사 교과서에 한국역사를 포함시켰다. 중국, 일본과 똑같은 6페이지 분량이었다. 또한 한국인들에게는 예외적으로 도착비자 제도를 시행하는 특혜를 제공했다. 그때까지 인도가 도착 비자를 허용한 나라는 일본뿐이었다. 그리고 2020년에는 한국어를 중고교 과정의 제2외국어로 추천했다. 중국어를 빼고 한국어를 추천한 것이다. 2021년 중에는 인도 뉴델리 시내에 '한-인도 우호공원'(5천 평 규모)이 건립되었다. 한국전 참전 국가 중 유일하게 참전기념비가 없던 인도에 처음으로 참전기념비가 세워졌다.

영부인의 첫 단독 외국 방문

문 대통령의 인도 방문 4개월 뒤인 11월에는 김정숙 여사가 인도를 방문했다. 인도 북부 우타르 프라데시(UP, 인구 2억 명의 인도 최대의 주)의 고도 아요디아(Ayodia)에서 개최된 힌두 최대의 축제인 디왈리 행사에 주빈으로 참석한 것이다. 디왈리 축제는 매년 11월경 인도 전역에서 개최되는 힌두 축제로 라마신이 승리해서 귀환한 것을 기념해서 전국이 등불을 밝히는 빛의 축제다. UP주는 중앙정부와 협의한 뒤 라마신의 고향인 아요디아에서 개최되는 디왈리 행사를 국제적 행사로 만들려고 했다. 그리고 그 첫해 주빈으로 한국의 VIP를 초청하려 한 것이다. 이에 따라 행사개최지인 UP주는 그해 4월에 우리 대통령을 디왈리 축제와 함께 마침 같은 도시에 조성 중이던 허왕후 기념공원 기공식에 초청하는 요기 주총리 명의의 초청장을 보내왔다. 그런데 문 대통령은 11월의 디왈리 행사보다 앞선 7월 인도를 국빈방문했다. 문 대통령의 디왈리 축제 참석은 불가능해진 것이다. 그러자 모디 총리가 문 대통령과의 정상회담에서 이 문제를 다시 꺼냈다. 그는 이 행사의 중요성을 이야기하며 한국에서 '최고위사절단'을 파견해 줄 것을 요청했다. 나는 모디 총리가 소인수 정상회담에서 이 문제를 이야기하는 것을 보고 이 행사에 무척 신경을 쓰고 있구나 하는 것을 느꼈다. 그 후 인도 외교부는 우리 측에서 누가 오는지를 계속 문의해 왔는데, 그 또한 모디 총리가 챙기기 때문이라고 했다. 정부는 막판까지 '최고위급 사절'로 누구를 보낼 것인가를 고민한 것 같았는데 행사가 임박한 10월 중순경이 되어서야 영부인인 김정숙 여사가 도종환 문체부장관과 함께 방문하는 안이 검토되고 있음을 대사관에 알려왔다. 인도 측은 이 소식을 접하자 바로 모디 총리 명의로 영부인을 초청하는 초청장을 보내왔다. 우리 정부는 모디 총리 명의의 초청장을 접수한 후 최종적으로 영부인의 방문을 결정하고 인도 측에 통보했다.

우리 정부가 김정숙 여사 파견을 결정한 것은 문재인 정부가 신남방정책의 기치하에 강력히 추진해 온 인도와의 획기적 관계강화라는 외교적 비전이 그 배경에 있었던 것으로 보였다. 인도 정부도 김정숙 여사의 방문에 대해 문 대통령이 모디 총리에게 보내는 특별한 정치적 제스처(Special Political Gesture)로 본다고 말하면서 크게 환영했다. 퍼스트레이디가 단독으로 외국을 공식 방문하는 것은 외교 관례상 드문 일이다. 김 여사의 방문을 앞두고 인도 외교부는 1962년도의 미국 대통령 영부인 재클린 케네디 여사의 인도 방문 기록을 찾아보는 등 의전 예우에 고심했다. 당시 재클린 케네디 여사의 방문은 관광 여행 성격의 사적, 비공식 방문이었지만 인도 정부에서 극진히 대접했다. 당시 미국 대사였던 케네스 갈브레이스 대사의 회고록《Ambassador's journal》에 재클린 케네디 여사의 방문 이야기가 나온다. 국무성 전문이 아닌 무관 채널을 통해 극비 전문(Eyes Only)이 왔는데 '당신의 여자 친구(Your girl friend, 재클린 케네디를 지칭하는 암호)'가 조만간 인도를 방문할 계획이라는 내용이었다고 한다. 재클린 여사는 델리 이외에 주요 관광지인 아그라(타지마할), 바라나시(힌두 성지), 자이푸르(라자스탄주의 수도) 등을 방문했다.

그런데 우리 영부인의 의전 예우 문제는 모디 총리가 과거 관례와 관계없이 국빈 대우를 하라는 지시를 함으로써 쉽게 정리되었다. 이에 따라 김정숙 여사는 의전 및 경호상 정상방문에 준하는 최고의 예우를 받았다. 김정숙 여사는 모디 총리와 개별 면담을 하기도 했고 인도 대통령궁에 초대받아 대통령 가족과 오찬을 함께하기도 했다. 디왈리 축제 행사에서는 주빈으로 스피치를 했는데 인도 전국에 생중계되었다. 김 여사는 같은 도시에 있는 허왕후 기념공원(Princess Huh Memorial Park) 착공식에도 참석했다. 허왕후는 삼국유사(13세기 고려)에 나오는 2천여 년 전 가야 김수로왕과 결혼한 아유타국 공주 허황옥이다. 허왕후 기념공원(시내 약 4천 평 규모)은 인도 측의 이니셔티브에 의한 것으로 양국 국민 간 정서적 유대를 만들고 관광지로도 개발하려는 의도가 있었다.

김정숙 여사는 아요디아에서의 행사를 마치고 아그라의 타지마할을 방문한 뒤 귀국했다. 타지마할 방문은 행사 주최 측인 인도 UP주정부의 강한 요청에 따른 것이었다. 우타르푸라데쉬(UP)주의 요기 주총리가 김정숙 여사의 거의 전 일정을 수행했다. 후에 인도국민 중에는 문 대통령의 인도 방문은 기억하지 못했지만 영부인의 방문은 기억하는 사람들도 있었다. 인도 국민 모두가 관심을 가지는 행사였던 데다 영부인이 참석한 것도 이례적이어서 더욱 인상에 남았던 것 같다.

모디 인도총리 국빈 방한

그 후 3개월 뒤에는 모디 총리가 문재인 대통령 초청으로 1박 2일간 한국을 국빈으로 방문했다. 2018년 서울평화상수상위원회가 모디 총리를 수상자로 선정한 것이 계기가 되었다. 위원회 측은 나에게 모디 총리의 서울평화상 수락 여부를 조용히 알아봐 줄 것을 요청해 왔는데 인도 측이 이를 최종 수락하자 우리 대사관이 동건을 공식적으로 정부에 보고하고 방한을 추진한 것이다. 당시 모디 총리는 총선을 몇 개월 앞두고 있어서 시간을 내기가 극히 어려운 와중에서도 방한을 감행했다.

　　한국 언론들은 보통의 외국정상 방문 시와는 달리 모디 총리의 방한을 연일 1면의 큰 뉴스로 보도했다. 떠오르는 인도의 위상과 모디 총리 개인에 대한 관심이 배경이었다. 모디 총리의 일정과 의전은 문 대통령이 직접 챙길 정도로 신경을 썼다고 한다. 방한 첫날 저녁, 모디 총리를 잠실 롯데월드 타워 스카이전망대(118층)로 안내해 서울 야경을 함께 관람했다. 이은 친교 만찬은 81층의 한식당에서 했다. 외국 정상과의 친교 만찬을 청와대 밖에서 한 최초의 사례였다. 모디 총리는 연세대 신촌 캠퍼스를 방문해 마하트마 간디 흉상을 기증하는 행사도 했다. 모디 총리는 해외방문의 기회를 활용해서 무엇인가를 배우고 이를 인도의 발전에 어떻게 활용할 것인가를 늘 전략적으로 생각하는 정치가로 알려져 있다. 거버넌스 관광(Governance Tourism)이다. 비록 1박 2일의 짧은 일정이었지만 당시 한국 방문을 통해 큰 인스프레이션을 받았을 것으로 생각한다.

　　1년도 되지 않는 시간에 세 차례의 국빈급 방문이 한-인도 간에 만들어진 것은 양국관계 역사상 유례가 없는 일이었다. 외교부 선배로서 당시 국회의원으로 있던 L 의원(후에 주미대사)이 흥분한 목소리로 "신 대사는 인도대사로 정말 잘 갔다. 혁혁한 공을 세웠다!"고 전화로 격려해 주던 생각이 난다.

2020년 연말이 가까워지고 있을 때 나는 귀국 준비를 했다. 외교관의 통상임기인 3년이 되었기 때문이다. 그런데 어느 날 본부로부터 전화 연락을 받았다. 6개월 더 있으라는 이야기였다. VIP가 직접 결정한 것이라고 했다. 문재인 정부 시기 특임대사로 발령받은 대사 중에는 제일 오래 대사직을 수행한 경우였다. 특히 상당수 특임대사들이 이런저런 사정으로 조기 귀국한 것을 생각하면 더욱 그렇다. 나는 2021년 7월 초, 3년 6개월간의 인도대사 임무를 마치고 귀국항공기에 몸을 실었다. 대부분의 경우 임기를 마치고 귀국하는 대사들은 쓸쓸하다. 임지에서는 공항 VIP 라운지를 쓰며 많은 사람의 환송을 받으며 떠나지만 귀국할 땐 가족 외에 크게 반기는 사람이 없다. 공항 택시만이 반긴다. 나의 경우는 코로나 상황으로 더욱 그랬다. 인천공항은 황량하기 짝이 없었다. 승객들은 전원 김포 소재 비즈니스호텔로 수송되어 격리되었다. 나의 오랜만의 서울 생활도 낯선 호텔의 2주 간의 격리 생활로 시작됐다.

○ 5장

새로운 시작 。

타이어를 새로 바꾸며, Re-tiring

○ 나는 공직을 두 번 떠났다. 첫 번째는 2015년 말 60세 정년이 되어 공직을 떠난 것이고 두 번째는 2018년 주인도 특임대사로 공직에 복귀했다가 2021년 퇴임한 것이다. 나는 두 번 모두 은퇴라는 말을 쓰지 않았다. 그리고 공직을 떠난 후를 일찍부터 준비했다.

북한대학원대학교에서 박사학위 취득

나는 2010년 가을 요르단 주재 대사를 마치고 귀국한 직후부터 삼청동에 캠퍼스가 있는 북한대학원대학교에 적을 두고 공부를 했다. 공직 때부터 가지고 있던 북한과의 한반도 통일 문제에 대한 관심의 연장이었다. 특히 2000년대 초 경수로원전건설사업으로 북한을 드나들면서 나의 이러한 관심은 하나의 로망, 열정이 되었다.

직장 생활을 하면서 학위 과정을 한다는 것이 쉬운 일은 아니다. 기억력과 집중력이 현저히 떨어지는 50대 후반의 학생이 20~30대 젊은 학생들과 경쟁하는 것은 더욱 그랬다. 또 시간의 문제도 있었다. 주말인 토요일과 일요일은 온전히 학교에서 지냈다. 덕분에 이때부터 골프에는 완전히 발길을 끊어 지금도 골프를 치지 않고 있다. 나는 당시 석사학위도 없었기 때문에 박사학위에 들어가려면 우선 2년간의 석사 과정을 마쳐야 했다. 하버드대 케네디스쿨 연수를 포기하고 북경대 중국어 연수를 택한 것이 이런 결과를 가져왔다. 석사 2년(지도교수 구갑우)

도 쉽지 않은 과정이었다. 석사 과정을 마친 뒤 바로 박사 과정에 들어갔다. 기왕에 한 김에 박사학위까지 끝낼 것을 적극 권한 박재규 경남대 총장의 격려도 큰 자극이 됐다.

수업 참석은 큰 문제가 없었으나 역시 학위논문 작성이 가장 큰 어려움이었다. 논문 지도교수였던 구갑우 교수는 공직을 떠난 뒤 시간이 많으면 더 어렵다고 한사코 재임 중에 논문을 끝낼 것을 권했다. 지금 생각해 보면 정말 고마운 조언이었다. 컴퓨터 앞에서 오랜 시간 논문을 쓴다고 쪼그리고 앉아있다 보니 목 디스크가 생겨 한동안 고생했다. 어떠한 희생 없이 큰일을 할 수 없다는 것을 느꼈다. 박사 과정 수업과 학위논문을 최단 시일(2년 6개월) 내에 끝내고 2015년 봄학기 박사학위를 받았다(논문심사위원장: 최완규 북한대학원대 총장). 모두 4년 6개월이 걸린 긴 여정이었다. 석사학위 주제는 북한 핵 문제 그리고 박사학위 주제는 동북아지역협력과 관련된 것이었다.

외교부 공직 정년과 대학 강의

2015년 말, 나는 삼십수 년간 인생의 모든 것이었던 외교부를 떠났다. 나는 떠나기 전 외교부 통신망에 아래와 같은 소회를 남겼다.

외교부 동료 후배 여러분께.

저는 이달 말로 Re-tire(타이어를 갈아 끼움) 할 때가 되어 외교부를 떠납니다. 떠나는 절차는 뜻밖에 아주 간단했습니다. 퇴직금 청구서를 경리계에 보내는 것이 거의 전부였습니다. 오랫동안 든든한 보호막이 되어주었던 조직을 떠나면서 일말의 아쉬움과 불안감이 없는 것은 아닙니다. 그러나 공직의 만만치 않았던 무게와 끊임없이 계속된 인사의 굴레에서 벗어난다는 것은 큰 해방감을 느끼게 해줍니다.

삼십수 년의 외교부 생활은 즐겁고 보람 있었습니다. 북한, 중국, 일본, 중동 등 다양한 지역과 언론(Spokesperson), 국제기구(TCS), 싱크탱크(IFANS) 등 다채로운 분야에서 일했습니다. 한 직장이라고 할 수 없을 정도로 다양한 삶을 산 것 같습니다. 물론 힘들 때도 많았지만 외교관 생활은 일(Work)이 곧 즐거움(Fun)인 드문 직업 같습니다. 대사(Ambassador)라는 세계 어디에서나 통하는 타이틀을 갖게 된 것도 대단한 영광이지요. 그런 점에서 나라와 조직에 특별히 감사드립니다.

어차피 호모 한드러드(Homo Hundred) 시대에는 새로운 커리어를 개척해나가는 것이 필수적이라고 생각합니다. 저는 젊음이 물리적인 것이 아니라 삶에 대한 열정(Passion), 지적 호기심(Intellectual Curiosity) 같은 것이라고 생각합니다. '마지막 순간까지 놓치지 않을 관심의 대상과 목표가 있어야 주체적 삶'이라고 누가 말한 것을 기억합니다. 그런 점에서 저는 다시 새로운 기대와 희망을 가지고 이 조직을 떠납니다.

여러 동료, 후배들의 그간의 우정과 배려에 깊이 감사드립니다. 적지 않은 분들과 이런저런 인연을 맺었습니다만 일일이 연락드리지 못함을 이해해 주시기 바랍니다. 여러분 모두의 건승을 기원합니다.

2015년 말 60세 공직 정년을 떠날 때쯤 세미나 등에서 얼굴을 마주치던 연세대 손열 교수(국제학대학원장)에게 연대 국제학대학원에서의 강의 가능성을 타진했다. 고맙게도 손열 교수는 바로 그 자리에서 나의 제안에 동의해 주었다. 객원교수로서 두 사람이 함께 쓸 수 있는 연구실도 주었다.

나는 퇴임한 고위공직자들에게 기회가 주어졌던 한국연구재단 후원 대학 강의 프로그램도 신청했다. 이 프로그램은 수도권 밖 대학 강의만 가능했는데 춘천의 한림대가 가장 좋은 위치에 있었다. 나는 인터넷에서 한림대 정치행정학과를 찾아 학과장이던 김인영 교수에게 강의 희망과 함께 이력서를 보냈다. 그전까지 한 번도 본 적 없는 분이었지만 고맙게도 적극적으로 총장에게 추천해 주었다. 이 프로그램은 공직자들 사이에서 상당한 경쟁이 있었으나 운 좋게 선발됐다. 두 대학에 객원교수로 안착하게 된 것은 오랜 공직 경력 외에도 박사학위 그리고 2년 가까운 외교안보연구소장 경력이 도움이 되었을 것이다.

2년 동안 연세대 국제학대학원과 한림대 정치행정학과에서 강의를 하며 젊은 학생들과 어울리는 게 좋았다. 연세대에서는 봄학기 'Modern Chinese International Relations(현대 중국 국제관계론)'를 강의했고 가을학기에는 'Korean Peninsula issues in international perspective(국제적 시각에서 본 한반도 이슈)'라는 제목으로 강의를 했다. 연세대 대학원 강의는 25명이 정원이었는데 수강 신청자가 항상 정원을 넘었다. 외교관으로 지내다 온 나의 경력이 수강생들을 끌어들이는 데 도움이 되었던 것 같다. 그렇지만 강의는 의욕만큼 쉽지는 않았다. 대학 강의가 처음인 데다 특히 영어로 외국 학생들을 가르친다는 것도 만만치 않은 부담이었다. 학생의 60~70%는 외국 학생들이었다. 케임브리지대, 미시간대 등 명문대학을 졸업한 엘리트들도 많았다. '한반도 이슈' 강의에는 서울대 국제대학원 학생 몇 명도 수강을 했다. 서울대에는 그런 제목의 강의가 없었다고 했다. 강의 준비를 하며 스스로 공부를 많이 하게 됐다. 한림대에서는 중국외교론과 북한개론을 강의했다. 강의 준비는 큰 부담이 없었지만 학생들의 수준에 맞게 흥미를 끌어내는 것이 쉽지 않았다. 일주일에 한 번씩 서울-춘천 간 고속도로와 경춘가도를 오르내렸다.

외교관이 칼럼을 쓴다는 것

나는 공직 재직 시부터 가끔 일간지에 칼럼을 기고했다. 외교안보연구소장으로 재직 시 언론사로부터 현안 이슈에 대해 급한 원고 청탁을 받으면서 에디터로부터 들은 이야기가 기억에 남아있다. 그는 다른 조건은 없고 제발 칼럼에 첫째, 둘째, 셋째라는 말은 쓰지 말아 달라고 했다. 당시로써는 그 의미를 잘 알아듣지 못했다.

그 후 서울신문으로부터 고정 필진 요청을 받아 2017년 1년간 한 달에 한 차례 정도 '열린세상'이라는 란에 기고를 했다. 동북아 정세, 북한, 북핵 문제 등을 주로 다뤘다. 이 칼럼은 내가 2018년 초 인도에 대사로 부임하면서 그만두었다. 언론사에서는 계속 쓰기를 희망하는 것 같았지만 현직이라는 부담도 있고 또 대사로서 너무 바빠서 칼럼을 쓸 수가 없었다.

나는 인도대사를 마치고 귀국한 후인 2022년 초부터 다시 중앙일보에 고정 칼럼을 쓰는 기회를 얻었다. '한반도 평화워치'라는 제목의 칼럼이었는데 한 회에 4천 자 규모로 타블로이드판인 중앙일보의 거의 전면에 들어가는 긴 칼럼이었다. 2개월여에 한 차례씩 순서가 돌아왔다. 송민순, 윤병세 전 외교장관 등 중량감 있는 필자들이 참여하고 있어서 개인적으론 영광이었다. 그렇지만 매회 새로운 주제와 관점을 발굴해내야 하는 데다 때때로 칼럼 내용과 관련해 크게 시비를 거는 독자들도 있어 늘 만만치 않은 부담이었다.

칼럼을 시작하면서 기사 작성과 관련한 기본 가이드라인을 서면으로 받았다. 거기에는 지금까지 내가 깊이 생각해 보지 못한 여러 조언이 들어있었다. 주제는 가급적 현재 논란이 일고 있는 것으로 하되 가독성(쉽게 읽히는 글)을 높이는 데 신경을 써달라. 추상적으로 말하기보다 구체적 묘사를 통해 현장을 보여달라(Don't tell, Show, 말하지 말고 보여주라), 새로운 팩트와 잘 알려지지 않은 에피소드가 기사의 힘을 높여준다. 스토리텔링(Storytelling) 형식의 기사 전개가 바람직하다 등.

후에 에디터와 직접 만나 이야기를 들은 적이 있는데 그는 외교관들에게 칼럼을 요청할 때는 남다른 경험, 현장감 등을 가지고 글을 써주기를 기대하는데, 필자에 따라서는 학자나 교수와 별 차별성이 없는 추상적 이야기를 보내오는 경우가 있다면서 불평을 했다. 그리고 공문을 쓰는 것 같은 무미건조한 문체, 논문을 읽는 것 같은 딱딱한 내용도 가독성을 떨어트린다고 지적했다. 다행히 나의 경우 언론사 측에서 제목이나 소제목을 바꾸는 경우는 있었지만 한 번도 원고 자체를 손대는 일은 없었다.

나는 전문가들의 글쓰기 조언도 참고했는데 뉴욕타임스의 외부기고담당 에디터를 했던 편집장 트리시 홀의 《Writing to Persuade》(《뉴욕타임스 편집장의 글을 잘 쓰는 법》이라는 제목으로 한국에 번역 출판됨)가 가장 도움이 되었다. 칼럼이 무엇이며 어떻게 써야 하는가? 어디에서나 가독성이 가장 중요한 테마였다.

그가 저서에서 한 이야기 중 나한테 와 닿았던 몇가지를 소개하면 이런 것들이다. '수많은 글과 이미지가 치열한 경쟁을 한다. 구체적이지 않고 이미지를 떠올리게 하지 못하는 일반론적인 수준의 글은 곤란하다.' '팩트만으로는 설득력 발휘가 곤란하다. 스토리가 있어야 한다. 스토리가 없는 팩트는 따분하고 건조하게 느껴진다.' '감정은 팩트보다 더 중요하다. 감정을 건드려라. 독자들은 정서적으로 울림이 있는 정보에 반응한다.' '상투적인 문구나 특수한 전문용어는 피하라.'

"외교 쪽에 사람이 없습니다", 공직 복귀

대학에서 강의를 하고 있던 2016년 여름, 대선 출마를 준비하고 있던 문재인 대표(당시는 공식 직책이 없었다)의 보좌진으로부터 전화를 받았다. 문 대표가 만나고 싶어 한다는 이야기였다. 2004년 이라크 김선일 참수 사건 당시 문 대표를 청와대 언론대책 회의에서 몇 번 뵌 것 외에는 특별한 인연이 없었다. 당시 문 대표는 청와대 수석이었고 나는 외교부 공보관(대변인)으로서 언론에 크게 노출되고 있을 때다.

거주지였던 양산에서 서울로 올라온 문 대표를 9월 말 인사동 찻집(경인미술관 내 전통다원)에서 만났다. 아직 최순실 사건이 일어나기 전이었고 2017년 말로 예정된 대선까지는 시간이 많이 남아있을 때였다. 문 대표는 "외교 쪽에 사람이 없습니다"란 말로 대화를 시작했다. 1시간가량 외교와 관련한 이런저런 대화를 나누었다. 대선 출마 가능성이 거론되고 있던 반기문 유엔사무총장에 대한 이야기도 나왔다. 문 대표는 차담이 끝난 후 점심 약속이 있다면서 자리에서 일어났다. 떠나면서 "세상을 바꾸는 데 힘을 합칩시다!"라고 힘주어 말하던 생각이 난다. 관료로서 일생을 보낸 나는 '세상을 바꾼다'는 말이 실감 나게 다가오지 않았다.

당시 나는 국민들이 변화를 요구하고 있다고 생각했고 또 정치인의 도덕성이 대선의 중요한 이슈가 될 것으로 생각했다. '변화'와 '도덕성'의 측면에서 문재인 대표가 차기 지도자로서 적임자라는 생각을 했다. 어쨌든 그때 문 대표와의 만남이 인연이 되어 나는 문재인 정부 출범 후 주인도특임대사로 임명됐다. 많은 사람이 소위 선거 캠프에 가담하지만 실제 중요한 자리에 발탁되는 경우는 극히 일부다. 그런 면에서 나의 경우는 큰 행운이었다.

윤석열 정부에서도 대선 캠프에 참여했던 몇 명의 전직 외교관들이 특임대사 등으로 기용되었다. 대사급 고위 외교관 정년이 다른 나라

(보통 65세)에 비해 낮아 역량 있는 외교관들이 조기 퇴진하는 문제가 있었는데 이들의 특임대사 임명은 정년 연장이라는 면에서 긍정적 역할을 하고 있다고 볼 수 있다. 다만 우수한 외교 인력은 대선 캠프 참여와 관계없이 정년을 넘어 예외적으로 다시 대사로 기용되는 관례가 생기기를 기대한다.

"나는 아무것도 두렵지 않다, 나는 자유인이다"

나는 3년 6개월간 인도에서의 특임대사 임무를 마치고 2021년 8월 말 두 번째로 공직을 떠났다. 군복무를 제외하고도 40년간의 공직 생활이었다. 외교관으로서 거의 기록에 가까운 오랜 시간일 것이다.

공관 이임 행사에서 직원 개개인이 나에 대한 덕담을 적은 고서적 모양의 서첩을 건네받았다. 그 내용이 감동적이어서 나는 가보로 보관하겠다고 말했다. 공관의 차석이었던 C 공사는 직원들을 대표해서 환송사를 해주었다. 떠나는 사람에게 해주는 구구절절 좋은 말이었지만 그중 몇 가지는 기억이 난다.

"후배 외교관들에게는 늘 함께 근무하고 싶은 상사 중 한 분이었다. 하나의 레전드(Legend)였다"고 회고했다. "극심했던 인도의 코로나 상황 속에서 감염의 위험을 무릅쓰고 사모님과 함께 무료 급식 봉사활동을 하던 모습 그리고 직원들이 주저하는 상황에서 코로나 백신을 앞장서서 맞던 것들이 특히 감동을 주었다"고 했다. 그는 내가 '열린 마음'과 '늘 공부하는 모습'을 보여주었다고 평가했다. 내가 'Ubermensch'(니체 철학의 초인)의 표상이라고 말했던 인도에서의 노신영 전 총리 못지않게 대사관 직원들의 마음에 깊이 남을 것이라고도 했다. 그는 마지막으로 작가 니콜라스 카친스키의 《그리스인 조르바》에 나오는 말을 인용하며 송사의 끝을 맺었다. "나는 아무것도 두렵지 않다. 나는 자유인이다."

맞다. 무엇보다 나는 40년의 공직 생활을 탈 없이 끝내고 있었다. 고위직을 지낸 많은 공직자가 이런저런 일로 말년에 어려움을 겪은 것을 생각하면 나의 경우는 대단한 행운이었다. 공직의 무거운 짐과 질곡을 벗어던지며 자유의 의미를 생각했다. 나는 이제 자유다!

새로운 도전, 한국외교협회 회장이 되어

2021년 7월 귀국한 직후인 9월 초 모교인 북한대학원대학교 석좌교수로 임명되었다. 박재규 경남대총장과 김선향 북한대학원대이사장의 적극적 권유와 호의에 따른 것이었다. 고건 전 총리, 강창희 전 국회의장, 일본의 이케다 다이사쿠 창가학회회장 등 네댓 분이 석좌교수 명단에 이름을 올려놓고 있었는데 내가 그 원로들 사이에 끼인 것이다. 몸에 맞지 않은 큰 옷을 입은 것 같기도 하고 좀 어색하기도 했다. 공직을 떠나면 한동안 방황하는 것이 보통인데 나의 경우 누가 봐도 그럴듯한 명함을 갖게 된 것은 큰 행운이었다.

그리고 앞서 언급했듯 중앙일보사의 '한반도 평화워치' 칼럼도 쓰게 됐다. 석좌교수에 정기적으로 칼럼까지 쓰게 되었으니 공직을 떠난 후 할 수 있는 최고의 포맷이었다. 퇴임 후 적절한 긴장감을 유지하며 할 일이 있다는 것 이상의 즐거움이 있겠는가?

그러던 중 2023년 임기가 시작되는 3년 임기의 한국외교협회 회장 선거에 출마하게 됐다. 2022년 8월 초 협회 사정을 알고 있는 분들의 출마 권유가 있었다. 협회가 여러모로 어려운 상황에서 대외 활동 역량이 있는 사람이 필요하다는 이야기였다. 지금 마땅한 후보자가 없다는 이야기도 곁들였다. 전직 협회장, 장관 등 외교부 원로 몇 분을 만나 의견을 들었는데 기본적으로 모두 출마에 찬성했다.

9월 23일 후보자 등록이 있었는데 나를 포함해 두 명이 입후보했다. 후보 등록을 위해서 회원 5명의 추천을 받아야 했고 후보자 소견(일종의 공약)을 선거관리위원회에 제출해야 했다. 10월 26~29일간 인터넷 전자투표 그리고 11월 2일 협회 청사에서의 현장 투표가 예정되어 있었다. 협회 청사 대강당에서 회원들이 참석한 가운데 소견 발표 및 토론회도 있었다. 꼭 카메라 앞에서의 대선후보들의 토론 같은 느낌이었다. 토론회 장면은 동영상으로 협회 홈페이지에 게재됐다. 외교협회 사상 처음으로 인터넷 전자투표를 통해 해외 근무 외교관들도 선거에 참가했다. 중남미, 아프리카 등 지구의 반대 방향에 근무하던 외교관들도 투표에 참여한 것이다.

선거전은 예상보다 훨씬 치열했다. 보수, 진보 프레임과 네거티브 캠페인도 등장했다. 협회 역사상 가장 치열한 선거였다는 후일담이 있

었다. 전 현직 외교관들(선거인명부 등재 1천 8백여 명)만의 선거였지만 어렵
긴 마찬가지였다. 캠프라고 부르기는 어색하지만 7~8명의 회원이 선거
전략, 메시지 작성 조언 등을 통해 나의 선거운동을 열심히 도와주었다.
문자발송, 카톡, 이메일 등을 통한 메시지 전달과 직접 전화하기 등이
주요 선거운동 방법이었다. 해외 근무 외교관들에게는 이메일로 나의
생각을 전달했다. 후보자 간 토론회 등 직접 선거운동 외에는 선거운동
의 거의 90%를 나의 스마트폰이 담당했다. 별도의 사무실이 없던 나는
장충동의 서울클럽 1층 카페에 나가 전화도 하고 메시지도 보냈다. 카
페가 나의 1인 선거운동본부였다. 몇 차례의 전략회의도 카페에서 했
다.

　　겸손과 진정성이 최선의 선거전략이었다. 나는 메시지를 보낼 때
나 전화를 걸 때마다 외교부 이력을 미리 찾아보고 상대방의 얼굴을 떠
올렸다. 나의 비전을 알리는 포지티브 캠페인에 주력했다. 상대 후보를
비판하는 네거티브 캠페인은 일절 하지 않았다. 그리고 오랜 세월 동안
만들어진 한 사람에 대한 기본 평가(Reputation)가 있을 것이라고 믿었다.
선거 구도가 나에게 불리해서 어려울 것으로 예상하는 사람들이 많았
지만 결과는 나의 낙승이었다. 놀라는 사람들이 많았다. 선거 과정이 너
무 힘들긴 했지만(철저히 '을'이 된다) 선거를 통해 당선되었다는 것은 임명
직과는 다른 특별한 의미가 있었다. 당선자에게 확실히 힘이 실리는 것
을 느꼈다.

　　1월 5일 방배동 외교협회 청사에서 개최된 취임식 겸 신년회에는

많은 외교 원로들이 참석했다. 반기문 전 유엔사무총장, 이정빈, 윤영관, 송민순, 윤병세, 강경화 장관 등 전직 외교장관들과 황병태, 이시영, 이재춘, 정태익 대사, 김석우 차관 등 원로들이 대거 참석했다. 대단한 성황이었다. 모두 놀라워했다.

부회장 5명 및 사무총장을 선임할 때는 '일하는 회장단'이라는 콘셉트를 가지고 접근했다. 무게감과 열정을 고려했다. 이시형(전 Korea Foundation 이사장, 전 주OECD 대사), 전비호(전 주멕시코대사), 이경수(전 주독일대사), 연정구(전 주타지키스탄대사) 회원이 부회장에 선임되어 기획운영, 공공외교, 학술연구 등 각 파트를 책임지고 맡게 됐다. 조현동 외교부 제1차관(현 주미대사)도 부회장직을 수락해서 협회에 힘을 실어주었다. 특히 성실하고 열정적이며 개혁성이 강한 양창수 대사(전 타이뻬이 대표)가 사무총장을 맡아 나에게 큰 힘이 되어주었다.

한국외교협회는 전, 현직 외교관 2천여 명을 회원으로 둔 생각보다 큰 조직이다. 방배동에 청사와 외교관 자녀 기숙사 등 적지 않은 자산도 보유하고 있다. 그러다 보니 회장이라는 자리가 상당한 CEO적 역량을 필요로 한다. 새 회장단은 협회를 좀 더 회원들의 피부에 와 닿는 (젊은 MZ 세대의 경우 협회 회원 가입에 매우 소극적이다), 실제로 회원들에게 도움이 되는 조직으로 만들기 위해 노력하고 있다. 또 협회의 위상, 존재감을 높이기 위해서 신경을 쓰고 있다. 그리고 지방의 국제화를 지원하기 위해 퇴직외교관들이 기초지방자치단체의 국제교류자문관으로 일하는 제도의 도입을 위해 노력하고 있다. 문제가 되고 있는 재정 건전성을 위해서도 여러 개혁적 조치를 취하고 있다. 서초구 방배동 산 쪽에 치우쳐 있어 접근이 어려운 협회 청사를 매각하고 광화문이나 강남 일대로 옮기는 문제도 중요한 현안으로 챙기고 있다.

자존심을 가지고 자기만의 고독한 길 가기

어떤 직업이든 마찬가지겠지만 외교관이라는 직업은 단숨에 자신을 나타낼 수 있는 직업이 아니다. 이웃 나라 일본 전국시대(戰國時代)의 어느 영웅이 한 말, "사람의 일생은 무거운 짐을 지고 먼 길을 가는 것과 같다. 서두르지 마라"는 외교관에게 꼭 맞는 말이다. 한 명의 성숙한 외교관(Seasoned Diplomat)이 만들어지기까지는 20~30년의 노력과 인내가 필요하다. 수많은 굴곡진 경로를 거쳐야 한다. 전 세계를 떠돌아다니는 긴 여정 동안 수많은 장애물을 통과하고 끝까지 살아남아야 한다. 노력만으로 되는 것도 아니다. 운도 따라야 한다.

그러므로 흔들리지 않고 자신만의 나침반을 가지고(The importance of being himself) 자존(自尊)의 경력을 만들어가는 것이 중요하다. 누구나가 인정하는 정형화된 엘리트 출세 코스를 밟으려고 허덕일 일이 아니다. 주류에 거슬러나가는 것에 대해 주저하지 않아야 한다(Never dither from swimming against dominant currents). 외교관은 워싱턴에 있건 아프리카의 어느 이름 모를 나라에 있건 다 나름대로 의미 있는 일을 하고 있는 것이다. 또 본부에서도 마찬가지다. 지역국에 있건 경제 통상 업무를 하건 의전 업무를 하건 행정 업무를 하건 다 국가의 공복으로서 일을 하고 있는 것이다. 서로 비교하고 높낮이를 따질 수 있는 게 아니다. 자기가 좋아하고 잘하는 일을 하는 것이 가장 행복한 일이고 조직발전을 위해서도 바람직하다. 외교관에게는 각자의 경력이 최선의 경력이다.

스토리 있는 외교관이 많이 나와야

초창기 한국 외교부에는 전설적인 외교관들이 많았다. 김동조, 김용식, 최규하 대사 같은 1세대 외교관들이 그들이다. 그들의 성격, 업무 스타일과 관련해 재미있는 스토리가 많다. 김동조 대사(1918~2004, 주일, 주미대사, 외무부장관)는 '돌다리는 우선 건너놓고 보자'는 스타일이고, 최규하 대사(1919~2006, 주말레이시아 대사, 외무장관, 국무총리, 대통령)는 '돌다리를 두들겨보고 그래도 안심이 안 되어 안 건넜다'는 스타일이었다. 김용식 대사(1913~1995, 주영, 주미대사, 외무부장관)는 훤칠한 키에 멋진 콧수염이 정말 어울리는 국제신사였다. 또 김동조 대사는 리더십과 카리스마가 강해 따르는 부하들이 많아 소위 DJ 사단이라는 인맥이 형성되어 있다고 했다. 내가 외교부에 입부했던 주니어 시절, 나는 이런 선배 외교관들의 전설적인 이야기를 들으면서 외교관 생활을 시작했다. 내가 비서로서 모셨던 노신영 장관(1930~2019, 주제네바대사, 외무장관, 안전기획부장, 국무총리), 그리고 최근의 공로명 장관, 유종하 장관까지가 카리스마와 전설의 시대였다. 그러나 이제 이런 시대는 갔다. 시대가 더 이상 카리스마와 전설을 허용하지 않는다.

그렇지만 지금도 밖으로 잘 드러나지 않는 나름의 전설을 만들어가는 외교관들이 있다. 선, 후배 외교관 중에 언뜻언뜻 그런 멋과 자존을 보여주는 사람들이 보인다. 그런 사람들을 소개하고 싶을 때도 있지만 부담이 따른다. 여기서는 나의 안테나에 들어온 외국 외교관의 예를 들어보기로 한다.

내가 동경에서 1등 서기관으로 근무할 때 일본 외무성 북동아시아과에 다나카 히토시(田中均)라는 과장이 있었다. 그는 당시 중견 관료에 지나지 않았지만 이미 일본 외무성 내에서 상당한 명성이 있었다. 정책이 강하다고 해서 '정책의 다나카'라는 이름으로도 불렸고 부내에서 미래의 사무차관감이라는 이야기도 듣고 있었다. 그는 나보다 일곱 살 정도 시니어였는데 내가 샌프란시스코에 부총영사로 부임했을 때 그곳 일본 총영사로 와있어 다시 만났다. 그는 나를 몇 차례 관저에 저녁 초대를 해주었고 골프도 같이 치곤 했다. 훤칠하고 잘생긴 데다 젊잖고 친절한 사람이었다.

그는 귀국 후 아주국장 재직시인 2002년 고이즈미-김정일 평양 정상회담을 성사시키면서 일약 유명 인사가 되었다. 후에 알려졌지만 그는 제3국에서 북한과 30여 차례 비밀접촉을 했는데 스파이 영화에 나올 것 같은 전설적인 이야기들로 남아있다. 그는 직업외교관으로서의 최고위직인 외무성 사무차관에 오르지 못하고 바로 아래 자리인 외무심의관(정무)을 끝으로 외무성에서 물러났다. 평양정상회담에서의 일본인 납치자문제 처리에 비판적이었던 아베 의원(후에 총리) 등 정치인들과 관료들의 집중 견제 때문이라는 분석이 많았다.

그는 외무성을 떠나기 전 중요 대사직을 제안받았는데 거절했다는 이야기도 있다. 대사는 본부 과장의 지시를 받아 움직이는 심부름꾼에 지나지 않는다고 했다는 이야기도 있고⋯ 하여튼 나는 그의 그런 호기가 멋있고 부러웠다. 후에 내가 본인에게 직접 물어보았을 때 그는 일본의 외교정책에 임팩트를 주는 일을 하고 싶었다고 대답했다. 관료 출신으로는 이례적으로 높았던 국내적 인지도를 바탕으로 국내에서 일하고 싶었을 수도 있을 것이다. 내가 은퇴를 앞두고 유럽 지역 대사직을 사양하고 본부(국립외교원 외교안보연구소장)에 남겠다고 한 결정도 다나카 히토시의 예가 영감이 되었다. 하여튼 멋있는 사람이었다. 그는 지금 싱크탱크를 운영하면서 외교평론가로서 일본에서 명성을 날리고 있다.

미 국무부에는 아랍 전문가로서 일생을 중동 지역에서 보낸 외교관이 있다. 조지 부시 대통령이 '미국의 아라비아 로렌스(America's Lawrence of Arabia)'라고 불렀던 라이안 크록커(Ryan C. Crocker, 1949~) 대사다. 그는 아랍어 트레이닝을 받은 아랍통(Arabist)이었다. 1972년 첫 해외 근무를 이란에서 시작한 이래 카타르, 튀니지, 이라크, 레바논, 이집트 주재 공관에서 일했다. 본부(워싱턴) 근무도 모두 중동 관련 부서였다. 그리고 1994년 공관장이 되어 주레바논대사를 시작으로 주쿠웨이트대사, 주시리아대사, 주파키스탄대사, 주이라크대사를 지냈고 주아프가니스탄대사를 끝으로 2012년 국무부에서 은퇴했다. 대사를 여섯 차례나 했다. 모두가 험지거나 전쟁에 휩싸였던 분쟁지역이었다. 목숨을 잃을 뻔한 일도 여러 차례 있었다. 이라크와 아프가니스탄에 대사로 간 것은 국가가 필요로 해서 차출된 것이었다.

2001년 9.11 테러를 전후해 중동 지역에서 몸을 던져 일했던 직업외교관 출신 대사들에 대한 이야기는 《최전선의 미국대사들(The Ambassadors: America's Diplomats on the Front Lines)》(Simon & Schuster, 2019)이라는 이름으로 출판됐다. 한국 외교부에도 이런 스토리 있는 외교관들이 많이 나오길 바라며 이 글을 마친다.

어쩌다 외교관

초판 1쇄 발행 2023년 05월 20일
초판 4쇄 발행 2024년 12월 05일

지은이 신봉길
펴낸이 류태연

펴낸곳 렛츠북
주소 서울시 영등포구 문래북로 116, 1005호
등록 2015년 05월 15일 제2018-000065호
전화 070-4786-4823 | **팩스** 070-7610-2823
이메일 letsbook2@naver.com | **홈페이지** http://www.letsbook21.co.kr
블로그 https://blog.naver.com/letsbook2 | **인스타그램** @letsbook2

ISBN 979-11-6054-634-7 13340